JN277541

広東語初級教材

香港粤語［基礎会話］
An introduction to Hong Kong Cantonese: Basic conversation

吉川雅之　著

白帝社

CD 吹き込み	Raymond KWOK
	CHIN Wai-ling
CD ナレーション	前田 真美（東京大学在学）
カバー写真	森山 正明（香港日本人補習授業校アドバイザー）
本文写真	吉川 雅之
カバー・本文デザイン、組版	トミタ制作室

序

　「粤語(えつご)」とは「広東語」を意味する学術用語です。『香港粤語』とは、すなわち「香港の広東語」を意味する正式名称に他なりません。

　『香港粤語』シリーズは、最初の一巻『発音』刊行から10年が経過しました。本シリーズは、同一著者によるレベル・目的別に巻を分けた広東語教材として世界で最初の試みですが、広東語教材市場に対して相応の貢献を行うことができたと感じています。その一方で、本シリーズは、最初の一歩を踏み出すための基礎表現学習教材を欠いており、それを望む声も絶えず寄せられてきました。本書はそれにお応えする一冊です。

　本書はコミュニケーションの第一歩を支援するための教材です。「こんにちは」から「さようなら」まで、「おはよう」から「おやすみ」まで、日常会話に不可欠な定型表現を習得していただくことを目的としています。これらの表現は、既刊の『基礎文法Ⅰ』などでは取り上げてこなかったものです。そのため、本書では『基礎文法Ⅰ』などとは趣を異にすべく、重点項目では細かい説明はなるべく避け、かつ「日本語でどのように言うか」という視点から説明を行うようにしました。

　付属のCD-ROMには、練習問題の解答例まで含めた、全ての語・文の音声を収録し、大多数の語・文については男声（通常の速度）と女声（緩慢な速度）による吹き込みを行っています。さらに付録として「初級レベルの常用文例集」をCD-ROMに入れました。これは買い物や交通など、日常的な39の場面でよく使う表現約350例を列挙したものです。吹き込みを担当して下さった郭さんと銭さんは、香港で活躍中のプロのナレーターですので、長母音と短母音を広東語らしく発音する練習に役立ててください。

　例文の作成・選択に際して惜しみない助言を下さった友人 Alex FUNG、Elsie WONG、Zoe TANG には、心から感謝申し上げます。彼らとの意見交換は、筆者にとって大変楽しいものでした。また、本書の版下作成を快諾して下さった富田淳子さんにも、心から感謝申し上げます。そして、香港の録音スタジオSFCの李主任、素敵な写真を撮影して下さった森山正明さん、語彙帳の校正を行ってくれた東京大学の学生荒井友里恵さん、稲垣友子さん、濱田武志君、温かい声援を送って下さった東京大学教養学部中国語部会の先生方、担当の岸本詩子さんをはじめ白帝社の皆さんにも、お礼を申し上げたいと思います。

　最後に、本書を手にされた方々が、香港をはじめとする広東語圏に、一日も早くソフトランディングされることを願っています。

2011年12月17日　香港の録音スタジオにて
筆者

凡例

文字表記
①漢字表記は香港で一般に通用している繁体字（伝統的な字体）に従いました。複数の字形が通用している漢字については、最も通用している字形を採用しました。
②主に英語から発音を介して借用された語彙（音訳語）については、特定の字形での漢字表記が社会的に定着しているものは漢字で表記、漢字表記が定着していないものは原語で表記しました。

発音表記法（詳細は白帝社『香港粵語［発音］』を参照してください）
①読者の学習環境に配慮し、本書では声調解釈の異なる2種類の発音表記法（ローマ字表記）を採用しています。学習者は自分の環境に応じて、いずれか一方の表記法に従って学習して下さい。
　A．6声調式（声調が6つあるという解釈）
　イエール式：1956年にG.P.KokとP.P.Huangが考案。香港及び海外で外国人に対する教学の場で最も普及している。
　B．9声調式（声調が9つあるという解釈）
　常用字広州話読音表：1988年に香港の教育署（日本の文科省に相当）に属する語文教育学院で考案される。香港の小中学校の中文科教員養成で多用されている。通称「香港教育学院式」。
②発音は6声調式（イエール式）を先に、9声調式（常用字広州話読音表）を後に記しました。両者の間は // で隔てました。

新出語彙の見出し語
　見出し語が離合詞（本書p.43を参照）である場合は、動詞と目的語の間を // で隔てました。
　　　例）　　起 // 身　　　　　起きる。起床する

品詞分類
　広東語では、同一の語形が文法規則・文中の位置に応じて複数の概念を持ちうるため、厳密な品詞分類は行うのが難しいのですが、本書では便宜的に語の有する意味に従って以下の品詞に分類します。［　］内は略号です。
　［名］名詞　　　［代］代名詞　　［位］方位詞　　［数］数詞　　　［量］量詞（類別詞）
　［動］動詞　　　［形］形容詞　　［前］前置詞　　［助動］助動詞
　［副］副詞　　　［接］接続詞　　［擬］擬声語　　［感］感嘆詞（感動詞）
　［構造］構造助詞　　　［相］アスペクト助詞　　　［語気］語気助詞
　［頭］接頭辞　　［尾］接尾辞　　［中］接中辞　　［付］付属語

広東語初級教材　**香港粵語** [基礎会話]

● ● ● **目次**

3　序
4　凡例
8　本書の使い方
10　各課の会話文に登場する人物
　　字形の違い

概説・発音編

1. 広東語はどのような言語？……11 ／ 2. 声調……16 ／ 3. 音節頭子音……21 ／ 4. 単母音……24 ／ 5. 複合母音（1）：長複合母音……26 ／ 6. 複合母音（2）：長複合母音（断音）……28 ／ 7. 複合母音（3）：長複合母音と短複合母音の違い……30 ／ 8. 子音だけの韻母（成音節子音）……31 ／ 9. 変音……31 ／ 10. 発音の総合練習（1）：姓と数字……32 ／ 11. 発音の総合練習（2）：時間を表す語……33 ／ 12. 発音の総合練習（3）：標識と標示……34

会話編

37　**第1課　オクトパスカードを買う、使う**　◀香港到着。まずはなにかと便利なオクトパスカードを購入。コンビニで早速使ってみます。
　　01-1 1、2、3、……100
　　01-2 一つ、二つ、三つ［数詞＋量詞＝数量構造］
　　01-3 代表的な量詞　**01-4** いいですか？どうですか？

45　**第2課　テイクアウトをする**　◀夕食は大衆食堂でテイクアウトにしてみました。
　　02-1 1ドル50セント、2ドル20セント、…　**02-2** ～（について）は？　**02-3** ～してください　**02-4** ここ、あそこ、どこ

53　**第3課　待ち合わせて、どこに行く？**　◀今日は友達と待ち合わせです。
　　03-1 私、あなた、彼・彼女、誰　**03-2** ～は／が…を××する、…に××する　**03-3** 何を～しますか？誰が～しますか？　**03-4** ～は…です　**03-5** ～には…がある／ない（その1）

63　**第4課　勘定を済ます**　◀飲茶に。
　　04-1 ～しない、～ない　**04-2** ～を…しますか？～に…しますか？［諾否疑問］
　　04-3 ～よ、～（です）が　**04-4** ～を持っている　**04-5** ～も

73　**第5課　ご馳走になる**　◀友達の家に遊びにきました。
　　05-1 はい、いいえ、いいですよ、結構です　**05-2** 何の、どんな　**05-3** ～には…がある／ない（その2）　**05-4** ～しましょう［自発の語気］　**05-5** みな～、いずれも～　**05-6** ～なんだ？［確認疑問］

83　**第6課　生活スタイルを尋ねてみる**　◀いろいろ聞いてみたくなりました。
　　06-1 1時、2時、3時　時と分の言い方　週と曜日の言い方　**06-2** いつ　**06-3** ～ねばならない、～しなくてよい　**06-4** ～だから　**06-5** ～はというと　**06-6** ～まで…する

5

93　第7課　どうやって行く？　◀そろそろ、おいとまです。
　　07-1 ～で…する、～から…する　07-2 ～してしまっている（肯定文）　07-3 どうやって　07-4 ～して…する、…しに～する　07-5 ～したい　07-6 ～は…にある／いる

103　第8課　プレゼントをあげる、もらう　◀友達が誕生日を祝ってくれました。
　　08-1 ～に…をあげる　08-2 ～に…を××する　08-3 ～する…がある／ない、～するための…を持っている／持っていない　08-4 ～しないでください　08-5 ～したことがある　08-6 ～（な）のです

113　第9課　ホテルのフロント係と話す　◀フロントで鍵を預かってもらいます。
　　09-1 ～だろう　09-2 ～より前／後に　09-3 ～する時に　09-4 5分間、1時間、1週間　09-5 ちょっと～してみる　09-6 どうぞ～

123　第10課　相手に任せる　◀友達の家に泊めてもらいました。
　　10-1 ～してしまっている（諾否疑問文とそれに対する答え）　10-2 ～になった　10-3 ～になったんだ？　10-4 ～しますか、それとも…しますか？　10-5 ～は…だ［形容詞述語文］

133　第11課　商品を見せてもらう　◀洋服屋さんでショッピング。
　　11-1 ～の…、～な…　11-2 ～のもの、～なもの　11-3 この／その／あの～な…　11-4 ～に…させる［許容］　11-5 より～な

143　第12課　意見や判断を言う・聞いてみる　◀電化製品も買ってみたいのですが…。
　　12-1 ～だと思う　12-2 ～よりも…だ　12-3 ～でしょう（が）　12-4 ちょっと～だ　12-5 ～ほど…ではない　12-6 ～される

153　第13課　お手伝いをする　◀地元のスーパーに。
　　13-1 ～してよい、～してかまわない　13-2 ～なのです　13-3 ～の代わりに…する　13-4 多めに～する、少なめに～する

161　第14課　気を遣う　◀ちょっとお出かけ。
　　14-1 ～できる　14-2 ～のところ　14-3 ～したまま…する　14-4 ～なの（か）？　14-5 ～と思う　14-6 ～はずだ

171　第15課　お土産を買う　◀中華系のお菓子をお土産に。
　　15-1 ～しているところ　15-2 いくつ、いくら　15-3 きちんと～する、～しあがる　15-4 ちょっと～しすぎる　15-5 もし～ならば　15-6 ～のために…する

183　第16課　想定外の事態に陥った場合　◀台風接近！
　　16-1 もうすぐ　16-2 ～してどうする？　16-3 ～のしかたが…だ　16-4 やっと、ようやく　16-5 ～し終える　16-6 ～できない

193	第17課　交通機関の乗り方を尋ねる　◀バスやミニバスに乗るには。	
	17-1 〜に…を教える　17-2 〜すれば…、〜ならば…　17-3 〜に…する　17-4 〜と同じ	
	17-5 〜と／に…する	
203	第18課　電話での話し方　◀約束がキャンセルに…。	
	18-1 〜ですよね？　18-2 〜するにこしたことはない　18-3 〜しなおす	
	18-4 すっかり〜してしまう　18-5 〜するつもり　18-6 〜しながら…する［同時進行］	
215	第19課　謝辞と別れの挨拶　◀また来ますね、香港！	
	19-1 〜できる　19-2 〜から…までは　19-3 〜する／した…　19-4 ちょっと〜する	
	19-5 どのくらい〜する　19-6 〜で…する	
226	第20課　アナウンスを聴いてみる　◀車内や機内の広東語に耳を傾けてみましょう。	
	鉄道：アイランド線（「港島綫」）など　鉄道：エアポート・エクスプレス（「機場快綫」）	
	空港　旅客機	

236	Column　広東語の発音について
238	Column　「中小學普通話教中文支援計劃」について
239	解答例（作文）
245	解答（聞き取りにチャレンジ）
246	語彙帳　ローマ字表記
262	語彙帳　日本語
278	場面別インデックス

香港路線図

CD-ROM の内容

音声……① 本書の 🔊 マーク付きの部分。
　　　　② 「初級レベルの常用文例集」
　　　　　　39 の場面別、よく使う表現 347 例を掲載。
PDF ファイル……「初級レベルの常用文例集」

本書の使い方

●本書（第1～19課）の構成と使用法

　本書の第1課から第19課までは、ここで紹介する①から④までの四部構成となっています。

① 言えると楽しい！

> 言えると楽しい！

　その課の②で登場する挨拶などの常用表現についての説明。
　CD-ROMには各文・各語とも原則として2回収録されており、男声（普通の速さ）、女声（ゆっくり）の順で発音されます。

② 会話文

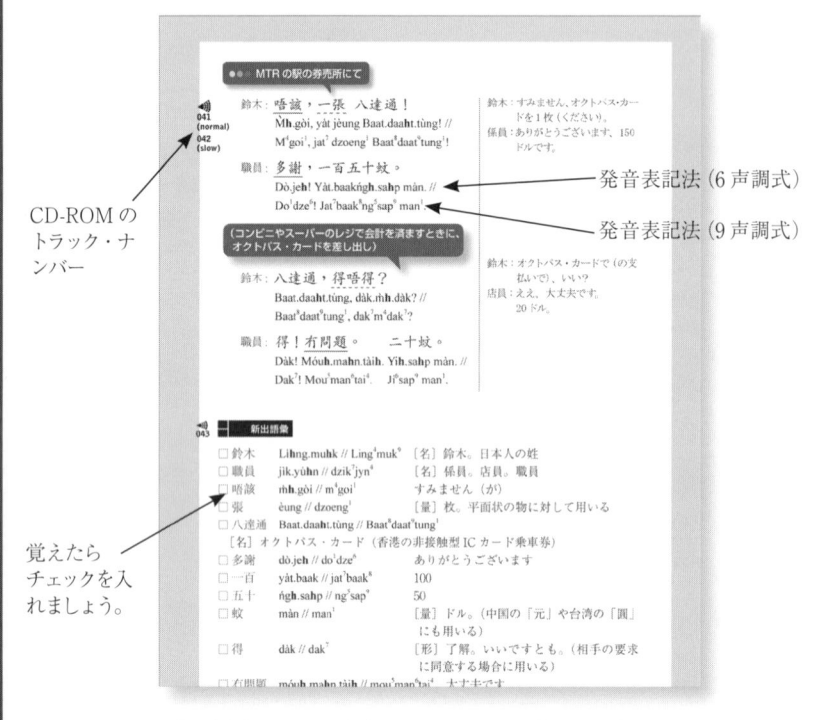

CD-ROMの
トラック・ナ
ンバー

発音表記法（6声調式）
発音表記法（9声調式）

覚えたら
チェックを入
れましょう。

　スキット（会話文）は2回発音され、1回目が普通の速さ、2回目がゆっくりです。
　スキットの新出語彙は男声（普通の速さ）、女声（ゆっくり）の順で発音されています。

③ 学習ポイント

　例文や練習を通して、基本的で日常的な表現を学んでいきましょう。
　CD-ROM には例文と練習問題（作文）の解答が 2 回収録されており、男声（普通の速さ）、女声（ゆっくり）の順で発音されます。

④ **リスニング問題**（「聞き取りにチャレンジ」）

　いささかワンパターンな表現ですが、丸暗記するとお得です！
　その課で学習したポイントから 2 つの文型を選びました。語彙を置き換えた文を聴く練習です。CD-ROM 収録の音声を聴いて、発音された語を答えてください。CD-ROM には各文とも 1 回のみ収録されています。
　また、挙げられた【補充語彙】を適宜用いて自発的に話す練習をするのもよいでしょう。【補充語彙】は CD-ROM には各語とも 2 回 収録されており、男声（普通の速さ）、女声（ゆっくり）の順で発音されます。

❖ **付属 CD-ROM の収録内容**

　本書の CD-ROM をコンピューターに挿入して開くと、「初級レベルの常用文例集」と「音声」の 2 つのフォルダが表示されます。

■「初級レベルの常用文例集」（PDF ファイル形式）

　買い物や交通など、日常的な 39 の場面でよく使う表現 347 例を掲載。パソコンで見られるほか、プリントアウトして持ち歩けば旅行に便利なひとこと会話集になります。
　（この項目は、テキストには掲載されておりません。）

■「音声」（MP3 形式）

1. 本書の「 🔊 」付きの部分はすべて録音されています。
　　トラック 002 番〜629 番：
　　[内容]
　　・発音編
　　・第 1 課〜第 20 課：言えると楽しい、会話文、新出語彙、学習ポイントの例文、練習の答え、リスニング問題

2.「初級レベルの常用文例集」。トラック 630 番〜668 番
　　各文例は 2 回ずつ収録されており、男声（普通の速さ）、女性（ゆっくり）の順で発音されています。

❖ 各課の会話文に登場する人物

鈴木 彩香（Lìhng.muhk Chói.hèung // Ling⁴muk⁹ Tsoi²hoeng¹）
　日本の大学生。時々香港に遊びに来る。香港ではホテルや友達であるジェーンの家に泊まっている。

陳 秀敏（Chàhn Sau.máhn // Tsan⁴ Sau³man⁵）＝阿 Jane（a.Jèn // a³Dzen¹）
　イングリッシュネームがジェーン。香港人で鈴木さんと同世代。彼女の自宅は香港島北部のタイクー・シティ（太古城）のマンションにある。

陳 偉傑（Chàhn Wáih.giht // Tsan⁴ Wai⁵git⁹）＝阿 Sam（a.Sèm // a³Sem¹）
　イングリッシュネームがサミュエル（サム）。ジェーンの弟で中学生。

陳生（Chàhn.sàang // Tsan⁴saang¹）
　陳さん。ジェーンのお父さん。香港のサラリーマン。

陳太（Chàhn.táai* // Tsan⁴taai²*）　（*→ p.31「❾変音」）
　陳さんの奥さん。ジェーンのお母さん。

方太（Fòng.táai* // Fong¹taai²*）
　方さんの奥さん。陳さんの奥さんの友人。

湯太（Tòng.táai* // Tong¹taai²*）
　湯さんの奥さん。陳さんの奥さんの友人。

麥生（Mahk.sàang // Mak⁹saang¹）
　麦さん。陳さんの奥さんの友人。

❖ 字形の違い

　直 ：直

　煮 ：煑

　麺 ：麵

　綫 ：線

　檯 ：枱

　辶 ：辶※

　礻 ：示

　飠 ：𩙿

　それぞれ本書は前者を用います。
　※使用フォントの都合で、会話文では「辶」を用いています。

概説・発音編

❶ 広東語はどのような言語？

●まず広東語の音を聴いてみましょう

　発音されるのは「一」から「十」までの漢字です。聴覚印象に従って漢字の上に片仮名で発音を書き込んでみましょう。

🔊 002　　　一、二、三、四、五、六、七、八、九、十

　次のことに気付いたでしょうか？
- 音の高い低いがある　　　　　→　声調と呼ばれる要素です
- 長い音と短い音があるみたいだ　→　主母音に長短の別が存在します
- つまった音がある　　　　　　→　閉鎖音p, t, kで終わる音節が存在します

●分布地域

　香港、澳門(マカオ)、中国（広東、広西東部）、海外（特に東南アジアやアメリカ、イギリスの華僑社会）。

1. 話される言葉

	香港	澳門	中国広東・広西東部	海外
上位言語	英語	ポルトガル語・英語	中国語（普通話）	現地の公用語
下位言語	広東語			

2. 書かれる言葉

	香港	澳門	中国広東・広西東部	海外
文字の種別	繁体字	繁体字	簡体字	繁体字・簡体字

●香港と澳門の言語・文字使用（中国の広東・広西の状況はこれとは大いに異なります）

1. 政府の言語使用

- 話される言葉の種別……広東語と英語です。最近では中国語（普通話）の併用も整いつつあります。澳門ではこれに加えてポルトガル語も使用されています。
- 文字の種別……「繁体字」と呼ばれる伝統的な字体です。最近では中国本土で使用されている「簡体字」の併用も整いつつあります。

2. マスメディアの言語使用

- 音声メディア（テレビ、ラジオなど）……広東語と英語です。一部分の番組やチャンネルでのみ中国語（普通話）が使用されています。澳門ではこれに加えてポルトガル語も使用されています。
- 活字メディア（新聞、雑誌など）……個々のメディアにより差はありますが、大衆的・通俗的なものでは「書かれた広東語」が出現します。よく目にするものに、地の文が規範的な中国語（≒普通話）、会話文が広東語で書かれるというスタイルがあります。字体は繁体字で、ごく一部分のメディアでのみ簡体字が使用されています。

3. 教育の場での言語使用

- 大多数の小中学校では広東語、少数の学校では英語、ごく一部分の学校では普通話で授業が行われています。
- 教科書は規範的な中国語（繁体字）で書かれており、漢字を一字ずつ広東音で読んでいきます。

   例）教科書に「他在看電視。」（彼はテレビを見ているところです）と書かれてあったとしましょう。授業ではこの規範的な中国語文を、一字ずつ広東語の漢字音で「ター・チョーイ・ホーン・ディーンシー」と読んでいきます。しかし、広東語の固有の表現では「佢睇緊電視。」「コユユ・タイィ・カンン・ディーンシー」と言います。両者は、名詞「電視」を除いて、全ての語形（漢字）が異なります。

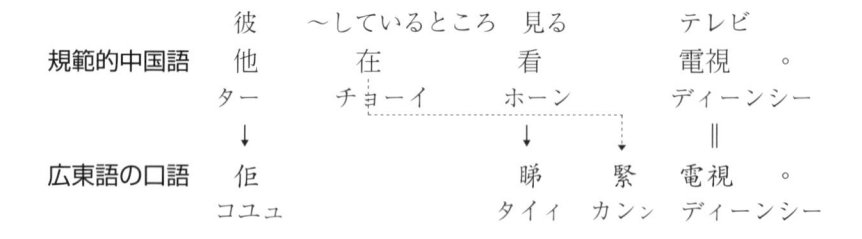

	彼	〜しているところ	見る	テレビ	
規範的中国語	他	在	看	電視	。
	ター	チョーイ	ホーン	ディーンシー	
	↓		↓	‖	
広東語の口語	佢		睇　緊	電視	。
	コユユ		タイィ　カンン	ディーンシー	

4. 書籍の言語

- 絶対多数の書籍は、分野のいかんを問わず、規範的な中国語で書かれています。しかし、文中には香港独自の語彙・表現（広東語として使用されているもの）が散見されることがあります。
- 演劇やラジオドラマ、映画のシナリオ本には、広東語で書かれたものがあります。近年は4コマ漫画で広東語で書かれたものを書店でよく見かけます。

5. 広告の言語
・もともとは規範的な中国語で書かれていたのですが、1990年代からは広東語で書かれた広告が増えました。

6. 歌謡の言語
・原則として規範的な中国語で書かれたものを広東音で読んでいきます。学校で教科書を朗読するのと同じです。しかし、1990年代から広東語そのものを歌詞にした歌や広東語の語彙を散りばめた歌が増加してきています。

● 広東語の形成

　広東語は学術名を「粤語（えつご）」と言い、漢語系諸語（Sinitic languages）に属する一大グループとして位置付けられます。同じ漢語系諸語に属する官話（中国北部と西南部に広く分布する）や福建語とは、系統を異にします。

　広東語を漢語系諸語に属する他のグループから分かつ決定的な音韻特徴として、①母音に長短の区別がある、② p, t, k で終わる音節について、母音の長短が声調の違いに直結している、の2点が挙げられます。

　漢族が入植する以前、広東・広西にはタイ・カダイ語族に属する言語を話す民族が多く居住していたと考えられています。現在でも広西の中西部は、タイ・カダイ語族に属する言語「壮語（チワン）」を話す壮族が絶対多数を占める地域です。このタイ・カダイ語族の言語を基層とし、漢語が堆積して形成されたのが広東語です。この学説は1970年代には海外の研究者によって提唱されていましたが、近年ようやく中国本土の言語学者にも受け入れられるようになりました。上記の音韻特徴2点は、タイ・カダイ語族に属する言語には普遍的に見られる特徴なのです。なお、ベトナム語との間には系統的つながりはありません。

● 広東語音の構造

・1漢字1音節です。
・音節は「音節頭子音＋主母音＋音節末音」に声調が加わった構造です。
・音節頭子音や音節末音がない音節もありますが、主母音と声調は全ての音節にとって不可欠です。中国語（普通話）や上海語に見られるストレスを失った音節「軽声」は、広東語にはありません。

漢字	音節 (国際音声記号)	音節頭子音	主母音	音節末音	声調	
亜	aː	なし	aː	なし	第3声	── 単母音
澳	ow	なし	o	w	第3声	⎫
香	hœːŋ	h	œː	ŋ	第1声	⎬ 複合母音
日	jɐt	j	ɐ	t	第6 // 9声	⎭

音節頭子音は子音か半母音（[j]と[w]のみ）です。
主母音の前に別の母音が現れることはありません。
単母音：主母音に力が入り延びる、一種の長母音です。
複合母音：主母音の直後に音節末音が加わった形式です。主母音に力が入り延びる「長複合母音」と、音節末音に力が入る「短複合母音」があります。

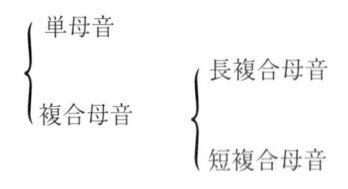

$$\begin{cases} 単母音 \\ 複合母音 \begin{cases} 長複合母音 \\ 短複合母音 \end{cases} \end{cases}$$

●広東語のローマ字表記
　広東語の表記体系は漢字を主としているため、字形から発音を窺い知ることが困難です。発音を記すためのローマ字表記法（「拼音」(ペンヤム)と呼ばれる）はこれまでに香港、中国、海外でそれぞれいくつもの方式が考案されてきましたが、いずれも国家権力によって定められたものではないため、教科書毎に異なる表記法が用いられているのが現状です。
　ローマ字表記法には、考案者の音韻解釈が現れます。声調に関しては、6つであるとする6声調式と、9つであるとする9声調式とが多用されています。広東語には音節末音が閉鎖音p, t, kである音節があり、基本的に高平調、中平調、低平調の3声調でのみ現れるのですが、6声調説と9声調説の違いはこれらを独立した声調と見なすか否かに起因しています。
　香港で刊行された教材で比較的多く使用されているものは、次の表記法です。
　①イエール式（初期のものは7声調式だったが、現在では6声調式として多用されている）
　②シドニー・ラウ式（7声調式であるが、6声調式としても使用が可能）
　③常用字広州話読音表（通称「香港教育学院式」）（9声調式）
これ以外に、教材での使用はほとんど行われていないが、学術論文で最も広く使用されている表記法として、香港言語学学会が考案した「粤拼」（Jyutping）があり、6声調式です。
　本書では、『香港粤語』シリーズの既刊本と同じく、6声調式と9声調式からそれぞれ最も多用されている方式を採用し、両者を並記することにします。6声調式としてイエール式、9声調式として常用字広州話読音表を採用し、両者の間は//で隔てることにします。読者の皆さんは、自分の学習環境に合った方式を選んで学習してください。

なお、以上の表記法は互いに「共通する部分」と「相異なる部分」とがあり、「相異なる部分」を要領良く覚えれば複数の方式を脳裏で併用・変換することが可能です。以下に、「相異なる部分」について触れておきます。

1. 音節頭子音

[tʃ]、[tʃʰ]と[j]の表記が異なります。

	イエール式	シドニー・ラウ式	常用字広州話読音表	香港言語学学会式	千島式
[tʃ]	j	j	dz	z	zh
[tʃʰ]	ch	ch	ts	c	ch
[j]	y	y	j	j	y

2. 主母音

広東語には主母音が7つありますが、国際音声記号で[y:]と[œ:]で記される2つの表記が異なります。

	イエール式	シドニー・ラウ式	常用字広州話読音表	香港言語学学会式	千島式
[y:]	yu	ue	y	yu	ü
[œ:]	eu	eu(h), u	oe	oe, eo	ö

3. 声調

イエール式……母音の上にアクサンを加えたり、母音の後にhを加えたりして表します。

イエール式以外……1～6（6声調式）や1～9（9声調式）の数字を付記することで表します。

広東語のローマ字表記は幾つもの方式がありますが、いずれも語学教材や学術論文の中でしか用いられていません。母語話者にとってこれらの表記法は必要ではないからです。絶対多数の母語話者は、いずれのローマ字表記法をも知りませんので、注意してください。

香港と澳門では、地名・人名・店名といった固有名詞を表すローマ字表記が存在していますが、これは広東語の発音を英語やポルトガル語の正書法で書き取ったものです。そのため、①音節頭子音に関して有気音と無気音は区別されない（英語やポルトガル語にこの両者の区別がないため）、②韻に関して長母音のaaと短母音のaは区別されない、③声調は記されない、などの特徴があります。

❷ 声調

　広東語には声調があり、意味の弁別に関わる根幹的な機能を担っています。子音と母音が全く同じであっても声調が異なると異なる意味を持つ音節になります。当然、該当する漢字も異なります。広東語は漢語系諸語の中では声調の数が最も多い言語です。中国本土の広東語の方言の中には（数え方によっては）最多で13個の声調を持つものがあります。

　香港や澳門、広州で話されている規範的な広東語の声調体系は、次のようになります。声調体系が大変システマティックで覚えやすい姿をしていることが分かります。

タイプ 音域	下降調	上昇調	平板調
高	第1声	第2声	第3声
低	第4声	第5声	第6声

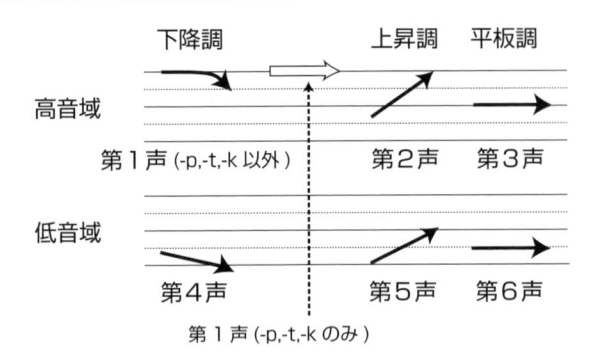

```
              下降調        上昇調  平板調
          ────────→────
高音域     ──↘──⇒──────↗────────→──
          ────────┊────
          第1声 (-p,-t,-k 以外)  第2声   第3声

低音域     ──↘─────────↗────────→──
          ────────┊────
          第4声         第5声   第6声
                第1声 (-p,-t,-k のみ)
```

　　　　　　中年層以下では、第1声は -p,-t,-k 以外でも末尾が下降しない
　　　　　　話者が多いので、1声は全てこの高平調で発音してもよい。

　まず高音域と低音域の2つの音域に分かれ、それぞれに「下降調」「上昇調」「平板調」が存在しています。実際に漢字音を聴いて、発音してみましょう。

	1声	2声	3声	4声	5声	6声
	司	史	試	時	市	示
国際音声記号	全て [ʃiː]					
	高降	高昇	中平	低降	低昇	低平
ローマ字表記						
6声調式（イエール式）	sì	sí	si	sih	síh	sih
9声調式	si¹	si²	si³	si⁴	si⁵	si⁶
（常用字廣州話讀音表）						

それでは、声調を一つずつ学んでいきましょう。

● **第1声（高降調）**

　高い音で始め、その高さを維持して引き延ばします。ただし最後では若干下がっても構いません。

　イエール式では母音の上にグレーヴ・アクセント（ ` ）を付してこの声調を表します。

	沙	些	
国際音声記号	[ʃaː]	[ʃɛː]	
ローマ字表記			
6声調式（イエール式）	sà	sè	
9声調式（常用字廣州話讀音表）	sa¹	se¹	

　第1声は歴史的にはもともと音域の中程まで下降する高降調であったのですが、次第に下降しなくなり、高平調へと変化を遂げつつあります。この高降調から高平調への歴史的変化は、若年層の特に女性で先行して進行したように感じられます。2010年代現在、中年層以下の話者の発音は、性別を問わず概して高平調に聞こえるでしょう。

　ただし、後続する音節が第1声以外であれば、音節末尾はやはり僅かに下降しています。また文や節の末尾では明らかな下降が出現することがあります（→ p.74 の会話文5行目の女声「老公」）。

　なお、高降調、高平調のどちらで発音しようと、意思疎通に問題は生じません。

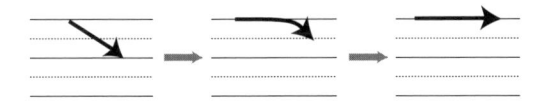

● 第2声（高昇調）

中程よりやや低めで始め、高い音域を目指して直線的に上げます。
イエール式では母音の上にアキュート・アクセント（´）を付してこの声調を表します。

005

	灑	所
国際音声記号	[ʃaː]	[ʃɔː]
ローマ字表記		
6声調式（イエール式）	sá	só
9声調式（常用字廣州話讀音表）	sa²	so²

● 第3声（中平調）

中程の高さで始め、その高さを最後まで維持して引き延ばします。
イエール式では補助記号を付さないことでこの声調を表します。

006

	化	貨
国際音声記号	[faː]	[fɔː]
ローマ字表記		
6声調式（イエール式）	fa	fo
9声調式（常用字廣州話讀音表）	fa³	fo³

● 第4声（低降調）

低めで始め、底に落とすように更に音を下げます。
イエール式では母音の上にグレーヴ・アクセント（`）を付し、かつ母音の直後にhを加えてこの声調を表します。

007

	麻	磨
国際音声記号	[maː]	[mɔː]
ローマ字表記		
6声調式（イエール式）	màh	mòh
9声調式（常用字廣州話讀音表）	ma⁴	mo⁴

＊母音の直後のhは低い声調を表す。

● 第5声（低昇調）

低い音で始め、中程まで直線的に上げます。
イエール式では母音の上にアキュート・アクセント（´）を付し、かつ母音の直後にhを加えてこの声調を表します。

008

　　　　　　　　　　　　　　　市　　社
国際音声記号　　　　　　　　[ʃiː]　[ʃɛː]
ローマ字表記
　　6声調式（イエール式）　　　síh　　séh
　　9声調式（常用字廣州話讀音表）　si⁵　　se⁵

● 第6声（低平調）

低めで始め、その高さを最後まで維持して引き延ばします。
イエール式では母音の直後にhを加えてこの声調を表します。

009

　　　　　　　　　　　　　　　廈　　賀
国際音声記号　　　　　　　　[haː]　[hɔː]
ローマ字表記
　　6声調式（イエール式）　　　hah　　hoh
　　9声調式（常用字廣州話讀音表）　ha⁶　　ho⁶

広東語には閉鎖音p、t、kで終わる音節があります。断音（スタッカート調）で、高平調、中平調、低平調の3声調でのみ現れます（これ以外に、変音（→p.31〜32）の結果として高昇調で現れることはあります）。

6声調という解釈では、断音を独立した声調と見なさず、高平調のものを第1声、中平調のものを第3声、低平調のものを第6声に同定します。

9声調という解釈では、断音を独立した声調と見なし、高平調のものを第7声、中平調のものを第8声、低平調のものを第9声とします。

010

　　　　　　　　　　　1 // 7声　　　3 // 8声　　　6 // 9声
　　　　　　　　　　　sit（注）　　　泄　　　　　蝕
国際音声記号　　　　　[ʃiːt]　　　　[ʃiːt]　　　　[ʃiːt]
　　　　　　　　　　　高平　　　　　中平　　　　　低平
ローマ字表記
　　6声調式（イエール式）　　sìt　　　　sit　　　　　siht
　　9声調式（常用字廣州話讀音表）　sit⁷　　　sit⁸　　　sit⁹

（注）英語からの借用語 sit up（腹筋運動）の sit として現れます。

● 第1声 // 第7声（p、t、kで終わる高平調）

　高い音で始め、その高さを維持します。下降はしません。
　本書で使用しているイエール式では母音の上にグレーヴ・アクセント（`）を付してこの声調を表します。

011

	失	塞
国際音声記号	[ʃɐt]	[ʃɐk]
ローマ字表記		
6声調式（イエール式）	sàt	sàk（第1声扱い）
9声調式（常用字廣州話讀音表）	sat^7	sak^7

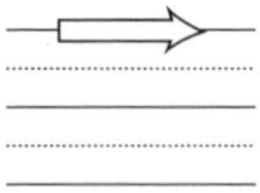

● 第3声 // 第8声（p、t、kで終わる中平調）

　中程の高さで始め、その高さを最後まで維持します。
　イエール式では補助記号を付さないことでこの声調を表します。

012

	攝	屑
国際音声記号	[ʃiːp]	[ʃiːt]
ローマ字表記		
6声調式（イエール式）	sip	sit（第3声扱い）
9声調式（常用字廣州話讀音表）	sip^8	sit^8

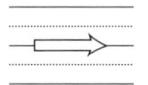

● 第6声 // 第9声（p、t、kで終わる低平調）

　低めで始め、その高さを最後まで維持します。
　イエール式では母音の直後にhを加えてこの声調を表します。

013

	十	實
国際音声記号	[ʃɐp]	[ʃɐt]
ローマ字表記		
6声調式（イエール式）	sahp	saht（第6声扱い）
9声調式（常用字廣州話讀音表）	sap^9	sat^9

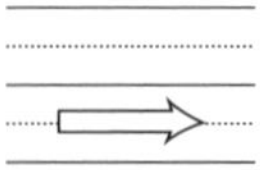

❸ 音節頭子音

広東語の音節頭子音はゼロ声母（伝統的に音節頭子音がないとされてきたもの）を含めると次の20個です（[ ] 内は国際音声記号）。

［tʃ］、［tʃʰ］と［j］は6声調式（イエール式）と9声調式（常用字廣州話讀音表）とで綴りが異なります。

調音方法＼調音部位	破裂音・破擦音		鼻音	摩擦音	その他
	無気音	有気音			
唇	b ［p］	p ［pʰ］	m ［m］	f ［f］	
歯茎	d ［t］	t ［tʰ］	n ［n］		l ［l］
後部歯茎	j // dz ［tʃ］	ch // ts ［tʃʰ］		s ［ʃ］	y // j ［j］
軟口蓋	g ［k］	k ［kʰ］	ng ［ŋ］	h ［h］	なし ［Ø］
その他（円唇）	gw ［kw］	kw ［kʰw］			w ［w］

● 無気音と有気音

無気音とは（後続する母音の前で）息の放出を伴わない系列を指し、有気音とは強い息の放出を伴う系列を指します。前者には濁音の、後者には清音のアルファベットが当てられます。

どちらも清音ですが、広東語の無気音は特に低い声調では聴覚的印象が濁音に似ることがあります。日本語の清音は若干息が放出されていますので、有気音に属します。しかし、広東語の有気音は日本語の数倍の力で息を放出する必要があります。有気音の発音練習では、母音を発音するタイミングを遅らせることでより大量の息の放出を促すことを試みてもよいでしょう。

🔊 014

	巴	爬	罵	化
国際音声記号	［paː］	≠ ［pʰaː］	［maː］	［faː］
ローマ字表記				
6声調式（イエール式）	bà	pàh	mah	fa
9声調式（常用字廣州話讀音表）	ba¹	pa⁴	ma⁶	fa³

	朵	妥	挪	羅
国際音声記号	［tɔː］	≠ ［tʰɔː］	［nɔː］	［lɔː］
ローマ字表記				
6声調式（イエール式）	dó	tóh	nòh	lòh
9声調式（常用字廣州話讀音表）	do²	to⁵	no⁴	lo⁴

		知	詞		試	義
国際音声記号		[tʃiː]	≠ [tʃʰiː]		[ʃiː]	[jiː]
ローマ字表記						
6声調式（イエール式）		jì	chìh		si	yih
9声調式（常用字廣州話讀音表）		dzi¹	tsi⁴		si³	ji⁶

		家	卡	芽	下	亞
国際音声記号		[kaː]	≠ [kʰaː]	[ŋaː]	[haː]	[aː]
ローマ字表記						
6声調式（イエール式）		gà	kà	ngàh	hah	a
9声調式（常用字廣州話讀音表）		ga¹	ka¹	nga⁴	ha⁶	a³

		瓜	誇	華
国際音声記号		[kwaː]	≠ [kʰwaː]	[waː]
ローマ字表記				
6声調式（イエール式）		gwà	kwà	wàh
9声調式（常用字廣州話讀音表）		gwa¹	kwa¹	wa⁴

● n → l、ng → ゼロ（本書では一律に表記を区別することにします）

　21世紀初頭の現在、香港・澳門・広州とも若年層では次のような特徴が見られます。

① 音節頭子音 n は l に合流してしまっており、多くの場合 l もしくはやや鼻音がかった l で発音されます。その一方で、n が合流した l が逆に n で発音されることもあります。本書の附属 CD-ROM では、男声は n と l を敢えて区別せず、女声は意識して区別するよう発音しています。

② 音節頭子音 ng は消失しており、多くの場合ゼロ声母（すなわち子音なし）もしくは微妙に鼻濁音がかって発音されます。その一方で、ng が合流したゼロ声母や本来のゼロ声母が逆に ng で発音されることもあります。本書の附属 CD-ROM では、男声は ng とゼロ声母を敢えて区別せず、女声は意識して区別するよう発音しています。

　この「n と l を区別しない」、「ng とゼロ声母を区別しない」現状に対して、区別する規範は存在していますが、2010年代現在それを理解しているのは教師やアナウンサーくらいでしょう（しかも全員ではない）。

		泥		黎
国際音声記号		[nɐi] → [lɐi]	=	[lɐi]
ローマ字表記				
6 声調式（イエール式）	nàih → làih	=	làih
9 声調式（常用字廣州話讀音表）	nai⁴ → lai⁴	=	lai⁴

		蟻		矮
国際音声記号		[ŋɐi] → [ɐi]	≒	[ɐi]
ローマ字表記				
6 声調式（イエール式）	ngáih → áih	≒	ái
9 声調式（常用字廣州話讀音表）	ngai⁵ → ai⁵	≒	ai²

```
n-                n-
―――  ---------▶  ⇩  ↑  ---------▶  l-
l-                l-


ng-               ng-
―――  ---------▶  ⇩  ↑  ---------▶  ゼロ
ゼロ              ゼロ                （子音なし）
（子音なし）      （子音なし）
```

❹ 単母音

広東語の単母音は次の7つです。正しく発音するための条件は、次のとおりです。

① [a:]、[ɛ:]、[ɔ:]、[œ:] → 顎を引き口を上下に大きく開く
② [i:] → 口を横に極限まで引く
③ [u:]、[y:] → 唇を極限まで突き出す

　　([œ:] と [y:] は6声調式（イエール式）と9声調式（常用字廣州話讀音表）とで綴りが異なります)

　広東語の音節は日本語と異なり、後半部分が弱くなるようなことはありません。音節の最後まで力をいれて引きます。○「アー」　×「アァ」。
　また、広東語の単母音は長母音としての性格を帯びますので、長く引き延ばす練習をしましょう。

● **a** [a:]

　顎を下へ大きく引き、口を上下に大きく開けます。日本語の「あ」よりも舌の位置が低い「ア」で発音します。

　　　　　　　　　　　　　　　霸　　怕
　国際音声記号　　　　　　　　[pa:]　[pʰa:]
　ローマ字表記
　　6声調式（イエール式）　　　　ba　　pa
　　9声調式（常用字廣州話讀音表）　ba³　 pa³

● **e** [ɛ:]

　顎を下へ大きく引き、口を上下に大きく開けます。日本語の「え」より舌の位置をずっと低くして発音します。多くの日本語話者は日本語の「権限（けんげん）」を発音する時、語頭の「け」よりも後の「げ」の方が顎が引かれ舌の位置が下がった状態になっているのではないでしょうか。この「げ」よりも更に顎を引いて口を開けるように努めるとよいでしょう。

　　　　　　　　　　　　　　　遮　　車
　国際音声記号　　　　　　　　[tʃɛ:]　[tʃʰɛ:]
　ローマ字表記
　　6声調式（イエール式）　　　　jè　　chè
　　9声調式（常用字廣州話讀音表）　dzè¹　tsè¹
　（注）フランス語のè、ê、ドイツ語のä、ハングルのㅐに近い音です。

● i [iː]

口を左右に強く引いて発音します。日本語の緩んだ「い」にならないように注意しましょう。

	子	始
国際音声記号	[tʃiː]	[tʃʰiː]
ローマ字表記		
6声調式（イエール式）	jí	chí
9声調式（常用字廣州話讀音表）	dzi²	tsi²

● o [ɔː]

顎を下へ大きく引き、口を上下に丸く大きく開けます。日本語の「お」より舌の位置をずっと低くして発音します。多くの日本語話者は日本語の「今後（こんご）」を発音する時、語頭の「こ」よりも後の「ご」の方が顎が引かれ舌の位置が下がった状態になっているのではないでしょうか。この「ご」よりも更に顎を引いて口を開けるように努めるとよいでしょう。

	播	破
国際音声記号	[pɔː]	[pʰɔː]
ローマ字表記		
6声調式（イエール式）	bo	po
9声調式（常用字廣州話讀音表）	bo³	po³

（注）イギリス英語の god の o、ハングルの ㅓ に近い音です。

● u [uː]

唇を丸くすぼめて前に極限まで突き出します。日本語の「う」とは大きく異なります。

	孤	箍
国際音声記号	[kwuː]	[kʰwuː]
ローマ字表記		
6声調式（イエール式）	gwù	kwù
9声調式（常用字廣州話讀音表）	gwu¹	kwu¹

● eu // oe ［œ:］

　この発音は唇の構えはoと同じ、舌の位置はeと同じであり、oとe両者の性格を兼ね備えています。正しくoの構えをして、舌を前にずらしながら「エー」と叫びます。あるいはeの構えから唇の構えを丸くします。ローマ字表記ではアルファベット2文字を用いていますが、これは広東語の母音の数が多く、a e i o uだけでは表記しきれないためです。二重母音ではありませんので、注意してください。

	鋸	靴
国際音声記号	［kœ:］	［hœ:］
ローマ字表記		
6声調式（イエール式）	geu	hèu
9声調式（常用字廣州話讀音表）	goe³	hoe¹

（注）フランス語のeu、œu、ドイツ語のö、oeに近い発音です。

yu // y ［y:］

　この発音は唇の構えはuと同じ、舌の位置はiと同じであり、uとi両者の性格を兼ね備えています。正しくuの構えをして、舌を前にずらしながら「イー」と叫びます。もしくはiの構えから唇をすぼめて前に極限まで突き出します。二重母音ではありませんので、注意してください。

	註	處
国際音声記号	［tʃy:］	［tʃʰy:］
ローマ字表記		
6声調式（イエール式）	jyu	chyu
9声調式（常用字廣州話讀音表）	dzy³	tsy³

（注）フランス語のu、û、ドイツ語のü、ueに近い発音です。

❺ 複合母音（1）：長複合母音

　単母音の他に、複合母音というものがあります。これは主母音の後ろに音節末音が存在するものです。
　広東語では複合母音は長複合母音と短複合母音の2種類に分かれます。長複合母音の主母音は、単母音の項で学んだ母音そのものであり、そこに力が入り引き延ばされるのが特徴です。

長複合母音（[ ]内は国際音声記号）

音節末音 主母音	-i [j]	-u [w]	-m [m]	-n [n]	-ng [ŋ]	-p [p]	-t [t]	-k [k]
a- [aː]	aai [aːj]	aau [aːw]	aam [aːm]	aan [aːn]	aang [aːŋ]	aap [aːp]	aat [aːt]	aak [aːk]
e- [ɛː]		el // eu [ɛːw]	em [ɛːm]	en [ɛːn]	eng [ɛːŋ]	ep [ɛːp]	et [ɛːt]	ek [ɛːk]
o- [ɔː]	oi [ɔːj]		om [ɔːm]	on [ɔːn]	ong [ɔːŋ]	op [ɔːp]	ot [ɔːt]	ok [ɔːk]
eu- // oe- [œː]					eung // oeng [œːŋ]			euk // oek [œːk]
i- [iː]		iu [iːw]	im [iːm]	in [iːn]		ip [iːp]	it [iːt]	
u- [uː]	ui [uːj]			un [uːn]			ut [uːt]	
yu- // y- [yː]				yun // yn [yːn]			yut // yt [yːt]	

```
    主母音　＋　音節末音　＝　長複合母音
       ‖
     （単母音）
リズムとして　●●　　　　○
          力が入り伸びる
```

ここでは「aを主母音とする系列」を学びましょう。

亞　a // a³　　＋　i　→　aai // aai³　　嗌（aa　＋　i）
　　　　　　　　　　　　　　　　　　　　　アア　　　イ
　　　　　　　　　　　　　　　　　　　　　●●　　　○

把　bá // ba²　＋　u　→　báau // baau²　飽
假　gá // ga²　＋　m　→　gáam // gaam²　減
瓜　gwà // gwa¹　＋　n　→　gwàan // gwaan¹　關
爬　pàh // pa⁴　＋　ng　→　pààhng // paang⁴　彭

表から分るように、長複合母音は主母音の直後に続く要素（音節末音）の全てに対する組み合わせが存在するわけではありません。セットとして揃っているのは、主母音が a の系列だけです。それ以外の系列はどこかが欠けています。例えば、e の系列には i が音節末音の ei はありません。欠けている組み合わせの多くは短複合母音として存在しています。

なお、主母音が a の系列だけは長複合母音と短複合母音（→ p.30 〜 31）の両方があるので、区別するために長複合母音を「aa-」、短複合母音を「a-」と書き分けます。

❻ 複合母音（2）：長複合母音（断音）

広東語には音節末音が p、t、k の複合母音が存在します（→ p.19 〜 20）。これらは、スタッカート調の複合母音で、「入声韻」と呼ばれることもあります。主母音を発音する段階で声門が閉じ始める点、そして音節末音 p、t、k が閉鎖したままで終わる点が特徴です。習得には練習が必要です。日本語の促音（「やっぱり」などの「っ」）を喉に力を込めて発音するよう練習してください。タイ語やベトナム語を学習したことがある読者は、それらに出てくる -p、-t、-k と同じ要領で発音してもよいでしょう。

● -p

音節末音として現れる p は、唇を閉じる点では m と同じです。「gap」など英語の語末の p と大きく異なるのは、唇に力を込めて閉じたままで開放しない点です。日本語の「やっぱり（yappari）」の「yap」や「さっぽろ（sapporo）」の「sap」を、喉に力を込めて発音するよう、練習しましょう。

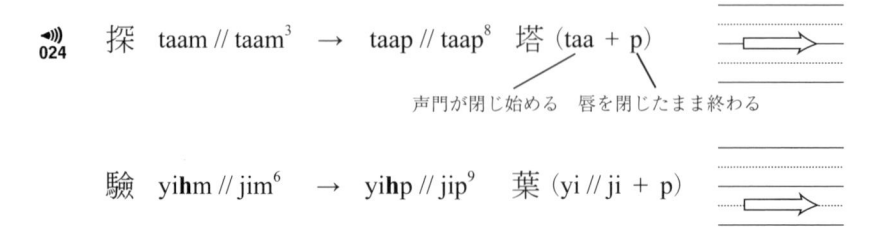

🔊 024

探　taam // taam³　→　taap // taap⁸　塔（taa + p）

　　　　　　　　　　　　　　　　　声門が閉じ始める　唇を閉じたまま終わる

驗　yihm // jim⁶　→　yihp // jip⁹　葉（yi // ji + p）

● -t

　音節末音として現れるtは、舌の着きどころがnと同じです。「cat」など英語の語末のtと大きく異なるのは、舌先に力を込めたまま上の門歯の付け根に押さえつけておく点です。日本語の「ばったり（battari）」の「bat」や「はっとり（hattori）」の「hat」を、喉に力を込めて発音するよう、練習しましょう。

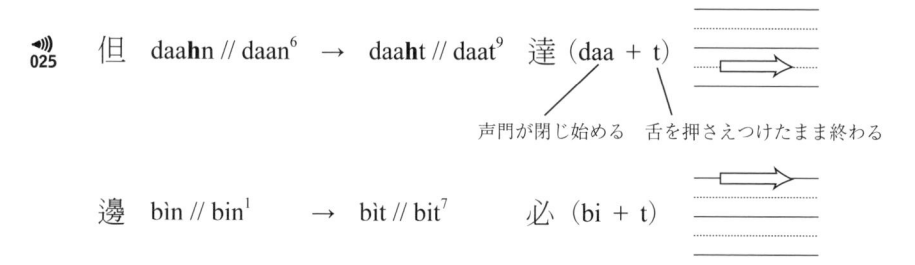

但　daahn // daan[6]　→　daaht // daat[9]　達（daa + t）

　　　　　　　　　　　　　　　　声門が閉じ始める　舌を押さえつけたまま終わる

邊　bìn // bin[1]　→　bìt // bit[7]　必（bi + t）

● -k

　音節末音として現れるkは、舌の着きどころがngと同じです。「pack」など英語の語末のkと大きく異なるのは、舌を後方へ引いたままにしておく点です。日本語の「がっかり（gakkari）」の「gak」や「はっこう（hakkou）」の「hak」を、喉に力を込めて発音するよう、練習しましょう。

坑　hàang // haang[1]　→　hàak // haak[7]　黑（haa + k）

　　　　　　　　　　　　　　　　声門が閉じ始める　舌を後へ引いたまま終わる

帳　jeung // dzoeng[3]　→　jeuk // dzoek[8]　雀（jeu // dzoe + k）

❼ 複合母音（3）：長複合母音と短複合母音の違い

　広東語の短複合母音は、長複合母音とは対照的で、主母音が短い代わりに、音節末音に力が入ります。

　下表のとおり、短複合母音は数が少ないので、どの綴りが短複合母音になるかを覚えてしまうと便利でしょう。なお、yu // y を主母音とする短複合母音はありません。

短複合母音（[ ] 内は国際音声記号）

音節末音 主母音	-i [j]	-u [w]	-m [m]	-n [n]	-ng [ŋ]	-p [p]	-t [t]	-k [k]
a-	ai	au	am	an	ang	ap	at	ak
e-	ei							
o-		ou						
eu-//oe-	eui // oey			eun // oen			eut // oet	
i-					ing [eŋ]			ik [ek]
u-					ung [oŋ]			uk [ok]

　　　　短複合母音：　　主母音　＋　音節末音
　　リズムとして　　　　○　　　●●
　　　　　　　　　　　　　　　　力が入る

　ここでは長複合母音との対比を通して、「a を主母音とする系列」、「i を主母音とする系列」、「u を主母音とする系列」と「eui // oey」を学びましょう。

🔊 027

aai ≠ ai　　拜 baai // baai³ ≠ 閉 bai // bai³　　　　買 máaih // maai⁵ ≠ 米 máih // mai⁵
　　　　　　　　　　　　（a　＋　i）
　　　　　　　　　　　　　ア　　イィ
　　　　　　　　　　　　　○　　●●

aau ≠ au　　找 jáau // dzaau² ≠ 酒 jáu // dzau²　　稍 sáau // saau² ≠ 首 sáu // sau²
aam ≠ am　　監 gàam // gaam¹ ≠ 甘 gàm // gam¹　　喊 haam // haam³ ≠ 礈 ham // ham³
aan ≠ an　　關 gwàan // gwaan¹ ≠ 君 gwàn // gwan¹　患 waahn // waan⁶ ≠ 運 wahn // wan⁶
aang ≠ ang　爭 jàang // dzaang¹ ≠ 爭 jàng // dzang¹　生 sàang // saang¹ ≠ 生 sàng // sang¹ (注)

　　（注）複数の発音を有している漢字が、少数ながら存在します。「爭」や「生」は、長複合母音の発音が口語音、短複合母音の発音が読書音として使われる傾向にあります。

🔊 028
aap ≠ ap　甲 gaap // gaap⁸ ≠ 急 gàp // gap⁷　　狹 haahp // haap⁹ ≠ 合 hahp // hap⁹
aat ≠ at　達 daaht // daat⁹ ≠ 突 daht // dat⁹　　辣 laaht // laat⁹ ≠ 甩 làt // lat⁷
aak ≠ ak　責 jaak // dzaak⁸ ≠ 則 jàk // dzak⁷　　索 saak // saak⁸ ≠ 塞 sàk // sak⁷

<u>ing、ik、ung、uk では、短母音であるために主母音の発音が変化し、それぞれ日本語の「え」、「お」に近く発音されます。綴りのiとuに惑わされないよう注意してください。「イン</u>ヶ<u>」「イック」「ウン</u>ヶ<u>」「ウック」という発音はありません。</u>

🔊 029

　　　　　長複合母音　　短複合母音　　長複合母音　　短複合母音
eng ≠ ing　井 jéng // dzeng² ≠ 整 jíng // dzing²　　成 sèhng // seng⁴ ≠ 成 sìhng // sing⁴
　　　　　●●　　　○　　　○　　　●●
　　　　　エエ　ンヶ　　　エ　ンヶ

ek ≠ ik　隻 jek // dzek⁸ ≠ 積 jik // dzik⁷　　石 sehk // sek⁹ ≠ 食 sihk // sik⁹
ong ≠ ung　湯 tòng // tong¹ ≠ 通 tùng // tung¹　　囊 nòhng // nong⁴ ≠ 農 nùhng // nung⁴
ok ≠ uk　託 tok // tok⁸ ≠ 禿 tùk // tuk⁷　　樂 lohk // lok⁹ ≠ 陸 luhk // luk⁹

　　eui // oey は短複合母音で、主母音が eu // oe、音節末音が yu // y です。主母音も音節末音も唇を丸くする必要があります。音節末音をiで発音しないように注意しましょう。これに対して、oi は長複合母音です。両者は異なります。

🔊 030

　　　　　長複合母音　　短複合母音　　長複合母音　　短複合母音
oi ≠ eui　再 joi // dzoi³ ≠ 最 jeui // dzoey³　　海 hoi // hoi² ≠ 許 heui // hoey²
　　　　　●●　　　○　　　○　　　●●
　　　　　オオ　イ　　　　オ　ユュ

❽ 子音だけの韻母（成音節子音）

　母音のない、子音だけの韻母が３つあります。「成音節子音」とか「成節的子音」と呼びます。母音の音色を出さないように注意してください。

🔊 031
唔 m̀h // m⁴　　唇を強く閉じて「ム」と発音する。舌先はどこにもつけない。
伍 ńgh // ng⁵　　舌を後方へ引いて「ンヶ」と発音する。
噓 s // s³　　　（しーっ。音を立てないよう人に促すときに用いる）

❾ 変音

　広東語には「変音」という現象が存在します。これは主に語義・文法機能に関わる声調変化で、変化後の声調が高平調（第１声に同定）になるもの、高昇調（第２声に同定）になるもの、低降調（第４声に同定）になるものがあります。

最も多く現れるのは高昇調になるものです。少数ですが「今年」のように変調を起こした・起こしていない2形式が併存している語もあります。

本書では * を付して、変音を起こした音節であることを表すことにします。

🔊 032

糖 tòhng // tong⁴（糖類）　　→　糖 tóng* // tong²*（飴）
白糖 baahk.tòhng // baak⁹tong⁴（白砂糖）　軟糖 yúhn.tóng* // jyn⁵tong²*（グミ）
年 nìhn // nin⁴（年）　　→　年 nín* // nin²*（年）
今年 gàm.nìhn // gam¹nin⁴（今年）　=　今年 gàm.nín* // gam¹nin²*（今年）

- ong：長複合母音　→　主母音 o を引き延ばします。
- yun // yn：長複合母音　→　主母音 yu / y を引き延ばします。
- in：長複合母音　→　主母音 i を引き延ばします。

⑩ 発音の総合練習（1）：姓と数字

まず数を表す語を発音してみましょう。

🔊 033

	下降	上昇	平板	平板 (-p,-t,-k)	
高	第1声 三 sàam // saam¹	第2声 九 gáu // gau²	第3声 四 sei // sei³	第1//7声 七 chàt // tsat⁷	第3//8声 八 baat // baat⁸
低	第4声 零 lìhng // ling⁴	第5声 五 ńgh // ng⁵	第6声 二 yih // ji⁶	第6//9声 六 luhk // luk⁹	

- ei：短複合母音　→　音節末音 i が延びます。

次は香港人の姓です。発音してみましょう。

🔊 034

	下降	上昇	平板	平板 (-p,-t,-k)
高	第1声 朱 Jyù // Dzy¹ 潘 Pùn // Pun¹	第2声 董 Dúng // Dung² 蔣 Jéung // Dzoeng²	第3声 鄺 Kwong // Kwong³ 戴 Daai // Daai³	第1//7声 祝 Jùk // Dzuk⁷ 第3//8声 薛 Sit // Sit⁸
低	第4声 譚 Tàahm // Taam⁴ 劉 Làuh // Lau⁴	第5声 尹 Wáhn // Wan⁵ 呂 Léuih // Loey⁵	第6声 鄧 Dahng // Dang⁶ 鄭 Jehng // Dzeng⁶	第6//9声 白 Baahk // Baak⁹ 麥 Mahk // Mak⁹

- un：長複合母音　→　主母音 u を引き延ばします。
- it：長複合母音（断音）　→　主母音 i を引き延ばします。

⓫ 発音の総合練習（2）：時間を表す語

次に時間を表す語を発音してみましょう。これらの用法については本編第6課で学習します。

「今晩」と「聽晚」は、ここに記す原調の形式以外に、変音を経た gàm.màan* // gam¹maan¹*、tìng.màan* // ting¹maan¹* も多用されています。

正しく発音できたものについては、チェックボックスに印を入れましょう。

□ 前日 chìhn.yaht // tsin⁴jat⁹ （一昨日）	□ 噚日 chàhm.yaht // tsam⁴jat⁹ （昨日）	□ 今日 gàm.yaht // gam¹jat⁹ （今日）	□ 聽日 tìng.yaht // ting¹jat⁹ （明日）	□ 後日 hauh.yaht // hau⁶jat⁹ （明後日）
□ 前晚 chìhn.máahn // tsin⁴maan⁵ （一昨日の夜）	□ 噚晚 chàhm.máahn // tsam⁴maan⁵ （昨夜）	□ 今晚 gàm.máahn // gam¹maan⁵ （今夜）	□ 聽晚 tìng.máahn // ting¹maan⁵ （明夜）	□ 後晚 hauh.máahn // hau⁶maan⁵ （明後日の夜）
□ 再上個 禮拜 joi seuhng go láih.baai // dzoi³ soeng⁶ go³ lai⁵baai³ （先々週）	□ 上個 禮拜 seuhng go láih.baai // soeng⁶ go³ lai⁵baai³ （先週）	□ 今個 禮拜 gàm go láih.baai // gam¹ go³ lai⁵baai³ （今週）	□ 下個 禮拜 hah go láih.baai // ha⁶ go³ lai⁵baai³ （来週）	□ 再下個 禮拜 joi hah go láih.baai // dzoi³ ha⁶ go³ lai⁵baai³ （再来週）
□ 再上個 月 joi seuhng go yuht // dzoi³ soeng⁶ go³ jyt⁹ （先々月）	□ 上個 月 seuhng go yuht // soeng⁶ go³ jyt⁹ （先月）	□ 今個 月 gàm go yuht // gam¹ go³ jyt⁹ （今月）	□ 下個 月 hah go yuht // ha⁶ go³ jyt⁹ （来月）	□ 再下個 月 joi hah go yuht // dzoi³ ha⁶ go³ jyt⁹ （再来月）
□ 前年 chìhn.nín* // tsin⁴nin²* （一昨年）	□ 舊年 gauh.nín* // gau⁶nin²* （去年）	□ 今年 gàm.nín* // gam¹nin²* （今年）	□ 出年 chèut.nín* // tsoet⁷nin²* （来年）	□ 後年 hauh.nín* // hau⁶nin²* （再来年）

■ yut // yt：長複合母音（断音）　→　主母音 yu // y を引き延ばします。
■ eut // oet：短複合母音（断音）　→　eu // oe ＋音節末音 t です。

□ 一號	□ 二號	□ 三號	□ 四號	□ 五號	□ 六號	…
yàt.houh //	yih.houh //	sàam.houh //	sei.houh //	ńgh.houh //	luhk.houh //	
jat⁷hou⁶	ji⁶hou⁶	saam¹hou⁶	sei³hou⁶	ng⁵hou⁶	luk⁹hou⁶	
(ついたち)	(ふつか)	(みっか)	(よっか)	(いつか)	(むいか)	
…	□ 七月	□ 八月	□ 九月	□ 十月	□ 十一月	□ 十二月
	chàt.yuht //	baat.yuht //	gáu.yuht //	sahp.yuht //	sahp.yàt.yuht //	sahp.yih.yuht //
	tsat⁷jyt⁹	baat⁸jyt⁹	gau²jyt⁹	sap⁹jyt⁹	sap⁹jat⁷jyt⁹	sap⁹ji⁶jyt⁹
	(7月)	(8月)	(9月)	(10月)	(11月)	(12月)

■ou：短複合母音　→　音節末音 u が延びます。

□ 朝早	□ 上晝	□ 晏晝	□ 下晝	□ 挨晚	□ 夜晚
jiu.jóu //	seuhng.jau //	aan.jau //	hah.jau //	àai.màan* //	yeh.máahn //
dziu¹dzou²	soeng⁶dzau³	aan³dzau³	ha⁶dzau³	aai¹maan¹*	je⁶maan⁵
(朝)	(午前)	(昼)	(午後)	(夕方)	(夜)

■iu：長複合母音　→　主母音 i を引き延ばします。

⓬ 発音の総合練習（3）：標識と標示

　発音編の仕上げとして、香港や澳門で見かける標識と標示を発音してみましょう。標識や標示の文句は書かれたものであるため、実際の話し言葉とは表現が異なるものもあります。また実際に文句を口にする機会は少ないでしょうし、多くの標識や標示は英語とのバイリンガルになっています。しかし、それでも知識として知っておくに超したことはないでしょう。実際の話し言葉と大きく異なるものについては、≒の右に話し言葉の形式を付記しておきました。

　正しく発音できたものについては、チェックボックスに印を入れましょう。

1) 1文字のもの

□ 推	tèui // toey¹	押す（ドア）
□ 拉	làai // laai¹	引く（ドア）
□ ～起	héi // hei²	～から。「～」には最低価格が記される（商店）
□ 任～	yahm // jam⁶	～し放題。「～」には動詞が記される（商店）
□ 上	séuhng // soeng⁵	乗車（交通）
□ 落	lohk // lok⁹	降車（交通）
□ 停	tìhng // ting⁴	止まれ（交通）
□ 慢	maahn // maan⁶	スピードを落として（交通）
□ 讓	yeuhng // joeng⁶	専用車線のため、お譲りください（交通）

2) 2文字のもの

| □ 出租 | chèut.jòu // tsoet⁷dzou¹ | 貸し出し物件（商店） |

□ 出售	chèut.sauh // tsoet⁷sau⁶	売り出し（商店）	
□ 售罄	sauh.hing // sau⁶hing³	売り切れ（商店）	≒ 賣晒
□ 離境	lèih.gíng // lei⁴ging²	出発。出国（空港、港など）	
□ 抵港	dái.góng // dai²gong²	到着。入国（空港、港など）	
□ 轉機	jyun gèi // dzyn³ gei¹	トランジット（空港）	
□ 閘口	jaahp.háu // dzaap⁹hau²	ゲート（空港）	
□ 延遲	yìhn.chìh // jin⁴tsi⁴	遅延（空港）	
□ 關閉	gwàan.bai // gwaan¹bai³	搭乗手続きが終了し、ゲート閉鎖（空港）	
□ 轉左	jyun jó // dzyn³ dzo²	左折（交通）	
□ 轉右	jyun yauh // dzyn³ jau⁶	右折（交通）	
□ 慢駛	maahn.sái // maan⁶sai²	徐行（交通）	≒ 開慢啲
□ 隧道	seuih.douh // soey⁶dou⁶	トンネル（交通）	
□ 禁區	gam.kèui // gam³koey¹	立ち入り禁止区域（交通）	
□ 空郵	hùng.yàuh // hung¹jau⁴	エアメール（郵便）	
□ 本埠	bún.fauh // bun²fau⁶	現地便。香港内（郵便）	≒ 本地
□ 平郵	pìhng.yàuh // ping⁴jau⁴	船便（郵便）	≒ 寄船
□ 危險	ngàih.hím // ngai⁴him²	危険	
□ 停用	tìhng.yuhng // ting⁴jung⁶	使用中止	
□ 請勿〜	chíng.maht // tsing²mat⁹	〜しないでください	≒ 唔好
□ 切勿〜	chit.maht // tsit⁸mat⁹	決して〜しないでください	≒ 千祈唔好
□ 不准〜	bàt.jéun // bat⁷dzoen²	〜は禁止	≒ 唔准 / 唔可以
□ 嚴禁〜	yìhm.gam // jim⁴gam³	〜厳禁	
□ 暫停〜	jaahm.tìhng // dzaam⁶ting⁴	〜一時停止中	≒ 暫時冇 / 暫時停止

3）3 文字のもの

□ 售票處	sauh.piu.chyúh // sau⁶piu³tsy⁵	切符売り場	
□ 詢問處	seun.mahn.chyúh // soen³man⁶tsy⁵	案内所	
□ 登機處	dàng.gèi.chyu // dang¹gei¹tsy³	チェックイン・カウンター（空港）	
□ 貴賓室	gwai.bàn.sàt // gwai³ban¹sat⁷	ラウンジ（空港）	
□ 嬰兒室	yìng.yìh.sàt // jing¹ji⁴sat⁷	授乳室（空港）	
□ 吸煙室	kàp.yin.sàt // kap⁷jin¹sat⁷	喫煙室（空港）	
□ 認領處	yihng.líhng.chyu // jing⁶ling⁵tsy³	機内預け荷物受け取り（空港）	
□ 行人道	hàhng.yàhn.douh // hang⁴jan⁴dou⁶	歩道（交通）	
□ 請稍候	chíng sáau.hauh // tsing² saau²hau⁶	しばらくお待ちください	
	≒ 請（你）等陣		

4）4 文字以上のもの

□ 小心地滑　　síu.sàm deih waaht // siu²sam¹ dei⁶ waat⁹
　路面が滑りやすくなっていますので、ご注意ください
□ 小心碰頭　　síu.sàm pung tàuh // siu²sam¹ pung³ tau⁴
　頭上注意　≒　小心撞倒個頭

- 緊握扶手　　　gán.àak fùh.sáu // gan²aak⁷ fu⁴sau²
  手すりにおつかまりください　≒　揸住扶手
- 不設找贖　　　bàt.chit jáau.juhk // bat⁷tsit⁸ dzaau²dzuk⁹
  おつりは出ませんのでご容赦ください　≒　冇得找錢
- 請備輔幣　　　chíng beih fuh.baih // tsing² bei⁶ fu⁶bai⁶
  小銭をご用意ください　≒　請準備散銀
- 油漆未乾　　　yàuh.chàt meih gòn // jau⁴tsat⁷ mei⁶ gon¹　ペンキ塗り立て
- 提防小手　　　tàih.fòhng síu.sáu // tai⁴fong⁴ siu²sau²
  スリにご注意ください　≒　小心扒手
- 如遇火警　　　yùh yuh fó.gíng // jy⁴ jy⁶ fo²ging²
  もし火災の場合には　≒　如果發生火燭
- 私人重地　　　sì.yàhn.juhng.deih // si¹jan⁴dzung⁶dei⁶　私有地です
- 閒人勿進　　　hàahn.yàhn maht jeun // haan⁴jan⁴ mat⁹ dzoen³
  関係者以外立ち入り禁止
- 不便之處　　　bàt.bihn.jì.chyu // bat⁷bin⁶dzi¹tsy³
  ご迷惑をおかけします　≒　對你造成不便
- 敬請原諒　　　ging chíng yùhn.leuhng // ging³ tsing² jyn⁴loeng⁶
  申し訳ございません　≒　好抱歉
- 外幣找換　　　ngoih.baih jáau.wuhn // ngoi⁶bai⁴ dzaau²wun⁶　外貨両替（商店）
- 快船轉駁　　　faai.syùhn jyún.bok // faai³syn⁴ dzyn²bok⁸
  フェリーへの乗り継ぎ（空港）
- 接機大堂　　　jip.gèi daaih.tòhng // dzip⁸gei¹ daai⁶tong⁴　到着ロビー（空港）
- 行李寄存　　　hàhng.léih gei.chyùhn // hang⁴lei⁵ gei³tsyn⁴
  手荷物一時預かり所（空港）
- 登機櫃檯　　　dàng.gèi gwaih.tói* // dang¹gei¹ gwai⁶toi²*
  チェックイン・カウンター（空港）
- 巴士總站　　　bà.sí júng.jaahm // ba¹si² dzung²dzaam⁶　バスターミナル（交通）
- 預航時間　　　yuh.hòhng sìh.gaan // jy⁶hong⁴ si⁴gaan³　出発予定時刻（港）
- 失物認領處　　sàt.maht yihng.líhng.chyu // sat⁷mat⁹ jing⁶ling⁵tsy³
  遺失物取扱所（空港）
- 自動櫃員機　　jih.duhng gwaih.yùhn.gèi // dzi⁶dung⁶ gwai⁶jyn⁴gei¹
  自動発券機（空港）
- 請排隊上車　　chíng pàaih déui* séuhng chè // tsing² paai⁴ doey²* soeng⁵ tse¹
  列を作ってご乗車ください
- 乘搭的士處　　sìhng.daap.dìk.sí.chyu // sing⁴daap⁸dik⁷si²tsy³
  タクシー乗り場（交通）　≒　的士站
- 的士落客處　　dìk.sí lohk.haak.chyu // dik⁷si² lok⁹haak⁸tsy³
  タクシー降り場（交通）　≒　的士站

第1課　オクトパスカードを買う、使う

言えると楽しい！

■ 唔該　m̀h.gòi // m⁴goi¹

　金銭や物品のやりとりがない場で用いるお礼の言葉です。手伝ってもらったときや落とした物を拾ってもらったとき、助言を受けたときに言う「どうも」や「ありがとう」がこれです。他にも人に尋ねる際の「すみません」、道を譲ってもらう際の「すみません」など、いくつもの使い方がある、便利な語です。

　　唔該，借借。　　　　　　　　＊「借借」「ちょっと～する」→ 19-4
　　M̀h.gòi, je.je. // M⁴goi¹, dze³dze³.
　　すみません、ちょっとどいてください。（人混みを掻き分けるときに用います）

「どうも」の「唔該。」に対する返答には「唔使。」m̀h.sái // m⁴sai² や「唔使唔該。」m̀h.sái m̀h.gòi // m⁴sai² m⁴goi¹ を用います。

　　唔該！── 唔使 (唔該)。
　　M̀h.gòi!　── M̀h.sái (m̀h.gòi). // M⁴goi¹!　── M⁴sai² (m⁴goi¹).
　　どうも！── どういたしまして。

■ 多謝　dò.jeh // do¹dze⁶

　金銭や物品を受け取った際、賞賛を受けた際に言う「ありがとうございます」です。「多謝。」に対する返答には「唔使。」や「唔使客氣。」m̀h.sái haak.hei // m⁴sai² haak⁸hei³ が多用されます。

　　多謝！── 唔使 (客氣)。
　　Dò.jeh!　── M̀h.sái (haak.hei). // Do¹dze⁶!　── M⁴sai² (haak⁸hei³).
　　ありがとうございます！── どういたしまして。

■ 冇問題　móuh.mahn.tàih // mou⁵man⁶tai⁴

　支障ないという意味の「大丈夫」「構いません」です。これを引き出す「大丈夫ですか？」は、「有冇問題呀？」yáuh.móuh mahn.tàih a // jau⁵mou⁵ man⁶tai⁴ a³ と言います。なお、相手が示した謝罪や心配に対する「大丈夫」「どうということはない」には、「唔緊要。」m̀h.gán.yiu // m⁴gan²jiu³ が用いられます。

　　有冇 問題 呀？　　── 冇問題。　　＊「有冇」諾否疑問の構造→ 04-2
　　Yáuh.móuh mahn.tàih a?　── Móuh.mahn.tàih. //
　　Jau⁵mou⁵ man⁶tai⁴ a³?　　── Mou⁵man⁶tai⁴.
　　大丈夫ですか？　　　　　── 大丈夫です。

> MTRの駅の券売所にて

045 (normal)
046 (slow)

鈴木：唔該，一張 八達通！
M̀h.gòi, yàt jèung Baat.daaht.tùng! //
M⁴goi¹, jat⁷ dzoeng¹ Baat⁸daat⁹tung¹!

職員：多謝，一百五十蚊。
Dò.jeh! Yàt.baak.ńgh.sahp màn. //
Do¹dze⁶! Jat⁷baak⁸ng⁵sap⁹ man¹.

鈴木：すみません、オクトパス・カードを1枚（ください）。
係員：ありがとうございます、150ドルです。

> コンビニやスーパーのレジで会計を済ますときに、オクトパス・カードを差し出し

鈴木：八達通，得唔得？
Baat.daaht.tùng, dàk.m̀h.dàk? //
Baat⁸daat⁹tung¹, dak⁷m⁴dak⁷?

職員：得！冇問題。　二十蚊。
Dàk! Móuh.mahn.tàih. Yih.sahp màn. //
Dak⁷! Mou⁵man⁶tai⁴. Ji⁶sap⁹ man¹.

鈴木：オクトパス・カードで（の支払いで）、いい？
店員：ええ、大丈夫です。20ドル。

047

新出語彙

□ 鈴木	Lìhng.muhk // Ling⁴muk⁹	［名］鈴木。日本人の姓
□ 職員	jìk.yùhn // dzik⁷jyn⁴	［名］係員。店員。職員
□ 唔該	m̀h.gòi // m⁴goi¹	すみません（が）
□ 張	jèung // dzoeng¹	［量］枚。平面状の物に対して用いる
□ 八達通	Baat.daaht.tùng // Baat⁸daat⁹tung¹	［名］オクトパス・カード（香港の非接触型ICカード乗車券）
□ 多謝	dò.jeh // do¹dze⁶	ありがとうございます
□ 一百	yàt.baak // jat⁷baak⁸	100
□ 五十	ńgh.sahp // ng⁵sap⁹	50
□ 蚊	màn // man¹	［量］ドル。（中国の「元」や台湾の「圓」にも用いる）
□ 得	dàk // dak⁷	［形］了解。いいですとも。（相手の要求に同意する場合に用いる）
□ 冇問題	móuh.mahn.tàih // mou⁵man⁶tai⁴	大丈夫です

01-1 １、２、３、……100

　１から99までの数は、日本語と同じように表します。
　100は「一」を付けて「一百」と言います。200は「二百」と言います。

一	二	三	四	五	六	七	八	九	十
十一	十二	十三	十四	十五	十六	十七	十八	十九	二十
二十一	二十二	二十三	二十四	二十五	二十六	二十七	二十八	二十九	三十
三十一	三十二	三十三	…………
					……九十七	九十八	九十九	一百

新出語彙

□一	yàt // jat^7	1	□二	yih // ji^6	2
□三	sàam // saam^1	3	□四	sei // sei^3	4
□五	ńgh // ng^5	5	□六	luhk // luk^9	6
□七	chàt // tsat^7	7	□八	baat // baat^8	8
□九	gáu // gau^2	9	□十	sahp // sap^9	10
□百	baak // baak^8	100			

01-2 １つ、２つ、３つ［数詞＋量詞＝数量構造］

　「量詞」とは日本語の助数詞に相当する品詞で、「類別詞」と呼ばれることもあります。広東語ではこの量詞が重要な役割を果たします。量詞は名詞との対応関係が緊密であり、種類も豊富です。度量衡や通貨単位を表す語も量詞と見なされます。ここでは最も重要な量詞を覚えましょう。
　数量では、「２つ」は「二」でなく必ず「兩」を用います（→②）。しかし「12」「22」「202」など、単なる「２」以外には全て「二」を用います。
　なお、「いくつか（の）」には「幾」を用います（→③）。

数詞	量詞	名詞
一	張	八達通
一百五十	蚊	

① 一對 筷子。　　Yàt deui faai.jí. // Jat^7 doey^3 faai^{3}dzi^2.　　箸一膳。
② 兩套 餐具。
　　Léuhng tou chàan.geuih. // Loeng^5 tou^3 tsaan^{1}goey^6.
　　スプーン・フォーク・ナイフ２セット。
③ 幾隻 錶。　　Géi jek bìu. // Gei^2 dzek^8 biu^1.　　いくつかの腕時計。

新出語彙

□ 對　　deui // doey^3　　　　　［量］対になっているもの（箸、靴、イヤリングなど）に対して用いる
□ 筷子　　faai.jí // faai^{3}dzi^2　　［名］箸
□ 兩　　léuhng // loeng^5　　　　［数］２
□ 套　　tou // tou^3　　　　　　　［量］セットになっているものに対して用いる
□ 餐具　　chàan.geuih // tsaan^{1}goey^6　　［名］スプーン・フォーク・ナイフのセット
□ 幾　　géi // gei^2　　　　　　　［数］いくつか（の）
□ 隻　　jek // dzek^8　　　　　　［量］個。つ。動物、果物、物品などに対して用いる
□ 錶　　bìu // biu^1　　　　　　　［名］腕時計

　数を表す「一」「兩」や「幾」の代わりに、近称を表す「呢」や遠称を表す「嗰」を量詞の前に置くと、「この～」や「あの～」という意味になります（→④、⑤）。また、「邊」を置くと「どの～」という意味になります（→⑥）。
　中称の「その～」は多くの場合「嗰」によって表されますが、文脈や場面によっては「呢」を用いることもあります。

④ 呢對 筷子。　　Nì deui faai.jí. // Ni^1 doey^3 faai^{3}dzi^2.　　この箸。その箸。
⑤ 嗰個 三寶飯。　　Gó go sàam.bóu.faahn. // Go^2 go^3 saam^{1}bou^{2}faan^6.
　　あの三宝飯。その三宝飯。
⑥ 邊隻 錶？　　Bin jek bìu? // Bin^1 dzek^8 biu^1?　　どの腕時計？

新出語彙

□ 呢　　nì // ni^1　　　　　　　［代］こ（の）。そ（の）
□ 嗰　　gó // go^2　　　　　　　［代］あ（の）。そ（の）
□ 個　　go // go^3　　　　　　　［量］個。膳。料理や人、物品、抽象的概念に対して用いる
□ 三寶飯　　sàam.bóu.faahn // saam^{1}bou^{2}faan^6　　［名］チャーシュー、ローストダック、チキンが具のご飯。具は別の食材になることもある
□ 邊　　bìn // bin^1　　　　　　　［代］ど（の）。

④〜⑥の構造は名詞を省くことができます。名詞を省くと「これ」「それ」「あれ」という意味になります。

④ ′呢對。　Nì deui. // Ni¹ doey³.　（箸など対になったものを指して）これ。それ。
⑤ ′嗰個。　Gó go. // Go² go³.　（料理や人、物品、抽象的概念を指して）あれ。それ。
⑥ ′邊隻？　Bìn jek? // Bin¹ dzek⁸?　（動物、果物、物品などに対して）どれ？

練習問題 | 作文

① ありがとうございます。12ドルです。　（通貨単位も量詞と見なされます）
② すみません、オクトパス・カード2枚ください！

[補足説明]
　近称の「呢」は、従来教材では伝統的に nì // ni¹ で記されてきましたが、香港や澳門では実際には個人差が存在しています。現在では nèi // nei¹ で発音する話者もいます。nèi // nei¹ をはじめとする音形は、nì // ni¹ から変化した形式だと考えられますので、変化の過程は右のように図示できるでしょう。本書では、ローマ字表記を一律に nì // ni¹ で記しますが、録音ではこれ以外の発音が現れている点に注意してください。n → l の変化については p.22 〜 23 を参照してください。

$[niː] \rightarrow [nɪi] \rightarrow [nei]$
nì // ni¹　　　　　nèi // nei¹
↓　　　　↓　　　　↓
$[liː] \rightarrow [lɪi] \rightarrow [lei]$

01-3 | 代表的な量詞

　01-2で説明したように、量詞は名詞との間に対応関係を有しています。次の頁に代表的な量詞を挙げますので、目を通してください。01-2では触れませんでしたが、次の3点も知っておくとよいでしょう。

1. 近称を表す「呢」や遠称を表す「嗰」以外に、人称代名詞「我」「你」（→ 03-1）を加えることで「私の〜」「あなたの〜」といった所有関係を表すこともできます。
2. 動詞の目的語で「1つ」と言う場合は、数の明示を意図しない限り「一」を省き、量詞＋名詞だけを言います。
3. 量詞「啲」は①複数の物、②数えるに適さない事物、に対して用いられます（→ p.106、115）。そのため数詞は加えません。

🔊 056

量詞	用途	名詞	1つ	2つ	※この・その・あの	どの	※私の・あなたの
隻 jek // dzek^8	動物、果物、物品、対の片方など	羹（れんげ）gàng // gang^1	(一)隻羹	兩隻羹	呢隻羹	邊隻羹	我隻羹
個 go // go^3	人、物品、料理、抽象的概念など	袋（袋、バッグ）dói* // doi^2*	(一)個袋	兩個袋	嗰個袋	邊個袋	你個袋
枝 jì // dzi^1	棒状のもの	筆（ペン）bàt // bat^7	(一)枝筆	兩枝筆	呢枝筆	邊枝筆	我枝筆
條 tiuh // tiu^4	線状のもの	褲（ズボン）fu // fu^3	(一)條褲	兩條褲	嗰條褲	邊條褲	你條褲
張 jèung // dzoeng^1	平面を呈するもの	紙（紙）jí // dzi^2 床（ベッド）chòhng // tsong^4	(一)張紙 (一)張床	兩張紙 兩張床	呢張紙 嗰張床	邊張紙 邊張床	我張紙 你張床
件 gihn // gin^6	上半身に着る衣服、荷物、事柄	衫（服）sàam // saam^1 行李（荷物）hàhng.léih // hang^{4}lei^5	(一)件衫 (一)件行李	兩件衫 兩件行李	呢件衫 嗰件行李	邊件衫 邊件行李	我件衫 你件行李
把 bá // ba^2	手に握って使うもの	刀（ナイフ）dòu // dou^1	(一)把刀	兩把刀	呢把刀	邊把刀	我把刀
本 bún // bun^2	書籍類	書（本）syù // sy^1	(一)本書	兩本書	嗰本書	邊本書	你本書
架 ga // ga^3	車両、大型の機器	車（車）chè // tse^1	(一)架車	兩架車	呢架車	邊架車	我架車
間 gàan // gaan^1	部屋、家屋、店舗	房（部屋）fóng* // fong^2* 舖頭（店）pou.táu* // pou^{3}tau^2*	(一)間房 (一)間舖頭	兩間房 兩間舖頭	嗰間房 呢間舖頭	邊間房 邊間舖頭	你間房 我間舖頭
部 bouh // bou^6	小型の機器	相機（カメラ）séung*.gèi // soeng^2*gei^1	(一)部相機	兩部相機	嗰部相機	邊部相機	你部相機
對 deui // doey^3	対になったもの	鞋（靴）hàaih // haai^4	(一)對鞋	兩對鞋	呢對鞋	邊對鞋	我對鞋

※ CD-ROMには「この…」「あの…」「私の…」「あなたの…」の両方の音声が収録されています。

01-4 いいですか？ どうですか？

相手に許諾を求めるには、命題の後に「得唔得（呀）」を加えます（→①、②）。許諾する場合は「得」、許諾しない場合は「唔得」と返答します。
　相手に意見を求めるには、命題の後に「點(樣)呀」を加えます（→③）。

命題	dak.m.dak
八達通	得唔得？

057
① 碌 咭，得唔得（呀）？
　　Lùk kàat, dàk.m̀h.dàk (a)? // Luk^7 kaat^7, dak^{7}m^{4}dak^7 (a^3)?
　　カード払いでよろしいですか？

② 快啲，得唔得（呀）？
　　Faai.dì, dàk.m̀h.dàk (a)? // Faai^{3}di^1, dak^{7}m^{4}dak^7 (a^3)?
　　早くしてもらえませんか？（早くしてもらって、いい？）

③ 兩隻 二百蚊，點（樣）呀？
　　Léuhng jek yih.baak màn, dím(.yéung*) (a)? //
　　Loeng^5 dzek^8 ji^{6}baak^8 man^1, dim^2(joeng^2*) (a^3)?
　　2つで200ドルというのは、どうですか？

058
　　　新出語彙

□ 碌 // 咭　　　lùk kàat // luk^7 kaat^7　　　クレジットカードで支払う
□ 快啲　　　　faai.dì // faai^{3}di^1　　　　　［副］速やかに。はやく
□ 得唔得（呀）　dàk.m̀h.dàk (a) // dak^{7}m^{4}dak^7 (a^3)　いいですか
□ 二百　　　　yih.baak // ji^{6}baak^8　　　　200
□ 點（樣）呀　dím(.yéung*) a // dim^2(joeng^2*) a^3　どうですか。いかがですか

練習問題 作文

059
① （物品を指して）2つ2ドルでいいですか？
② 明日はどうですか？ —— 大丈夫です。（明日→聽日 ting.yaht // ting^{1}jat^9） → 060

補定説明
　「碌咭」（カード払いにする）のように、意味としては単一であるけれども、構造が「動詞＋目的語」に分解可能な語彙が存在します。この種の語彙を「離合詞」と言います。本書の「新出語彙」では、動詞と目的語の間に // を挿入することで離合詞であることを表すことにします。

発音のポイント

八		一
(b)aat	≠	(y // j)at
複合母音（長母音）		複合母音（短母音）
擦		七
chaat // tsaat^8		chàt // tsat^7
雜		執
jaahp // dzaap^9		jàp // dzap^7
客		克
haak // haak^8		hàk // hak^7

聞き取りにチャレンジ

発音された語に○を付けましょう。

① ☐ ，得唔得 呀？

　　　　　　　　　　　　　　　慢啲　早啲　晏啲

② 兩隻 ☐ 蚊，點樣 呀？

　　　　　　　　　　　　　　　十六　六十　六百

補充語彙

【副詞】
- ☐ 慢啲　maahn.dì // maan^{6}di^1　［副］ゆっくりと。速度を落として
- ☐ 早啲　jóu.dì // dzou^{2}di^1　［副］早めに
- ☐ 晏啲　aan.dì // aan^{3}di^1　［副］後で。後ほど。時間を遅らせて

第2課　テイクアウトをする

言えると楽しい！

■ 拎走　　lìng.jáu // ling¹dzau²

　香港や澳門では、大衆食堂から外資系ファーストフード店に至るまで、注文をするときにテイクアウトにするのか、それとも店内で食べていくのかを言わねばなりません。言わないと、必ずと言ってよいほどレジの職員に聞かれます。テイクアウトを表す普通の表現が「拎走」です。同義語に「搦走」nìk.jáu // nik⁷dzau² があります。業界用語である「行街」hàahng gàai // haang⁴ gaai¹ も同義であり、用いて構いません。また、上位文体（雅な文体）では書面語の「外賣」ngoih.maaih // ngoi⁶maai⁶ が用いられます。一方で、店内で食べるのであれば、「喺度食」hái.douh sihk // hai²dou⁶ sik⁹ や、その書面語の「堂食」tòhng.sihk // tong⁴sik⁹ を用います。

　　拎走，定係 喺度 食？　　　　　　　　＊「定係」選択疑問→ 10-4
　　Lìng.jáu, dihng.haih hái.douh sihk? // Ling¹dzau², ding⁶hai⁶ hai²dou⁶ sik⁹?
　　テイクアウト？それともここ（店内）で食べるの？

■ 幾多錢呀　　géi.dò chín* a // gei²do¹ tsin²* a³

　どの広東語教材でも見かける、金額を尋ねる際のお決まりの表現です。「幾錢呀？」géi chín* a // gei² tsin²* a³ と言う話者も多いです。「點賣呀？」dím.maaih a // dim²maai a³ という表現もありますが、市場や屋台など量り売りをしてもらう場合や、露天商のようにそもそも売価が交渉で決まる場合に用いられます。

■ 請問　　chíng.mahn // tsing²man⁶

　概して親しくない人に質問をする際に用いる表現で、「お尋ねしますが」「すみませんが」などという意味です。親しい間柄であれば、「聞きたいんだけど」「あのさ」を意味する「（我）想問」(ngóh) séung mahn // (ngo⁵) soeng² man⁶ が多用されます。

　　請問，你 貴姓 呀？ ── 我 姓 鈴木。
　　Chíng.mahn, néih gwai.sing a? ── Ngóh sing Lìhng.muhk. //
　　Tsing²man⁶, nei⁵ gwai³sing³ a³? ── Ngo⁵ sing³ Ling⁴muk⁹.
　　すみませんが、お名前（姓）は？── 鈴木（という姓）です。

ロースト専門の大衆食堂のカウンターで

鈴木：唔該，一個 叉燒飯，拎走！幾多錢 呀？
　　　Mh.gòi, yàt go chà.sìu.faahn, lìng.jáu! Géi.dò chín* a? //
　　　M⁴goi¹, jat⁷ go³ tsa¹siu¹faan⁶, ling¹dzau²! Gei²do¹ tsin²* a³?

職員：二十二個 半。
　　　Yih.sahp.yih go bun. //
　　　Ji⁶sap⁹ji⁶ go³ bun³.

（袋に箸が入っていないのを見て）

鈴木：請問，筷子 呢？
　　　Chíng.mahn, faai.jí nè? //
　　　Tsing²man⁶, faai³dzi² ne¹?

職員：呢度。隨便 攞 吖。
　　　Nì.douh. Chèuih.bín* ló à. //
　　　Ni¹dou⁶. Tsoey⁴bin²* lo² a¹.

鈴木：すみません、チャーシュー飯一丁、持ち帰りで！幾らですか？
店員：22.5ドル。
（袋に箸が入っていないのを見て）
鈴木：すみませんが、箸は（どこですか）？
店員：ここ。自由に取ってね。

新出語彙

□ 叉燒飯　　chà.sìu.faahn // tsa¹siu¹faan⁶　［名］チャーシューが具のご飯

□ 拎走　　　lìng.jáu // ling¹dzau²　持ち帰る（「拎」は「手に持つ」、「走」は「立ち去る」）

□ 幾多錢呀　géi.dò chín* a // gei²do¹ tsin²* a³　（金銭を尋ねる）幾らですか（「呀」は相手と会話によるコミュニケーションを行おうとする語気を表す語気助詞　（→ 03-3））

□ 半　　　　bun // bun³　［数］半分（金銭ではすぐ上の単位（ここではドル）の半分を意味する）

□ 請問　　　chíng.mahn // tsing²man⁶　お尋ねしますが。すみませんが

□ 呢	nè // ne¹	[語気] 〜（について）は？述語動詞のない文の文末に付され、新しく提示される事物についてはどうであるか、相手に問いかける語気を表す
□ 呢度	nì.douh // ni¹dou⁶	[代] ここ
□ 隨便	chèuih.bín* // tsoey⁴bin²*	[副] 適当に。随意に
□ 攞	ló // lo²	[動]（手に）取る。持つ
□ 吖	à // a¹	[語気] 命令文の文末に付され、率直さを表す

発音のポイント

飯 ≠ 問
(f)aan (m)an
複合母音（長母音） 複合母音（短母音）

山　　　新
sàan // saan¹　sàn // san¹

減　　　敢
gáam // gaam²　gám // gam²

盲　　　盟
màahng // maang⁴　màhng // mang⁴

02-1　1ドル 50 セント、2 ドル 20 セント、…

　広東語の金銭の表現は癖があり、いささか難解です。初級ではドルのみの表現だけで十分でしょう。ドルの位だけであれば、数詞の直後に「蚊」を加えて表しますが（→ 01-2）、ドルとセントが共存する場合は、数詞の直後に量詞「個」を加えることでドルを表し、「個」の直後にドルのすぐ下の位（1/10 ドルの位＝ 10 セント）を「一」「二」「半」のように置きます。ただし、「個」は量詞ですので、01-3 で説明した「一の省略」に従い、直前の「一」は必ず省きます（→①）。

　なお、金額を尋ねる「いくら」は、「幾多錢（呀）？」が最も多用されます。

ドルの位	量詞	10 セントの位	金額
二十	蚊		$20
二十二	個	半	$22.50

◀))
071

① 幾多錢 呀？—— 個 半。
　Géi.dò chín* a?　—— Go bun. // Gei²do¹ tsin²* a³?　—— Go³ bun³.
　いくらですか？ —— 1 ドル 50 セント。($1.50)　　　×「一個半」

② 呢隻 幾多錢 呀？—— 兩 蚊。
　Nì jek géi.dò chín* a?　—— Léuhng màn. // Ni¹ dzek⁸ gei²do¹ tsin²* a³?　—— Loeng⁵ man¹.
　（物品を指して）これはいくらですか？ —— 2 ドル。($2.00)　　×「二蚊」

③ 嗰隻 幾多錢 呀？—— 兩個 二。
　Gó jek géi.dò chín* a?　—— Léuhng go yih. // Go² dzek⁸ gei²do¹ tsin²* a³?　—— Loeng⁵ go³ yi⁶.
　（物品を指して）あれはいくらですか？ —— 2 ドル 20 セント。($2.20)　×「兩個兩」

④ 啤酒 一枝 幾多錢 呀？ —— 十二個 半。
　Bè.jáu yàt jì géi.dò chín* a?　—— Sahp.yih go bun.
　Be¹dzau² jat⁷ dzi¹ gei²do¹ tsin²* a³?　—— Sap⁹ji⁶ go³ bun³.
　ビールは一本いくらですか？ —— 12 ドル 50 セントです。($12.50)　×「十二個五」

	ドル	10 セント
$0.10		一 毫子 hòuh.jí // hou⁴dzi²
$0.20		兩 毫子
$0.50		五 毫子
$1.00	一 蚊	

	ドル	10 セント
$1.10	個	一
$1.20	個	二
$2.10	兩 個	一
$12.50	十二 個	半

新出語彙

□ 啤酒　bè.jáu // be¹dzau² ［名］ビール

練習問題｜作文

① （物品を指して）これはいくらですか？── 2つで12ドル50セント。
② いくらですか ── 1対で1ドル20セント。

02-2 ～（について）は？

動詞を用いずに相手に問いかける疑問文「～は？」「～については？」は、名詞や名詞句の後ろに語気助詞「呢」を付して表します。

名詞（句）	ne	
筷子	呢	?

① 八達通 呢？　　Baat.daaht.tùng nè? // Baat⁸daat⁹tung¹ ne¹?
　　オクトパス・カードは（買ったの、いくら、どこ、等）？

② 今日 得唔得 呀？　──唔 得。　──聽日 呢？　──得。
　　Gàm.yaht dàk.m̀h.dàk a?──M̀h dàk　──Tìng.yaht nè?　──Dàk. //
　　Gam¹jat⁹ dak⁷m⁴dak⁷ a³?──M⁴ dak⁷.　──Ting¹jat⁹ ne¹?　──Dak⁷.
　　今日いいですか？　　　──だめ。　　──明日は？　　　──いい。

新出語彙

□ 今日　gàm.yaht // gam¹jat⁹　　［名］今日

練習問題｜作文

① 明日でいい？── だめ。
　── 明後日は？── いい。　（明後日→後日 hauh.yaht // hau⁶jat⁹）
② チャーシュー飯は幾らですか？── 35ドル80セント。
　── 三宝飯は？── 38ドル50セント。

02-3 〜してください

　命令文は、最も簡単なものですと、動詞のみか名詞句のみ、副詞のみで表すことができます。述語動詞の前に主語を置くこともありますが、主語は二人称（単数・複数）か一人称（複数）に限られます。人にお願いをするのであれば、「すみません（が）」を意味する「唔該」を文頭か文末に加えましょう（→②、③）。

　語気助詞も付しましょう。文末に語気助詞「啦」を付すと丁重さが、「吖」を付すと率直さが加わります（→①、②）。文末に語気助詞を付さないと、無遠慮・高圧的な印象を与えてしまいますので、注意してください。タクシーに行き先を告げるときには語気助詞を付さないことも多いのですが、それでも「唔該」は加えておきましょう。

（主語）	動詞（句）	(a / la)	
（你）	隨便 擺	吖	！

① （你）快啲 啦！
　　(Néih) faai.dì là! // (Nei⁵) faai³di¹ la¹!　　早くしてください！

② 一套 餐具 吖，唔該！
　　Yàt tou chàan.geuih à, m̀h.gòi! // Jat⁷ tou³ tsaan¹goey⁶ a¹, m⁴goi¹!
　　すみませんが、フォーク・ナイフ・スプーンを１セット（ください）！

③ 唔該，兩個 三寶飯。　　喺度 食！
　　M̀h.gòi, léuhng go sàam.bóu.faahn. Hái.douh sihk! //
　　M⁴goi¹, loeng⁵ go³ saam¹bou²faan⁶. Hai²dou⁶ sik⁹!
　　すみません、三宝飯２丁。　　ここで食べていきます！

新出語彙

□ 你　néih // nei⁵　［代］あなた。君。おまえ
□ 啦　là // la¹　［語気］命令文の文末に付され、丁重さを表す
□ 吖　à // a¹　［語気］命令文の文末に付され、率直さを表す（→本課スキット）
□ 喺度食　hái.douh sihk // hai²dou⁶ sik⁹　ここで食べていく

練習問題 作文

① すみませんが、箸を一膳（ください）！
② 身分証・パスポート（の提示）をお願いします。（ホテルでチェックインの手続きをするときに職員が言う）（身分証・パスポート→證件 jing.gín* // dzing³gin²*）
③ すみませんが、モンコック・イースト駅まで！（タクシーに行き先を告げる）
（モンコック・イースト駅→旺角東站 Wohng.gok.dùng.jaahm // Wong⁶gok⁸dung¹dzaam⁶）

02-4 ここ、あそこ、どこ

近称と遠称とに分かれます。日本語の中称「そこ」については、状況や文脈に応じて「呢度」「嗰度」のいずれかが用いられますが、多くの場合は「嗰度」を用います。

近称	遠称	不定称（疑問）
呢度 nì.douh // ni¹dou⁶ （ここ）	嗰度 gó.douh // go²dou⁶ （あそこ）	邊度 bin.douh // bin¹dou⁶ （どこ）

練習問題 作文

① （メニューが見あたらず）すみません、メニューは？
　——　そこ。（メニュー→餐牌 chàan.páai* // tsaan¹paai²*）
② （身分証が見あたらず）身分証は？
　——　ここ。（身分証→身份證 sàn.fán*.jing // san¹fan²*dzing³）

聞き取りにチャレンジ   発音された語に○を付けましょう。

① 幾多錢 呀？── ☐ 。

| 個七 | 兩個六 | 五個半 | 九個二 | 十二個二 |

② 唔該，兩個 ☐a) ， ☐b) 。

a) | 四寶飯　燒鴨飯　切雞飯　焗豬扒飯　瘦肉粥　艇仔粥 |

b) | 搦走　行街　喺度食 |

補充語彙

【ロースト専門の大衆食堂のメニュー】
- ☐ 四寶飯　　sei.bóu.faahn // sei³bou²faan⁶　　チャーシュー、豚肉のソーセージ、醬油で煮込んだ手羽先、半分に切った塩漬けのゆで卵が具のご飯。具は別の食材になることもある
- ☐ 燒鴨飯　　sìu.aap.faahn // siu¹aap⁸faan⁶　　ローストダック飯
- ☐ 切雞飯　　chit.gài.faahn // tsit⁸gai¹faan⁶　　骨付きチキン飯
- ☐ 焗豬扒飯　guhk.jyù.pá*.faahn // guk⁹dzy¹pa²*faan⁶　　チャーハンの上にポークステーキを載せ、その上にチーズをかけてオーブンで焼いた料理

【粥専門店のメニュー】
- ☐ 瘦肉粥　　sau.yuhk.jùk // sau³juk⁹dzuk⁷　　赤身の肉粥
- ☐ 艇仔粥　　téhng.jái.jùk // teng⁵dzai²dzuk⁷　　海鮮粥

コミュニケーション次の一歩

「幾多錢呀？」の「錢」を第 1 課で学習した量詞に置き変えて「幾多隻呀？」géi.dò jek a // gei²do¹ dzek⁸ a³ とか「幾多個呀？」と言うと、物品の数を尋ねる表現「いくつですか？」になります。

　　幾多 個 呀？　　── 一個。
　　Géi.dò go a?　　── Yàt go. // Géi²do¹ go³ a³?　　── Jat⁷ go³.
　　いくつですか？　　── 一つ。

第3課　待ち合わせてどこに行く？

言えると楽しい！

🔊 088

■ **Hello**　　hà.lóu // ha¹lou²

　香港では、親しい人に会ったときの挨拶は「Hello！」や「Hi！」hàai // haai¹、もしくは「喂！」wài // wai¹（主母音のａが少し伸びる傾向がある）であることが普通です。これらは昼夜を問わず用います。従来の広東語教材でよく見かける「你好。」néih hóu // nei⁵ hou² は、香港では初対面や自己紹介において、あるいは親しくない人に対して限定的に用いられています。ただし、「元気ですか？」という意味の「你好嗎？」néih hóu ma // nei⁵ hou² ma³ は、親しい人に対しても用いられます。

　「みなさん、こんにちは」には「大家好。」daaih.gà hóu // daai⁶ga¹ hou² が用いられます。「你」の複数形「你哋」を使った「你哋好。」néih.deih hóu // nei⁵dei⁶ hou² という表現は、教員が児童を相手にスピーチを始めるときに用いる程度で、やはり限定的です。また、「食咗飯未呀？」（ご飯を食べましたか）sihk.jó faahn meih a // sik⁹dzo² faan⁶ mei⁶ a³ が「こんにちは」の意味で使われることがありますが、これも近所同士や身内に限定した用法です。

　「初めまして」の「幸會。」hahng.wuih // hang⁶wui⁶ や、「よろしくお願いします」の「多多指教。」dò.dò jí.gaau // do¹do¹ dzi²gaau³ は、ビジネスの場では用いられますが、堅苦しい印象を与えます。普通には次のように済ませてよいでしょう。

　　Hi，我 叫 彩香，你 呢？
　　Hàai, ngóh giu Chói.hèung, néih nè? // Haai¹, ngo⁵ giu³ Tsoi²hoeng¹, nei⁵ ne¹?
　　こんにちは。私は彩香といいます。あなた（のお名前）は？

■ **友人・知人の呼び方**

　友人や知人の呼び方には、①中国語名（姓名）＋「先生／小姐」など、②「阿」＋中国語名（姓）、③中国語名（姓名）、④イングリッシュネーム、⑤中国語名（名）の変形、⑥あだ名、などがあります。⑤は愛称として機能するもので、漢字を重複させる、前に「阿」を付す、後ろに「仔」や「哥」、「姐」を付すなどがあります。ジェーンの弟（陳偉傑，Samuel）だと、①陳偉傑先生、②阿陳、③陳偉傑、④阿 Sam、⑤阿傑／傑仔、⑥あだ名、です。①から⑥の順で、距離を置いた呼び方から親しい間柄での呼び方へとなっており、使い分けられます。旅行者が旅行先で知り合った人に対して⑤や⑥を使う機会は少ないでしょう。本書では、第 17 課でようやく「傑仔」という呼び方が登場します。なお⑤は職場や学級、身内（親族や交際相手など）といった帰属意識に支えられた親近感がある場合に用いられます。

鈴木さんとジェーンの待ち合わせ

089 (normal)
090 (slow)

鈴木： Hello，阿 Jane！ 我哋 去 邊度 呀？
Hà.lóu, a.Jèn! Ngóh.deih heui bìn.douh a? //
Ha¹lou², a³Dzen¹! Ngo⁵dei⁶ hoey³ bin¹dou⁶ a³?

Jane： 去 嗰度。 係 太古城。
Heui gó.douh. Haih Taai.gwú.sìhng. //
Hoey³ go²dou⁶. Hai⁶ Taai³gwu²sing⁴.

鈴木： 太古城 有 乜嘢 呀？
Taai.gwú.sìhng yáuh màt.yéh a? //
Taai³gwu²sing⁴ jau⁵ mat⁷je⁵ a³?

Jane： 有 吉之島。
Yáuh Gàt.jì.dóu. //
Jau⁵ Gat¹dzi¹dou².

鈴木： 崇光 呢？
Sùhng.gwòng nè? //
Sung⁴gwong¹ ne¹?

Jane： 冇。 太古城 冇 崇光。
Móuh. Taai.gwú.sìhng móuh Sùhng.gwòng. //
Mou⁵. Taai³gwu²sing⁴ mou⁵ Sung⁴gwong¹.

　　鈴木：こんにちは、ジェーン！私たちどこに行くの？
ジェーン：あそこに行きます。タイクー・シティです。
　　鈴木：タイクー・シティには何があるの？
ジェーン：ジャスコがあります。
　　鈴木：そごうは？
ジェーン：ないです。タイクー・シティにそごうはありません。

新出語彙

- hello　　hà.lóu // ha¹lou²　　［感］こんにちは。やあ（昼夜を問わず用いることができる）
- 阿 Jane　a.Jèn // a³Dzen¹　　ジェーン（単音節の名前の前には必ず接頭辞「阿」を冠する）
- 我哋　　ngóh.deih // ngo⁵dei⁶　　［代］私たち。僕たち。俺たち
- 去　　　heui // hoey³　　　　　［動］行く
- 係　　　haih // hai⁶　　　　　　［動］〜である。等位関係を表す
- 太古城　Taai.gwú.sìhng // Taai³gwu²sing⁴　［名］タイクー・シティ（香港島北部の地名。Taikoo city）
- 有　　　yáuh // jau⁵　　　　　　［動］ある。存在を表す
- 乜嘢　　màt.yéh // mat⁷je⁵　　　［代］何
- 吉之島　Gàt.jì.dóu // Gat⁷dzi¹dou²　［名］ジャスコ。日系デパート
- 崇光　　Sùhng.gwòng // Sung⁴gwong¹　［名］そごう。日系デパート
- 冇　　　móuh // mou⁵　　　　　　［動］ない。存在を否定する

発音のポイント

1） 嘢		哋
(y//j)e	≠	(d)ei
単母音		複合母音（短母音）
顎を引いて口を大きく開けた「エ」		音節末音のiに力が入る

2） 個		島
(g)o	≠	(d)ou
単母音		複合母音（短母音）
顎を引いて口を大きく開けた「オ」		音節末音のuに力が入る

03-1 私、あなた、彼・彼女、誰

広東語では男女とも同じ人称代名詞を使います。

複数形は接尾辞「哋」を付します。複数の不定称には「邊啲人」(bìn.dī yàhn // bin¹di¹ jan⁴) という語がありますが、単数の「邊個」で代用することも多いので、初級としては「邊個」を知っておけば十分でしょう。「邊位」は客人など敬意を払う対象に対して用いられる「どなた」です。

人称代名詞の基本

🔊 093

	一人称	二人称	三人称	不定称（疑問）
単数	我 ngóh // ngo⁵ （私、僕）	你 néih // nei⁵ （あなた、君）	佢 kéuih // koey⁵ （彼、彼女）	邊個 bīn.go // bin¹go³ （誰）
複数	我哋 ngóh.deih // ngo⁵dei⁶ （私たち、僕たち）	你哋 néih.deih // nei⁵dei⁶ （あなたたち、君たち）	佢哋 kéuih.deih // koey⁵dei⁶ （彼ら、彼女ら）	邊位 bīn.wái* // bin¹wai²* （どなた）

21世紀初頭の現在、香港・澳門の中年層以下、そして広州の若年層では、声母 n が l に、ng がゼロ声母に合流していますので、多くの場合一人称代名詞は óh // o⁵、二人称代名詞は léih // lei⁵ と発音されます（→ p.22～23）。また、香港・澳門の中年層以下には、三人称を héuih // hoey⁵ と発音する話者が少なからず存在しています。

03-2 ～は / が…を××する、…に××する

基本構文は SVO の順です。述語動詞の後に目的語を置きます。ただし、主語や目的語が文脈から明らかな場合は、省略されることが多いです。

述語動詞（V）と目的語（O）の関係は、「～を」だけにとどまりません。「～に」「～から」にもこの構文で表現されるものがあります。

（主語）	動詞	（目的語）	
（我哋）	去	嗰度	。

① 我 聽 音樂。
Ngóh tèng yàm.ngohk. // Ngo⁵ teng¹ jam¹ngok⁹.
私は音楽を聴きます。

② 你哋 搭 巴士。
Néih.deih daap bà.sí. // Nei⁵dei⁶ daap⁸ ba¹si².
あなたたちはバスに乗ります。

③ 佢 叫 阿 Sam。
Kéuih giu a.Sèm. // Koey⁵ giu³ a³Sem¹.
彼はサムといいます。

④ Kathy 鍾意 日本。
Kèt.fìh jùng.yi Yaht.bún. // Ket⁷fi⁴ dzung¹ji³ Jat⁹bun².
キャシーは日本が好きです。

新出語彙

□ 聽	tèng // teng¹	[動]	聴く
□ 音樂	yàm.ngohk // jam¹ngok⁹	[名]	音楽
□ 搭	daap // daap⁸	[動]	乗る。搭乗する
□ 巴士	bà.sí // ba¹si²	[名]	バス
□ 叫	giu // giu³	[動]	〜という名で呼ばれる
□ 阿 Sam	a.Sèm // a³Sem¹		サム（Samは男性のイングリッシュネーム）
□ Kathy	Kèt.fìh // Ket⁷fi⁴	[名]	キャシー（女性のイングリッシュネーム）
□ 鍾意	jùng.yi // dzung¹ji³	[動]	好きである。好む（「鐘意」や「中意」と書かれることもある）
□ 日本	Yaht.bún // Jat⁹bun²	[名]	日本

練習問題 作文

① 彼女たちはタクシーに乗ります。　　　（タクシー→的士 dìk.sí // dik⁷si²）
② 私はこれを食べ、彼はあれを食べます。（食べる→食 sihk // sik⁹）

03-3 何を〜しますか？誰が〜しますか？

　SVOの順序のままで、答えとなる語彙の位置に疑問詞を置いて表します。多用される疑問詞には「乜嘢」（何）、「邊度」（どこ）、「邊個」（誰）などがあります。「乜嘢」は、音声が弱化した形式「咩嘢」mè.yéh // me¹je⁵（あるいはさらに弱化して mè.e // me¹e³）が用いられることも相当多いです。

　疑問文では、文末に語気助詞「呀」を付すようにしましょう（→ 04-3）。この「呀」は、相手と会話による意思疎通（会話のキャッチボール）をする気があることを表します。疑問の語気を表すわけではないので、付さなくとも文法として問題は生じません。しかし、疑問文は相手との情報交換を目的としており、疑問文で付さないと無遠慮・冷淡・高圧的な印象を与えることになるため、注意が必要です。

（主語）	動詞	（目的語）	（語気助詞）	
我哋	去	邊度	呀	？

① 佢哋 搵 乜嘢 呀？
　Kéuih.deih wán màt.yéh a? // Koey⁵dei⁶ wan² mat⁷je⁵ a³?
　彼らは何を探しますか？

② 邊個 攞 行李 呀？
　Bìn.go ló hàhng.léih a? // Bin¹go³ lo² hang⁴lei⁵ a³?
　誰が荷物を持ちますか？

③ 你 鍾意 邊隻 呀？
　Néih jùng.yi bìn jek a? // Nei⁵ dzung¹ji³ bin¹ dzek⁸ a³?
　あなたはどれが好きですか？

新出語彙

□ 搵　　wán // wan²　　　　　　［動］探す
□ 行李　hàhng.léih // hang⁴lei⁵　［名］荷物
□ 邊隻　bìn jek // bin¹ dzek⁸　　どれ。物品に対して用いる（→ 01-2）

練習問題　作文

① あなたは何を食べますか？
② あなたたちは何を注文しますか？　（注文する→叫 giu // giu³）

常用される疑問詞

- □ 乜嘢　　màt.yéh // mat⁷je⁵　　　　　何
- □ 咩嘢　　mè.yéh // me¹je⁵　　　　　 何（mè.e // me¹e³ と発音されることもある）
- □ 邊個　　bìn.go // bin¹go³　　　　　 誰
- □ 邊位　　bìn.wái* // bin¹wai²*　　　 どなた
- □ 邊度　　bìn.douh // bin¹dou⁶　　　 どこ（→ 02-4）
- □ 幾多　　géi.dò // gei²do¹　　　　　いくら（→ 15-2）
- □ 幾時　　géi.sìh // gei²si⁴　　　　　 いつ（→ 06-2）
- □ 幾耐　　géi.noih // gei²noi⁶　　　　どのくらいの時間（→ 12-3, 19-5）
- □ 點解　　dím.gáai // dim²gaai²　　　なぜ
- □ 點樣　　dím.yéung* // dim²joeng²*　どのように（→ 07-3）

発音のポイント

1)	光	≠	崇
	(gw)ong		(s)ung
	複合母音（長母音）		複合母音（短母音）
	主母音の o に力が入る		音節末音の ng に力が入る

2)	邊	≠	城
	(b)in		(s)ing
	複合母音（長母音）		複合母音（短母音）
	主母音の i に力が入る		音節末音の ng に力が入る

03-4　〜は…です

SVO の順序のままで、動詞「係」を用いて表します。

（主語）	動詞	目的語	
	係	太古城	。

① 佢 係 張生。
Kéuih haih Jèung.sàang. // Koey⁵ hai⁶ Dzoeng¹saang¹.
彼は張さんです。

② 呢度 係 太古城。
Nì.douh haih Taai.gwú.sìhng. // Ni¹dou⁶ hai⁶ Taai³gwu²sing⁴.
ここはタイクー・シティーです。

③ 邊位 係 張生 呀？
Bìn.wái* haih Jèung.sàang a? // Bin¹wai²* hai⁶ Dzoeng¹saang¹ a³?
張さんはどなたですか？（どなたが張さんですか）

新出語彙

□ 張生　Jèung.sàang // Dzoeng¹saang¹　張さん（「張」は姓。Cheung、Choeng。「生」は単音節の姓に冠して「～さん（Mr.）」を表す接尾辞）

練習問題 作文

① 彼は誰ですか？── サムです。
② サムはどの人ですか？　（誰がサムですか）
③ 私は学生です。　（学生→學生　hohk.sàang // hok⁹saang¹）

03-5　～には…がある/ない（その1）

　存在は、SVOの順序のままで、動詞「有」「冇」を用いて表します。主語の位置には場所を表す語を置きます。

（主語） ～には	動詞 ある/ない	目的語 ～が/は	（語気助詞）	
太古城	有	乜嘢	呀	？
太古城	冇	崇光		。

① 香港 有 崇光。
Hèung.góng yáuh Sùhng.gwòng. // Hoeng¹gong² jau⁵ Sung⁴gwong¹.
香港にはそごうがあります。

② 嗰度 有 乜嘢 呀？
Gó.douh yáuh màt.yéh a? // Go²dou⁶ jau⁵ mat⁷je⁵ a³?
あそこには何がありますか？

③ 呢度 冇 的士站。
　　Nì.douh móuh dìk.sí.jaahm. // Nì¹dou⁶ mou⁵ dik⁷si²dzaam⁶.
　　ここにはタクシー乗り場はありません。

新出語彙

□ 香港　　Hèung.góng // Hoeng¹gong²　　　　［名］香港
□ 的士站　dìk.sí.jaahm // dik⁷si²dzaam⁶　　　［名］タクシー乗り場

練習問題 作文

① ここにはそごうはありません。
② あそこにバス停があります。　（バス停→巴士站 bà.sí.jaahm // ba¹si²dzaam⁶）

コミュニケーション次の一歩────挨拶の次の一言は……

友人・知人と出会ったときに挨拶の次に言う表現としては、次のようなものが有ります。

好耐 冇見。最近 點 呀？　　──　都 係 噉 啦。/ 幾 好 吖。
Hóu.noih móuh.gin. Jeui.gahn dím a?　──　Dòu haih gám là. / Géi hóu à. //
Hou²noi⁶ mou⁵gin³. Dzoey³gan⁶ dim² a³?　──　Dou¹ hai⁶ gam² la¹. / Gei² hou² a¹.
お久しぶりです。最近如何ですか？　──　相変わらずです。/ まずまずです。

呢排 生意 點 呀？　──　麻麻哋 啦。
Nì.pàaih sàang.yi dím a?　──　Màh.má*.déi là. //
Ni¹paai⁴ saang¹ji³ dim² a³?　──　Ma⁴ma²*dei² la¹.
近頃商売はどうですか？──あまりぱっとしません。

聞き取りにチャレンジ

発音された語に○を付けましょう。

① a)☐ 去 邊度 呀？—— 去 b)☐ 。

  a) | 你　你哋　佢　佢哋 |
  b) | 上環　銅鑼灣　跑馬地　北角　赤柱 |

② a)☐ 有 乜嘢 呀？—— 有 b)☐ 。

  a) | 呢度　嗰度 |
  b) | 戲院　郵政局　碼頭　公園　街市 |

補充語彙

【香港島の地名】
- ☐ 上環　　Seuhng.wàahn // Soeng⁶waan⁴　　ションワン（Sheung Wan）
- ☐ 銅鑼灣　Tùhng.lòh.wàan // Tung⁴lo⁴waan¹　コーズウェイ・ベイ（Causeway Bay）
- ☐ 跑馬地　Páau.máh.déi* // Paau²ma⁵dei²*　ハッピー・バレー（Happy Valley）
- ☐ 北角　　Bàk.gok // Bak⁷gok⁸　　ノース・ポイント（North Point）
- ☐ 赤柱　　Chek.chyúh // Tsek⁸tsy⁵　スタンレー（Stanley）

【施設】
- ☐ 戲院　　hei.yún* // hei³jyn²*　映画館
- ☐ 郵政局　yàuh.jing.gúk* // jau⁴dzing³guk²*　郵便局
- ☐ 碼頭　　máh.tàuh // ma⁵tau⁴　埠頭
- ☐ 公園　　gùng.yún* // gung¹jyn²*　公園
- ☐ 街市　　gàai.síh // gaai¹si⁵　市場

第4課　勘定を済ます

言えると楽しい！

🔊 116
■ 埋單　màaih dàan // maai⁴ daan¹

飲茶に限らず飲食店で勘定を済ませたいときに使う語です。ここでは飲茶を始めるときの表現も学んでおきましょう。多くの場合、次のようになります。

幾多　位　呀？――　兩位。　　――　呢便　吖！
Géi.dò wái* a?　――　Léuhng wái*.　――　Nì.bihn à! //
Gei²do¹ wai²* a³?　――　Loeng⁵ wai²*.　――　Ni¹bin⁶ a¹!
何名様ですか？――　2名で。　――　こちらへどうぞ！

…飲　咩嘢　茶　呀？――　香片　吖，唔該！
Yám mè.e chàh a?　――　Hèung.pín* à, m̀h gòi! // Jam² me¹e³ tsa⁴ a³?　――　Hoeng¹pin²* a¹, m⁴ goi¹!
（客が着席すると）何茶になさいますか？――　ジャスミン・ティーでお願いします！

飲食店でスタッフを呼ぶときは、「唔該」で済ませることをお勧めします。どうしても「唔該」以外の語を使いたければ、大衆食堂、屋台や茶楼ではウェイトレスに対して「靚姐」leng.jè* // leng³dze¹* や「阿姐」a.jè* // a³dze¹*、ウェイターに対して「先生」sìn.sàang // sin¹saang¹ を用います。ただし、「阿姐」は語感として扱いが少し軽く、失礼だと感じるスタッフもおり、注意が必要です。レストランでは、ウェイトレスに対して「小姐」síu.jé // siu²dze² や「侍應」sih.ying // si⁶jing³ を、ウェイターに対して「先生」か「侍應」を使います。なお、年配層が使うやや古い表現に「伙計」fó.gei // fo²gei³ があります。

阿姐，唔該，寫　嘢　吖！　A.jè*, m̀h.gòi, sé yéh à! // A³dze¹*, m⁴goi¹, se² je⁵ a¹!
おねえさん、すみませんが、注文を取ってください！（大衆食堂で）

🔊 117
■ 唔好意思　m̀h.hóu.yi.sì // m⁴hou²ji³si¹

日本語で軽く詫びる際の「すみません」に当たります。重大な過失でない場合に用いられる表現です。謝罪する気持ちを強調したければ、「真係唔好意思。」（本当にすみません）jàn.haih m̀h.hóu.yi.sì // dzan¹hai⁶ m⁴hou²ji³si¹ と言います。

これに対して、1時間も遅刻をした、人の所有物を壊した、名誉を汚したなど、重大な過失を自己の責任と認め、謝罪する場合には、「對唔住。」deui.m̀h.jyuh // doey³m⁴dzy⁶ が用いられます。

好　對唔住，我　遲到。　　――　唔緊要。
Hóu deui.m̀h.jyuh, ngóh chìh.dou.　――　M̀h.gán.yiu. //
Hou² doey³m⁴dzy⁶, ngo⁵ tsi⁴dou³.　――　M⁴.gan².jiu³.
どうも申し訳ありません、遅刻して。――大丈夫です。

●●● 鈴木さんはジェーンと陳さんの奥さんで飲茶を楽しみましたが…

118 (normal)
119 (slow)

陳太： 唔該，埋單！
　　　M̀h.gòi, màaih dàan! //
　　　M⁴goi¹, maai⁴ daan¹!

侍應： 多謝，二百零二蚊。
　　　Dò.jeh, yih.baak lìhng yih màn. //
　　　Do¹dze⁶, ji⁶baak⁸ ling⁴ ji⁶ man¹.

陳太： 請問，你哋 收唔收　VISA 咭　呀？
　　　Chíng.mahn, néih.deih sàu.m̀h.sàu Wì.sá.kàat a? //
　　　Tsing²man⁶, nei⁵dei⁶ sau¹m⁴sau¹ Wi¹sa²kaat⁷ a³?

侍應： 唔好意思，我哋　唔　收　信用咭。
　　　M̀h.hóu.yi.sì, ngóh.deih m̀h sàu seun.yuhng.kàat. //
　　　M⁴hou²ji³si¹, ngo⁵dei⁶ m⁴ sau¹ soen³jung⁶kaat⁷.

陳太： 我　冇　散紙　呀。你　有冇　二百零二蚊　呀？
　　　Ngóh móuh sáan.jí a. Néih yáuh.móuh yih.baak lìhng yih màn a? //
　　　Ngo⁵ mou⁵ saan²dzi² a³. Nei⁵ jau⁵mou⁵ ji⁶baak⁸ ling⁴ ji⁶ man¹ a³?

鈴木： 我　都　冇　呀。
　　　Ngóh dòu móuh a. //
　　　Ngo⁵ dou¹ mou⁵ a³.

陳さんの奥さん：すみません、お勘定お願いします！
　　ウェイター：ありがとうございます、202ドルです。
陳さんの奥さん：お尋ねしますが、VISA カードは受け付けていますか？
　　ウェイター：すみません、私どもはクレジットカードを受け付けておりません。
陳さんの奥さん：私は小銭を持っていないのだけど。あなた202ドル持っています？
　　　　鈴木：私も持っていないのですが。

64

■ 新出語彙

□ 陳太	Chàhn.táai* // Tsan⁴taai²*	陳（チャン）さんの奥さん（「太」は夫の姓の直後に付され、「～さんの奥さん」を表す接尾辞）
□ 侍應	sih.ying // si⁶jing³	［名］ウェイター
□ 埋 // 單	màaih dàan // maai⁴ daan¹	勘定をする
□ 零	lìhng // ling⁴	［数］0。「202」のように間の桁が0であれば挿入する
□ 收	sàu // sau¹	［動］領収する
□ VISA 咭	Wì.sá.kàat // Wi¹sa²kaat⁷	［名］VISA カード（クレジットカード名）
□ 唔好意思	m̀h.hóu.yi.si // m⁴hou²ji³si³	申し訳ない。すみません（「思」は第1声で発音する話者もいる→ p.64）
□ 唔	m̀h // m⁴	［副］1. 動作・行為を行う意志を否定する、2. 動作・行為を恒常的に行っていることを否定する、3. 動詞「係」の直前に置いて判断を否定する
□ 信用咭	seun.yuhng.kàat // soen³jung⁶kaat⁷	［名］クレジットカード
□ 冇	móuh // mou⁵	［動］持っていない。所有していないことを表す
□ 散紙	sáan.jí // saan²dzi²	［名］小銭
□ 有	yáuh // jau⁵	［動］持っている。所有していることを表す
□ 都	dòu // dou¹	［副］も。また（副詞は述語動詞の前に置く）

発音のポイント ●●●

信　　　　　用
(s)eun // oen　≠　(y // j)ung
複合母音（短母音）　複合母音（短母音）
口を開ける　　　　口はすぼめる

04-1 〜しない、〜ない

（1）動作・行為を行う意志を否定する、（2）恒常的に行っていることを否定するには、述語動詞の直前に否定副詞「唔」を置きます。「〜である」を意味する動詞「係」もこの構造を作ります（→③）。

（主語）	m̀h	動詞	（目的語）
我哋	唔	收	信用咭	。

① 我 唔 問 你。
　Ngóh m̀h mahn néih. // Ngo^5 m^4 man^6 nei^5.
　僕は君には聞かない。

② 你 唔 俾 我。
　Néih m̀h béi ngóh. // Nei^5 m^4 bei^2 ngo^5.
　あなたは私にはくれない。

③ 佢 唔 係 張生。
　Kéuih m̀h haih Jèung.sàang. // Koey^5 m^4 hai^6 Dzoeng^{1}saang^1.
　彼は張さんではない。

④ 林生 唔 上 堂。
　Làhm.sàang m̀h séuhng tòhng. // Lam^{4}saang^1 m^4 soeng^5 tong^4.
　林さんは授業に出ない。

新出語彙

□ 問　　　mahn // man^6　　［動］尋ねる
□ 俾　　　béi // bei^2　　　［動］あげる。与える（「畀」や当て字の「比」で書かれることもある）
□ 林　　　Làhm // Lam^4　　［名］林（香港人の姓。Lam, Lum）
□ 上 // 堂　séuhng tòhng // soeng^5 tong^4　授業に出る

練習問題　作文

① 彼は来ない。　（来る→嚟 làih // lai^4 または lèih // lei^4）
② 三宝飯を食べない。

> 補足説明
>
> 「来る」という意味の動詞「嚟」は、làih // lai⁴ と発音する話者と lèih // lei⁴ と発音する話者がいます。また、同一の話者が、丁寧に発音すると làih // lai⁴ と発音しているが、通常の会話では lèih // lei⁴ と発音していることもあります。本書では、ローマ字表記を一律に làih // lai⁴ で記しますが、録音では lèih // lei⁴ が現れている点に注意してください。

04-2　〜を…しますか？〜に…しますか？［諾否疑問］

　肯定か否定の答えを求めて（1）動作・行為を行う意志を問う、（2）恒常的に行っているかを問うには、動詞の肯定形と否定形を続けて表します。「〜である」を意味する動詞「係」もこの構造を作ります（→③）。

　動詞が二音節である場合は、必ず第一音節のみが繰り返されます。外来語の場合も同じです（→④）。

　疑問文ですので、文末には一般に、会話のキャッチボールをしようとする気持ちを表す語気助詞「呀」を付します（→ 04-3）。

　なお、広東語では肯定文の文末に語気助詞「嗎」ma // ma³ を付すことで表される疑問文は大変稀であり、挨拶の定型表現「你好嗎？」（こんにちは）や「身體好嗎？」（お元気ですか）などでしか用いられません。

（主語）	肯定形	否定形	（目的語）	（語気助詞）	
你哋	收	唔收	VISA 咭	呀	？

① 白太 識唔識 藍小姐 呀？
　Baahk.táai* sik.m̀h.sik Làahm.síu.jé a? // Baak⁹taai²* sik⁷m⁴sik⁷ Laam⁴siu²dze² a³?
　白さんの奥さんは藍さんを知っていますか？

② 開唔開 冷氣 呀？
　Hòi.m̀h.hòi láahng.hei a? // Hoi¹m⁴hoi¹ laang⁵hei³ a³?
　クーラーをつけますか？

③ 係唔係 自助餐 呀？
　Haih.m̀h.haih jih.joh.chàan a? // Hai⁶m⁴hai⁶ dzi⁶dzo⁶tsaan¹ a³?
　（朝食は）バイキングですか？

④ 佢哋 sha 唔 share 呢間 房 呀？
　Kéuih.deih sè.m̀h.sè.àh nì gàan fóng* a? // Koey⁵dei⁶ se¹m⁴se¹a⁴ ni¹ gaan¹ fong²* a³?
　彼らはこの部屋を相部屋で使用しますか？

新出語彙

- □ 白太　Baahk.táai* // Baak⁹taai²*　白さんの奥さん（「白」は香港人の姓。Pak）
- □ 識　sìk // sik⁷　［動］見知っている。面識がある
- □ 藍　Làahm // Laam⁴　［名］藍（香港人の姓。Lam）
- □ 小姐　síu.jé // siu²dze²　［尾］〜さん。（本来は未婚女性の姓の後に付され「Miss」を表したが、現在では中年以下であれば既婚者に対しても用いられる）
- □ 開　hòi // hoi¹　［動］機器の電源を入れる
- □ 冷氣　láahng.hei // laang⁵hei³　［名］冷房。（機能としての）クーラー
- □ 自助餐　jih.joh.chàan // dzi⁶dzo⁶tsaan¹　［名］バイキング
- □ share　sè.àh // se¹a⁴　［動］共同で使用する。相部屋で宿泊する
- □ 間　gàan // gaan¹　［量］部屋に対して用いる
- □ 房　fóng* // fong²*　［名］部屋

●●● 練習問題 作文 ●●●

① あなたは彼に尋ねますか？──（彼に）尋ねません。
② 彼らを知っていますか？── 知っています。

発音のポイント

識　　　　　　　氣　　　　　　　姐
(s)ik　　＝　　(h)ei　　≠　　(j // dz)e
複合母音（短複母音）　複合母音（短複母音）　単母音
主母音は日本語の「え」に近い音　　　顎を引いて口を大きく開けた「エ」

04-3 〜よ、〜（です）が

　広東語は文末に付される語気助詞が大変多い言語なのですが、最も多用される語気助詞の一つが「呀」a // a³ です。これは、相手と会話による意思疎通（会話のキャッチボール）をしようとする気持ちを表します。「呀」を付すと、「我冇散紙呀。」（小銭を持っていないのだけれど…そちらはどう？）や「我都冇呀。」（私も持っていないのだけれど…どうするの？）と相手に話を持ちかけ、相手

の意向を伺うことで話を進めていく場合に多用される表現となります。これに対して、「呀」を付さず「我都冇。」と言ってしまうと、ジェーンの「小銭を持っていますか」という問いかけに対して、「持っていません」という言い切りになってしまい、「私は関知しません」「あなたが解決してください」という雰囲気が出てしまいます。

なお、人に尋ねるということは、そもそも相手との会話による意思疎通を目的とした行為です。そのため疑問文に「呀」を付さないと無遠慮・冷淡・高圧的な印象を与えることになりますので、注意が必要です（→ 03-3）。

命題	a	
我 都 冇	呀	。

① 你 要唔要 呢隻 呀？──── 要 呀。
　　Néih yiu.m̀h.yiu nì jek a? ──── Yiu a. //
　　Nei⁵ jiu³m⁴jiu³ ni¹ dzek⁸ a³? ──── Jiu³ a³.
　　これ要りますか？　　　　──── 要るわよ。（呢隻→ 01-2）

② 佢哋 都 唔 識 林小姐 呀。
　　Kéuih.deih dòu m̀h sìk Làhm.síu.jé a. // Koey⁵dei⁶ dou¹ m⁴ sik⁷ Lam⁴siu²dze² a³.
　　彼らも林さんとは面識がないですよ。

新出語彙

□ 要　　yiu // jiu³　　［動］欲する

練習問題　作文

① 僕も小銭を持っているよ。
② 私はソフトクリームを食べませんが。
　　（ソフトクリーム→軟雪糕 yúhn.syut.gòu // jyn⁵syt⁸gou¹）

　→ 133

> **補足説明**　ポジティブな命題の文末に付される「呀」に比べ、ネガティブな命題の文末に付される「呀」は、いささか低く発音され、母音の音色も暗くなります。録音130や133について①と②を聴き比べてみてください。ただし、初級としてはこの差異について知らなくても十分だと思います。

04-4 〜を持っている

　所有は、03-5で学習した「存在」と同じく、動詞「有」「冇」を用いて表します。ただし、主語の位置には人を表す語、目的語の位置には所有物を置きます。諾否疑問は「有冇」と言い、「有唔有」とは言いませんので注意してください。

（主語）	肯定形	否定形	（目的語）	（語気助詞）	
你	有	冇	二百 零 二蚊	呀	?

① 有 二十蚊。
　　Yáuh yih.sahp màn. // Jau⁵ ji⁶sap⁹ man¹.
　　20ドル持っています。

② 我 冇 信用咭。
　　Ngóh móuh seun.yuhng.kàat. // Ngo⁵ mou⁵ soen³jung⁶kaat⁷.
　　私はクレジットカードを持っていません。

··· 練習問題 ┃ 作文 ·······

① あなたたちはオクトパス・カードを持っていますか？——持っていません。
② 小銭を持っている人？（誰が小銭を持っていますか？）——私持っていますよ。

コミュニケーション次の一歩——困ったときは……

　本課のスキットでは、2人とも小銭を持たず…、と困った状況に陥っています。困ったときは、相手に「點算呀？」（どうしよう）dím.syun a // dim²syn³ a³、「點算好呀？」（どうしたらよいでしょうか）dím.syun hóu a // dim²syn³ hou² a³ とたずねましょう。

04-5 〜も

「〜も」は、副詞「都」を述語動詞の直前に置いて表します。否定語がある場合は、否定語の前に「都」を置きます（→②）。

（主語）	副詞	動詞	（目的語）	（語気助詞）	
我	都	冇	（散紙）	呀	。

① 佢 都 識 林生。
　Kéuih dòu sìk Làhm.sàang. // Koey⁵ dou¹ sik⁷ Lam⁴saang¹.
　彼女も林さんを知っています。

② 我 都 唔 問 佢。
　Ngóh dòu m̀h mahn kéuih. // Ngo⁵ dou¹ m⁴ man⁶ koey⁵.
　私も彼には尋ねません。

なお、「都」の語義は直前の語にかかる性質を持っているため、次の対では文意が異なります。

③ 佢 今日 都 食 魚生。
　Kéuih gàm.yaht dòu sihk yùh.sàang. //
　Koey⁵ gam¹jat⁹ dou¹ sik⁹ jy⁴saang¹.
　彼は今日も刺身を食べる。

④ 今日 佢 都 食 魚生。
　Gàm.yaht kéuih dòu sihk yùh.sàang. //
　Gam¹jat⁹ koey⁵ dou¹ sik⁹ jy⁴saang¹.
　今日は彼も刺身を食べる。

新出語彙

□ 魚生　yùh.sàang // jy⁴saang¹　［名］刺身

練習問題　作文

① 私も授業に出ない。
② 藍さん（男性）も林さん（男性）のことを知りません。

➡ 140

聞き取りにチャレンジ　　発音された語に○を付けましょう。

① 你哋 食唔食 [　a)　] 呀？── 我哋 唔 食 [　b)　]。

a) | 腸粉　鳳爪　蘿蔔糕　蝦餃　燒賣 |

b) | 腸粉　鳳爪　蘿蔔糕　蝦餃　燒賣 |

② 你 有冇 [　　　] 呀？── 我 都 冇 呀。

| 牙刷　牙膏　番梘　洗頭水　護髮素 |

補充語彙

【点心】
- □ 腸粉　　chéung*.fán // tsoeng²*fan²　　中華風クレープ。米粉で作った生地にチャーシューを包んだ食品
- □ 鳳爪　　fuhng.jáau // fung⁶dzaau²　　鶏の脚。もみじ
- □ 蘿蔔糕　lòh.baahk.gòu // lo⁴baak⁹gou¹　　大根餅
- □ 蝦餃　　hà.gáau // ha¹gaau²　　蝦餃子
- □ 燒賣　　sìu.máai* // siu¹maai²*　　焼売

【旅行用品】
- □ 牙刷　　ngàh.cháat* // nga⁴tsaat²*　　歯ブラシ
- □ 牙膏　　ngàh.gòu // nga⁴gou¹　　歯磨き
- □ 番梘　　fàan.gáan // faan¹gaan²　　石けん
- □ 洗頭水　sái.tàuh.séui // sai²tau⁴soey²　　シャンプー
- □ 護髮素　wuh.faat.sou // wu⁶faat⁸sou³　　リンス

第5課　ご馳走になる

言えると楽しい！

■ 家族間の呼びかけ

　夫婦間の呼びかけは、「夫」という意味の「老公」（妻が夫を呼ぶ）、「妻」という意味の「老婆」lóuh.pòh // lou⁵po⁴（夫が妻を呼ぶ）を使うか、そうでなければ相手のイングリッシュネームか中国語名を使うことが多いです。

　親が子供を呼ぶときは、①「息子」という意味の「仔」jái // dzai² や「阿仔」a.jái // a³dzai²、「娘」という意味の「女」néui* // noey²* や「阿女」a.néui* // a³noey²*、②イングリッシュネーム、③中国語名（名）の変形、④中国語名（姓名）、などが使われます。

　　阿女，食唔食 飯 呀？
　　A.néui*, sihk.m̀h.sihk faahn a? // A³noey²*, sik⁹m⁴sik⁹ faan⁶ a³?
　　（親が娘に対して）あなた、ご飯食べるの？

　子が親を呼ぶときは、父親に対しては「老豆」lóuh.dauh // lou⁵dau⁶ か「爹哋／爹哋」dè.dìh // de¹di⁴、「阿爸」a.bàh // a³ba⁴、母親に対しては「阿媽」a.mà // a³ma¹ か「媽咪」mà.mìh // ma¹mi⁴ が使われます。「老豆」は「お父さん」よりは「親父」というニュアンスです。

　兄弟間の呼びかけでは、年長者が年少者を呼ぶときは「細佬」sai.lóu // sai³lou²（弟）、「細妹」sai.múi* // sai³mui²*、「阿妹」a.múi* // a³mui²*（妹）。年少者が年長者を呼ぶときは①「哥哥」gòh*.gò // go⁴*go¹、「阿哥」a.gò // a³go¹（お兄さん）、「家姐」gà.jè* // ga¹dze¹*、「姐姐」jèh*.jè* // dze⁴*dze¹*（お姉さん）が使われます。それ以外には②イングリッシュネーム、③中国語名（名）の変形、④中国語名（姓名）も多用されます。

　　家姐，電話 呀！ Gà.jè*, dihn.wá* a! // Ga¹dze¹*, din⁶wa²* a³!
　　（弟や妹が姉に対して）お姉ちゃん、あなたに電話だよ！

■ 食事のときは……

　家庭で「ご飯だよ」と声をかけるときは、「開飯喇。」hòi faahn la // hoi¹ faan⁶ la³ や「食飯喇。」sihk faahn la // sik⁹ faan⁶ la³ と言います。食事に手を付ける際には、何も言わない家庭もありますが、「食啦。」（食べましょう）sihk là // sik⁹ la¹ や「大家食飯。」daaih.gà sihk faahn // daai⁶ga¹ sik⁹ faan⁶ と言う家庭もあり、これが「いただきます」に相当します。「さあ、食べよう」に当たる「喂，起筷喇。」wài, héi faai la // wai¹, hei² faai³ la³ を用いる話者もいます。キリスト教の家庭では、食事に手を付ける直前に1分間ほど目を閉じて手を合わせることがあります。

> ジェーンの家のリビングにて

146 (normal)
147 (slow)

陳太：鈴木小姐，你 食唔食 雪糕 呀？
Lìhng.muhk síu.jé, néih sihk.m̀h.sihk syut.gòu a? //
Ling⁴muk⁹ siu²dze², nei⁵ sik⁹m⁴sik⁹ syt⁸gou¹ a³?

鈴木：好 呀！有 咩野 味 呀？
Hóu a! Yáuh mè.yéh meih a? // Hou² a³. Jau⁵ me¹je⁵ mei⁶ a³?

陳太：喺 雪櫃 入便 有 抹茶、朱古力 同 士多啤梨。
Hái syut.gwaih yahp.bihn yáuh muht.chàh, jyù.gwù.lìk tùhng sih.dò.bè.léi. //
Hai² syt⁸gwai⁶ jap⁹bin⁶ jau⁵ mut⁹tsa⁴, dzy¹gwu¹lik⁷ tung⁴ si⁶do¹be¹lei².

鈴木：我 食 士多啤梨 吖。
Ngóh sihk sih.dò.bè.léi à. //
Ngo⁵ sik⁹ si⁶do¹be¹lei² a¹.

陳太：老公，你 呢？ 你 都 食 雪糕 吖！
Lóuh.gùng, néih nè? Néih dòu sihk syut.gòu à! //
Lou⁵gung¹, nei⁵ ne¹? Nei⁵ dou¹ sik⁹ syt⁸gou¹ a¹!

陳生：有冇 雲尼拿 或者 薄荷 味 呀？
Yáuh.móuh wahn.nèi.lá waahk.jé bohk.hòh meih a? //
Jau⁵mou⁵ wan⁶nei¹la² waak⁹dze² bok⁹ho⁴ mei⁶ a³?

陳太：Sorry 呀，雲尼拿、薄荷 都 冇 呀。
Sò.wìh a, wahn.nèi.lá, bohk.hòh dòu móuh a. //
So¹wi⁴ a³, wan⁶nei¹la², bok⁹ho⁴ dou¹ mou⁵ a³.

陳生：都 冇 呀？ 噉，唔使 喇。唔該 你。
Dòu móuh àh? Gám, m̀h.sái la. M̀h.gòi néih. //
Dou¹ mou⁵ a⁴? Gam², m⁴sai² la³. M⁴goi¹ nei⁵.

陳夫人：鈴木さん、アイスクリーム食べませんか？
　鈴木：はい！何味がありますか？
陳夫人：冷蔵庫の中に抹茶とチョコレートとストロベリーがあります。
　鈴木：私はストロベリーを食べますわ。
陳夫人：あなたは？あなたもアイスクリーム食べたら！
　陳さん：バニラかミントはありませんか？
陳夫人：ごめんね、バニラとミントはどちらもないの。
　陳さん：どっちもないんだ？それなら、いいです。どうも。

新出語彙

□ 雪糕	syut.gòu // syt⁸gou¹	[名]	アイスクリーム
□ 好呀	hóu a // hou² a³		いいですとも
□ 咩嘢	mè.yéh // me¹je⁵	[代]	何。名詞の直前に置かれると「どんな」。「乜嘢」の音が弱化した形式（さらに弱化した形式 mè.e // me¹e³ で発音する話者も多い）
□ 味	meih // mei⁶	[名]	味。フレーバー
□ 喺	hái // hai²	[前]	～に
□ 雪櫃	syut.gwaih // syt⁸gwai⁶	[名]	冷蔵庫
□ 入便	yahp.bihn // jap⁹bin⁶	[位]	中。内側
□ 抹茶	muht.chàh // mut⁹tsa⁴	[名]	抹茶
□ 朱古力	jyù.gwù.lik // dzy¹gwu¹lik⁷	[名]	チョコレート
□ 同	tùhng // tung⁴	[接]	～と…（3つ以上をつなぐ場合は、最後の2つの間に置くことが多い） ＊並列には「，」ではなく「、」を用います
□ 士多啤梨	sih.dò.bè.léi // si⁶do¹be¹lei²	[名]	ストロベリー
□ 吖	à // a¹	[語気]	動作・行為を自ら進んで行う自発の語気を表す
□ 老公	lóuh.gùng // lou⁵gung¹	[名]	（女性が夫に対する呼びかけで用いる）あなた
□ 雲尼拿	wahn.nèi.lá // wan⁶nei¹la²	[名]	バニラ
□ 或者	waahk.jé // waak⁹dze²	[接]	あるいは。か（3つ以上をつなぐ場合は、最後の2つの間に置くことが多い）
□ 薄荷	bohk.hòh // bok⁹ho⁴	[名]	ミント
□ sorry	sò.wìh // so¹wi⁴	[動]	ごめん（sò.lìh // so¹li⁴ で発音する話者もいる）
□ 都	dòu // dou¹	[副]	ともに。みな
□ 呀	àh // a⁴	[語気]	得られた情報に対する確認の語気を表す
□ 噉	gám // gam²	[接]	では。それならば（一般には「咁」と書かれるが、「咁」には gam // gam³ という発音の異なる用法があるため、本書では「噉」で記す）
□ 唔使喇	m̀h.sái la // m⁴sai² la³		結構です。遠慮しておきます
□ 唔該	m̀h.gòi // m⁴goi¹	[動]	どうも（金銭や物品の授受がない場面で謝意を表すのに用いる。ここでは「你」が目的語

05-1 はい、いいえ、いいですよ、結構です

諾否疑問に対する返答は、肯定だと「(主語＋)動詞(＋目的語)」、否定だと「(主語＋)唔＋動詞(＋目的語)」を用います。動詞には、諾否疑問で使われた動詞を用いて答えるのが原則です。往々にして文末には、04-3 で学んだ語気助詞「呀」を加えます。主語や目的語は、文脈から明らかであれば省略されます。

諾否疑問　　佢 上唔上 堂 呀？──
答え (肯定)　(佢) 上 (堂) (呀)。
答え (否定)　(佢) 唔 上 (堂) (呀)。

ただし、動詞が動作・行為を表すもので、相手に対して尋ねる場合は、往々にして相手がこちらの提案・誘いに乗るかを問う疑問となります。その場合は、肯定であれば「いいですよ」を意味する「好 (呀)」で、否定であれば「結構です」に当たる「唔使 (喇)」などで答えます。

諾否疑問 (提案・誘いに乗るかを問う)　你 食唔食 雪糕 呀？──
答え (肯定＝提案・誘いに乗る)　　　　好 (呀)。
答え (否定＝提案・誘いを断る)　　　　唔使 (喇)。

① 你 買唔買 呀？　　　　　── 唔使 喇。
　 Néih máaih.m̀h.máaih a?　── M̀h.sái la. //
　 Nei⁵ maai⁵m⁴maai⁵ a³?　　── M⁴sai² la³.
　 買わない？　　　　　　　── 遠慮しておきます。

② 我哋 嗌唔嗌 送餐服務 呀？　　　　── 好 呀。
　 Ngóh.deih aai.m̀h.aai sung.chàan.fuhk.mouh a?　── Hóu a. //
　 Ngo⁵dei⁶ aai³m⁴aai³ sung³tsaan¹fuk⁹mou⁶ a³?　── Hou² a³.
　 (私たち) ルームサービスを頼みませんか？── いいですよ。

新出語彙

□ 買　máaih // maai⁵　[動] 買う
□ 嗌　aai // aai³　[動] 注文する
□ 送餐服務　sung.chàan.fuhk.mouh // sung³tsaan¹fuk⁹mou⁶　[名] (飲食の) ルームサービス

練習問題 | 作文

① テレビを見ませんか？── うん。(テレビ→電視 dihn⁶sih // din⁶si⁶、見る→睇 tái // tai²)
② 彼女に尋ねない？── 結構です。

05-2 | 何の、どんな

03-3で学習したとおり、疑問代名詞「乜嘢」及びその弱化形式「咩嘢」は単独で「何」を表しますが、名詞の直前に置かれると、「何の〜」「どんな〜」と類別を表します。

mat.ye/me.ye/me.e	名詞
咩嘢	味

① 你 搭 乜嘢 車 呀？　　　　　——搭 地鐵。
　　Néih daap màt.yéh chè a?　　　—— Daap deih.tit. //
　　Nei⁵ daap⁸ mat⁷je⁵ tse¹ a³?　　 —— Daap⁸ dei⁶tit⁸.
　　何（どんな交通機関）に乗りますか？——地下鉄に乗ります。

② 你哋 買 咩嘢 衫 呀？　　　—— 買 T 恤。
　　Néih.deih máaih mè.e sàam a?　　—— Máaih tì.sèut. //
　　Nei⁵dei⁶ maai⁵ me¹e³ saam¹ a³?　—— Maai⁵ ti¹soet⁷.
　　どんな服を買いますか？　　　　—— T シャツを買います。

新出語彙

- □ 車　　chè // tse¹　　　　　　　[名] 陸上の交通機関
- □ 地鐵　deih.tit // dei⁶tit⁸　　　　[名] 地下鉄
- □ 衫　　sàam // saam¹　　　　　 [名] 服
- □ T 恤　 tì.sèut // ti¹soet⁷　　　　 [名] T シャツ

練習問題 | 作文

① 何に乗りますか？—— バスに乗ります。
② どんな服を買いますか？—— 半袖を買います。
　　（半袖→短袖衫 dyún.jauh.sàam // dyn²dzau⁶saam¹）

→ 157

補足説明

「乜嘢 / 咩嘢＋名詞」の構造がイディオム化したものに、「咩嘢 / 乜嘢 名」があります。これは①フルネーム、②姓を含まない名、を尋ねる表現として常用されます。

你 叫 咩嘢 / 乜嘢 名 呀？
Néih giu mè.e / màt.yéh méng* a? // Nei⁵ giu³ me¹e³ / mat⁷je⁵ meng²* a³?
あなたのお名前は何と言いますか？

05-3 〜には…がある / ない（その2）

　03-5で学習した「存在」を表す文では、主語に置くことができるのは、主に①場所代名詞（→ 02-4）、②方位詞、③場所を意味する名詞、です。「本棚」「パソコン」「手」のような、本来場所を意味しない名詞を主語の位置に置くためには、名詞の直後に方位詞を加えることが望ましいです。名詞の直前に前置詞「喺」を加えることもできます。場所を意味しない名詞は、「喺」や方位詞を加えて「場所化」するのだと思ってください。

前置詞句 (hai +) 名詞+方位詞	動詞	目的語
喺 雪櫃 入便	有	抹茶、朱古力 同 士多啤梨

常用される方位詞

　方位詞とは場所・位置・方角を表す語です。単独でも使えますし、名詞の直後に加えることもできます。

159
- □ 上便　seuhng.bihn // soeng⁶bin⁶　　上
- □ 下便　hah.bihn // ha⁶bin⁶　　下
- □ 前便　chìhn.bihn // tsin⁴bin⁶　　前
- □ 後便　hauh.bihn // hau⁶bin⁶　　後
- □ 入便　yahp.bihn // jap⁹bin⁶　　内
- □ 出便　chèut.bihn // tsoet⁷bin⁶　　外
- □ 左便　jó.bihn // dzo²bin⁶　　左
- □ 右便　yauh.bihn // jau⁶bin⁶　　右
- □ 對面　deui.mihn // doey³min⁶　　向かい
- □ 中間　jùng.gàan // dzung¹gaan¹　　間

160
① 房間 入便 有 床、電視機 同 風扇，冇 電話。
　Fòhng.gàan yahp.bihn yáuh chòhng, dihn.sih.gèi tùhng fùng.sin, móuh dihn.wá*. //
　Fong⁴gaan¹ jap⁹bin⁶ jau⁵ tsong⁴, din⁶si⁶gei¹ tung⁴ fung¹sin³, mou⁵ din⁶wa²*.
　部屋の中にはベッド、テレビ、扇風機がありますが、電話がありません。

② 喺 電視機 上便 有 遙控器。
　Hái dihn.sih.gèi seuhng.bihn yáuh yìuh.hung.hei. //
　Hai² din⁶si⁶gei¹ soeng⁶bin⁶ jau⁵ jiu⁴hung³hei³.
　テレビの上にリモコンがあります。

③ 左便 冇 沖涼房。〔方位詞は単独で主語の位置に置くことができます〕
　Jó.bihn móuh chùng.lèuhng.fóng*. //
　Dzo²bin⁶ mou⁵ tsung¹loeng⁴fong²*.
　左側には浴室はありません。

新出語彙

- □ 房間　　fòhng.gàan // fong⁴gaan¹　　［名］部屋
- □ 床　　　chòhng // tsong⁴　　　　　　［名］ベッド
- □ 電視機　dihn.sih.gèi // din⁶si⁶gei¹　　［名］（受信機としての）テレビ
- □ 風扇　　fùng.sin // fung¹sin³　　　　［名］扇風機
- □ 電話　　dihn.wá* // din⁶wa²*　　　　［名］電話機
- □ 遙控器　yìuh.hung.hei // jiu⁴hung³hei³　［名］リモコン
- □ 沖涼房　chùng.lèuhng.fóng* // tsung¹loeng⁴fong²*　［名］浴室。シャワー室

練習問題｜作文

① 右側にリモコンがあります。
② 冷蔵庫の中にコーラがありますか？―― ありませんけれど。
　（コーラ→可樂 hó.lohk // ho²lok⁹）

05-4　～しましょう［自発の語気］

　ある動作・行為を自ら進んで行おうとする語気を示すには、語気助詞「啦」や「吖」を文末に付します。「吖」の方が率直な語気が表されます。これは命令文で用いられる語気助詞と同じですが、しかし主語は一人称です。

（主語）	動詞	（目的語）	a	
我	食	士多啤梨	吖	。

① 你 快啲 嚟，得唔得 呀？―― 好！我 快啲 嚟 啦。
　Néih faai.dì làih, dàk.m̀h.dàk a?　―― Hóu! Ngóh faai.dì làih là. //
　Nei⁵ faai³di¹ lai⁴, dak⁷m⁴dak⁷ a³?　―― Hou²! Ngo⁵ faai³di¹ lai⁴ la¹.
　早く来ていただけませんか？　―― 分かりました。早く参りましょう。

② 邊個 俾 錢 呀？　―― 我 嚟 吖。
　Bìn.go béi chín* a?　　　―― Ngóh làih à. //
　Bin¹go³ bei² tsin²* a³?　　―― Ngo⁵ lai⁴ a¹.
　誰がお金を支払いますか？―― 私が払いましょう。

新出語彙

- 錢　chín* // tsin²*　[名] お金
- 嚟　làih // lai⁴　[動] する。やる（特定の動作・行為を表す動詞の代わりに用いる）

────────────────── 練習問題 ｜ 作文 ●●● ──────

① 私が彼に尋ねましょう。
② 僕が支払おう。

05-5　みな〜、いずれも〜

「〜も」を意味する副詞と同じ「都」を用いて表します。直前に「全部」「毎日」といった範囲を表す語が置かれている場合は、「みな」「いずれも」を意味することが多いです。

① 我哋 全部 都 搭 的士。
　Ngóh.deih chyùhn.bouh dòu daap dìk.sí. //
　Ngo⁵dei⁶ tsyn⁴bou⁶ dou¹ daap⁸ dik⁷si².
　私たちは全員（みな）タクシーに乗ります。

② 你 每日 都 食 叉燒飯。
　Néih múih.yaht dòu sihk chà.sìu.faahn. //
　Nei⁵ mui⁵jat⁹ dou¹ sik⁹ tsa¹siu¹faan⁶.
　あなたは毎日（みな）チャーシュー飯を食べている。

新出語彙

- 全部　　chyùhn.bouh // tsyn⁴bou⁶　　[副] 全部
- 毎日　　múih.yaht // mui⁵jat⁹　　[副] 毎日

────────────────── 練習問題 ｜ 作文 ●●● ──────

① みなタイクー・シティに行きます。　（みな→大家 daaih.gà // daai⁶ga¹）
② チムサーチョイ、モンコックにはともにジャスコはない。
　（チムサーチョイ→尖沙咀 Jìm.sà.jéui // Dzim¹sa¹dzoey²、モンコック→旺角 Wohng.gok // Wong⁶gok⁸）

05-6 〜なんだ？ [確認疑問]

得られた・持っている情報を確認する「〜なんだ？」は、肯定文や否定文の文末に語気助詞「呀」を付して表します。声調が第4声であることに注意してください。

（主語）	（副詞）	動詞	（目的語）	a
	都	冇		呀 ?

171
① 我 去 太古城。　　　　　—— 你 去 太古城 呀？
　　Ngóh heui Taai.gwú.sìhng.　　—— Néih heui Taai.gwú.sìhng àh? //
　　Ngo⁵ hoey³ Taai³gwu²sing⁴.　　—— Nei⁵ hoey³ Taai³gwu²sing⁴ a⁴?
　　私はタイクー・シティに行きます。—— タイクー・シティに行くんだ？

② 佢哋 問 阿 Jane 呀。　—— 問 阿 Jane 呀？
　　Kéuih.deih mahn a.Jèn a.　—— Mahn a.Jèn àh? //
　　Koey⁵ dei⁶ man⁶ a³Dzen¹ a³.　—— Man⁶ a³Dzen¹ a⁴?
　　彼らはジェーンに尋ねるの。—— ジェーンに尋ねるんだ？

練習問題 作文

172
① 僕は宿題をしない。—— 宿題をしないんだ？
　　（する→做 jouh // dzou⁶、宿題→功課 gùng.fo // gung¹fo³）

② 私がお金を払います。—— あなたが払うんだ？

→ 173

174
[補足説明]
　　会話の文脈から分かっている・特定できる事柄を「主題」（もしくは話題）と呼ぶことがあります。広東語ではかなり頻繁に主題を文頭に置きます。本課の会話文「雲尼拿、薄荷都冇呀。」の「雲尼拿、薄荷」はその一例です。

你 有冇 手指 呀？　—— 手指 呀？手指 我 冇 呀。
Néih yáuh.móuh sáu.jí a?　—— Sáu.jí àh? Sáu.jí ngóh móuh a. //
Nei⁵ jau⁵mou⁵ sau²dzi² a³?　—— Sau²dzi² a⁴? Sau²dzi² ngo⁵ mou⁵ a³.
USB メモリを持っていますか？—— USB メモリですか？USB メモリは私は持っていませんが。

聞き取りにチャレンジ

発音された語に○を付けましょう。

🔊175 ① 你 食唔食 [　　] 呀？―― 好 呀！

> 糖　牛奶糖　軟糖　香口膠　西餅

② 喺 雪櫃 a)[　　] 有 b)[　　] 。

a) 上便　左便　右便

b) 廁紙　紙巾　毛巾　枕頭　拖鞋

補充語彙

🔊176 【菓子】
- ☐ 糖　　　tóng* // tong²*　　　　　　　飴。ドロップ
- ☐ 牛奶糖　ngàuh.náaih.tóng* // ngau⁴naai⁵tong²*　ミルクキャラメル
- ☐ 軟糖　　yúhn.tóng* // jyn⁵tong²*　　グミ
- ☐ 香口膠　hèung.háu.gàau // hoeng¹hau²gaau¹　チューインガム
- ☐ 西餅　　sài.béng // sai¹beng²　　　　ショートケーキ

🔊177 【生活用品】
- ☐ 廁紙　chi.jí // tsi³dzi²　　　　　　トイレットペーパー
- ☐ 紙巾　jí.gàn // dzi²gan¹　　　　　　ティッシュペーパー
- ☐ 毛巾　mòuh.gàn // mou⁴gan¹　　　　　タオル
- ☐ 枕頭　jám.tàuh // dzam²tau⁴　　　　枕
- ☐ 拖鞋　tò.háai* // to¹haai²*　　　　スリッパ

🔊178 **コミュニケーション次の一歩**

「ごちそうさま」に相当する表現には、「我飽喇。」ngóh báau la // ngo⁵ baau² la³（お腹いっぱいになりました）があります。

第6課　生活スタイルを尋ねてみる

言えると楽しい！

■ 世伯　　sai.baak // sai³baak⁸

　従来の広東語教材で紹介されなかった語に、友人の父と母に対する呼びかけ「世伯」と「伯母」baak.móuh // baak⁸mou⁵ があります。香港人の友人ができれば、やがて使うことになるでしょう。

　　世伯、伯母，你哋 好 嗎？
　　Sai.baak, baak.móuh, néih.deih hóu ma? //
　　Sai³baak⁸, baak⁸mou⁵, nei⁵dei⁶ hou² ma³?
　　おじさん、おばさん、お元気ですか？

　親族以外の人に対する呼びかけ「おじいさん」「おばあさん」「おじさん」「おばさん」には、次のものがあります。これらの語には別に親族を表す語義もあるのですが、それについてはここでは触れません。

【親族以外で面識のない人】

老年の男性　　「阿伯」a.baak // a³baak⁸
中年の男性　　「阿叔」a.sùk // a³suk⁷、「叔叔」sùk.sùk // suk⁷suk⁷
老年の女性　　「阿婆」a.pòh // a³po⁴、「婆婆」pòh.pòh // po⁴po⁴
中年の女性　　「阿嬸」a.sám // a³sam²

　例えば、マンションの住民が管理人室に務める男性スタッフ（60歳前後）とすれ違うときには、「阿伯！」と声をかけることが多いでしょう。
　配偶者の父と母に対する呼びかけは、自分の父母に対する呼びかけと同じ表現（→第5課）、つまり「阿爸」と「阿媽」で済ませて構いません。ただし「老豆」は失礼ですし、「爹啲/爹哋」と「媽咪」は子供じみて聞こえるので使わないようにしましょう。配偶者の兄弟姉妹に対しても、自分の兄弟姉妹に対するのと同じ表現で済ませます。なお、フォーマルな表現としては次のものがあります。

「老爺」lóuh.yèh // lou⁵je⁴：夫の父に対して。
「奶奶」nàaih*.náai* // naai⁴*naai²*：夫の母に対して。
「外父」ngoih.fú* // ngoi⁶fu²*：妻の父に対して。
「外母」ngoih.móu* // ngoi⁶mou²*：妻の母に対して。

> ジェーンの家のリビングにて

180 (normal)
181 (slow)

鈴木：世伯，你 平時 幾點鐘 瞓 覺 呀？
Sai.baak, néih pìhng.sìh géi.dím jùng fan gaau a? //
Sai³baak⁸, nei⁵ ping⁴si⁴ gei²dim² dzung¹ fan³ gaau³ a³?

陳生：我 平時 十一點 半 瞓 覺。
Ngóh pìhng.sìh sahp.yàt.dím bun fan gaau. //
Ngo⁵ ping⁴si⁴ sap⁹jat⁷dim² bun³ fan³ gaau³.

鈴木：噉，幾點鐘 食 晚飯 呀？
Gám, géi.dím jùng sihk máahn.faahn a? //
Gam², gei²dim² dzung¹ sik⁶ maan⁵faan⁶ a³?

陳生：因爲 平日 夜晚 都 要 做 嘢，所以 七點鐘 左右 食。
Yàn.waih pìhng.yaht yeh.máahn dòu yiu jouh yéh, só.yíh chàt.dím jùng jó.yáu* sihk. //
Jan¹wai⁶ ping⁴jat⁹ je⁶maan⁵ dou¹ jiu³ dzou⁶ je⁵, so²ji⁵ tsat⁷dim² dzung¹ dzo².jau²* sik⁹.

禮拜 就 冇所謂，因爲 唔使 返 工。
Láih.baai jauh móuh.só.waih, yàn.waih m̀h.sái fàan gùng. //
Lai⁵baai³ dzau⁶ mou⁵so²wai⁶, jan¹wai⁶ m⁴sai² faan¹ gung¹.

鈴木：夜晚 做到 幾點鐘 放 工 呀？
Yeh.máahn jouh.dou géi.dím jùng fong gùng a? //
Je⁶maan⁵ dzou⁶dou³ gei²dim²dzung¹ fong³ gung¹ a³?

陳生：要 做到 九點 三。
Yiu jouh.dou gáu.dím sàam. //
Jiu³ dzou⁶dou³ gau²dim² saam¹.

鈴木：噉，平時 食 乜嘢 呀？
Gám, pìhng.sìh sihk màt.yéh a? //
Gam², ping⁴si⁴ sik⁹ mat⁷je⁵ a³?

陳生：差唔多 每日 都 食 鐵板餐。
Chà.m̀h.dò múih.yaht dòu sihk tit.báan.chàan. //
Tsa¹m⁴do¹ mui⁵jat⁹ dou¹ sik⁹ tit⁸baan²tsaan¹.

鈴木:おじさん、あなたは普段何時に寝ますか？
陳さん:普通11時半に寝ます。
鈴木:じゃあ、何時に夕食を食べていますか？
陳さん:平日は夜も仕事をせねばならないので、7時前後に食べます。
日曜はどうでもいいです。だって出勤しなくていいので。
鈴木:仕事は夜何時までやって終わるのですか？
陳さん:9時15分まで働かないといけません。
鈴木:じゃあ、普段は何を食べていますか？
陳さん:ほとんど毎日グリルを食べます。

新出語彙

182

□ 世伯	sai.baak // sai³baak⁸	［名］おじさん（友人の父に対する呼びかけに用いる）
□ 平時	pìhng.sìh // ping⁴si⁴	［名］普段。平時
□ 幾點鐘	géi.dím jùng // gei²dim² dzung¹	何時
□ 瞓 // 覺	fan gaau // fan³ gaau³	眠る
□ 點	dím // dim²	［量］（1時、2時、3時の）時
□ 半	bun // bun³	［数］半。半分（ここでは時刻としての30分）
□ 晚飯	máahn.faahn // maan⁵faan⁶	［名］夕食
□ 因爲	yàn.waih // jan¹wai⁶	［接］なぜならば
□ 平日	pìhng.yaht // ping⁴jat⁹	［名］平日。ウィークデイ
□ 夜晚	yeh.máahn // je⁶maan⁵	［名］夜
□ 要	yiu // jiu³	［助動］〜ねばならない。〜する必要がある
□ 做 // 嘢	jouh yéh // dzou⁶ je⁵	働く
□ 所以	só.yíh // so²ji⁵	［接］だから
□ 點鐘	dím jùng // dim² dzung¹	（1時、2時、3時の）時（「點」に同じ）
□ 左右	jó.yáu* // dzo²jau²*	［尾］〜前後
□ 禮拜	láih.baai // lai⁵baai³	［名］日曜日（週の意味で使われることの方が多い）
□ 就	jauh // dzau⁶	［副］〜はというと
□ 冇所謂	móuh.só.waih // mou⁵so²wai⁶	［形］どうでもよい
□ 唔使	m̀h.sái // m⁴sai²	［助動］〜しなくてよい。〜するには及ばない
□ 返 // 工	fàan gùng // faan¹ gung¹	出勤する
□ 到	dou // dou³	（動詞の直後に置かれ）〜まで（…する）
□ 放 // 工	fong gùng // fong³ gung¹	退勤する
□ 三	sàam // saam¹	［数］時刻としての15分
□ 差唔多	chà.m̀h.dò // tsa¹m⁴do¹	［副］ほとんど
□ 鐵板餐	tit.báan.chàan // tit⁸baan²tsaan¹	［名］グリルの定食

06-1 １時、２時、３時

　年、月、日、曜日、時刻といった時間の流れにおける特定の点や時間帯を「時間点」と呼ぶことにします。時間点は動詞よりも前に置かれます。時間点が話の主題になっている場合は、主語よりも前に置くこともできます。
　年、月、日を表す語は本書概説・発音編（p.33 〜 34）をご覧ください。

（主語）	（副詞）	時間点「〜に」	動詞	（目的語）	（語気助詞）
我	平時	十一點半	瞓	覺	。

　時は「×點」と言いますが、分まで言わない場合は「×點鐘」とも言えます。「2時」は「二點」とは言わず、「兩點（鐘）」と言うことに注意してください。
　分は、文字盤の数字に合わせて５分単位で次のように言います。ただし、「半」を「六」とは言いません。

■ 時と分の言い方

1:00	一點（鐘）	2:05	兩點一	3:10	三點二
			（× 二點一）		（× 三點兩）
4:15	四點三	5:20	五點四	6:25	六點五
7:30	七點半	8:35	八點七	9:40	九點八
	（× 七點六）				
10:45	十點九	11:50	十一點十	12:55	十二點十一
					（× 十兩點十一）

　週と曜日は次のように言います。「禮拜」を使った言い方と、上位文体で用いられる傾向がある「星期」を使った言い方とがあります。

■ 週と曜日の言い方

週	禮拜	láih.baai // lai⁵baai³	星期	sìng.kèih // sing¹kei⁴
月曜日	禮拜一	láih.baai.yàt // lai⁵baai³jat⁷	星期一	sìng.kèih.yàt // sing¹kei⁴jat⁷
火曜日	禮拜二	láih.baai.yih // lai⁵baai³ji⁶	星期二	sìng.kèih.yih // sing¹kei⁴ji⁶
水曜日	禮拜三	láih.baai.sàam // lai⁵baai³saam¹		
	星期三	sìng.kèih.sàam // sing¹kei⁴saam¹		
木曜日	禮拜四	láih.baai.sei // lai⁵baai³sei³	星期四	sìng.kèih.sei // sing¹kei⁴sei³
金曜日	禮拜五	láih.baai.ńgh // lai⁵baai³ng⁵	星期五	sìng.kèih.ńgh // sing¹kei⁴ng⁵
土曜日	禮拜六	láih.baai.luhk // lai⁵baai³luk⁹	星期六	sìng.kèih.luhk // sing¹kei⁴luk⁹
日曜日	禮拜（日）	láih.baai(.yaht) // lai⁵baai³(jat⁹)	星期日	sìng.kèih.yaht // sing¹kei⁴jat⁹

06-2 いつ

時間点を問う疑問詞には、「幾點(鐘)」の他に「幾時」「禮拜幾」などがあります。
時間点・時間帯を表す語と同じく動詞よりも前に置かれますが、主語よりも前に置かれることはあまりありません。

（主語）	（副詞）	時間点	動詞	（目的語）	（語気助詞）	
你	平時	幾點鐘	瞓	覺	呀	?

① 你 幾時 返 日本 呀？ —— 後日 返 日本。
Néih géi.sìh fàan Yaht.bún a? —— Hauh.yaht fàan Yaht.bún. //
Nei⁵ gei²si⁴ faan¹ Jat⁹bun² a³? —— Hau⁶jat⁹ faan¹ Jat⁹bun².
あなたはいつ日本に帰りますか？ —— 明後日日本に帰ります。

② 陳太 禮拜幾 返 工 呀？ —— 禮拜一、二、日 返。
Chàhn.táai* láih.baai.géi fàan gùng a? —— Láih.baai.yàt, yih, yaht fàan. //
Tsan⁴taai²* lai⁵baai³gei² faan¹ gung¹ a³? —— Lai⁵baai³jat⁷, ji⁶, jat⁹ faan¹.
陳さんの奥さんは何曜日に出勤しますか？ —— 月、火、日に出勤します。

③ 佢哋 幾點鐘 出 街 呀？
Kéuih.deih géi.dím jùng chèut gàai a? //
Koey⁵dei⁶ gei²dim² dzung¹ tsoet⁷ gaai¹ a³?
彼らは何時に外出しますか？

新出語彙

□ 幾時	géi.sìh // gei²si⁴	[代]	いつ
□ 返	fàan // faan¹	[動]	返る。戻る
□ 禮拜幾	láih.baai.géi // lai⁵baai³gei²		何曜日
□ 出 // 街	chèut gàai // tsoet⁷ gaai¹		外出する

練習問題 : 作文

① あなたは明日何時に来ますか？ —— 2時10分に来ます。
② 彼は何曜日が休みですか？（何曜日に休みますか？） —— 日曜日が休みです。
（休む→休息 yàu.sik // jau¹sik⁷）

06-3 ～ねばならない、～しなくてよい

　義務を表すには、助動詞「要」を動詞の前に置きます。日本語の「～したい」もこの「義務」に該当する場合が多いです。約束しているなど、「行かねばならない事情」があって「行きたい」ならば、義務に該当します。
　一方で、「～する必要はない」「～するには及ばない」は、助動詞「唔使」を動詞の前に置いて表します。「唔使」は、同音の当て字「唔駛」や「唔洗」で書かれることが多いので、新聞・雑誌や広告を読むときは注意してください。
　諾否疑問は、助動詞「要」や「使」の肯定形と否定形を続け、その後に動詞を置きます。(→③)

(主語)	(副詞)	助動詞 ～ねばならない	動詞	(目的語)
	都	要	做	嘢 。

① 我哋 上晝 要 返 學。
　Ngóh.deih seuhng.jau yiu fàan hohk. // Ngo⁵dei⁶ soeng⁶dzau³ jiu³ faan¹ hok⁹.
　僕たちは午前中、学校に行かないといけない。

② 你哋 聽日 唔使 嚟 呢度。
　Néih.deih tìng.yaht m̀h.sái làih nì.douh. // Nei⁵dei⁶ ting¹jat⁹ m⁴sai² lai⁴ ni¹dou⁶.
　君たちは明日ここに来なくてよいです。

③ 使唔使 排 隊 呀？　　Sái.m̀h.sái pàaih déui* a? // Sai²m⁴sai² paai⁴ doey²* a³?
　ならぶ必要がありますか？

新出語彙

□ 上晝	seuhng.jau // soeng⁶dzau³	[名] 午前
□ 返 // 學	fàan hohk // faan¹ hok⁹	学校に行く。通学する
□ 排 // 隊	pàaih déui* // paai⁴ doey²*	ならぶ

───────────── 練習問題 | 作文 ───────────

① 今からセントラルに行きたい。（用事があるなどの理由で、行く必要がある）
　（今〈から〉→而家 yìh.gà // ji⁴ga¹、セントラル→中環 Jùng.wàahn // Dzung¹waan⁴）
② 入院する必要がありますか？
　　（入院する→入 // 醫院 yahp yì.yún* // jap⁹ ji¹jyn²*）
③ おつりは結構です。　（釣り銭を渡す→找 // 錢 jáau chín* // dzaau² tsin²*）

06-4 〜だから

理由を述べる「〜だから」や「なぜならば〜」には、従属節に「因爲」を用います。「因爲」を用いた従属節は、主節より前に置くことも、後に置くこともできます。主節よりも前に置く場合は主節の最初に「所以」を置きますが、主節より後に置く場合は「所以」は加えません。

yan.wai 従属節	(so.yi) 主節
因爲 平日 夜晚 都 要 做 嘢，	所以 七點鐘 左右 食 。

主節	yan.wai 従属節
禮拜 就 冇所謂，	因爲 唔使 返 工 。

① 因爲 你 冇 八達通，所以 要 買 車飛。
 Yàn.waih néih móuh Baat.daaht.tùng, só.yíh yiu máaih chè.fèi. //
 Jan¹wai⁶ nei⁵ mou⁵ Baat⁸daat⁹tung¹, so²ji⁵ jiu³ maai⁵ tse¹fei¹.
 あなたはオクトパス・カードを持っていないので、だから切符を買わないといけない。

② 你哋 唔使 買 地圖，因爲 呢度 都 有。
 Néih.deih m̀h.sái máaih deih.tòuh, yàn.waih nì.douh dòu yáuh. //
 Nei⁵dei⁶ m⁴sai² maai⁵ dei⁶tou⁴, jan¹wai⁶ ni¹dou⁶ dou¹ jau⁵.
 地図を買う必要はありません、なぜならここにもあるからです。

新出語彙

□ 車飛　　chè.fèi // tse¹fei¹　　［名］鉄道やバスの切符
□ 地圖　　deih.tòuh // dei⁶tou⁴　　［名］地図

練習問題 作文

① あなたはゲストなので、お金を払う必要はありません。
 （ゲスト→客人 haak.yàhn // haak⁸jan⁴）
② 彼は入院しないといけません、なぜなら手術をしないといけないので。
 （手術をする→做 // 手術 jouh sáu.seuht // dzou⁶ sau²soet⁹）

→ 196

発音のポイント		
地	圖	隊
(d)ei // ei	(t)ou // ou	(d)eui // oey

どれも複合母音（短母音）
音節末音に力が入る

寄	告	句
gei // gei³	gou // gou³	geui // goey³
起	好	許
héi // hei²	hóu // hou²	héui // hoey²

06-5 〜はというと

何に関して述べているのかを明示する場合は、副詞「就」を動詞の前に置きます。置くことで、置かれていない要素との間にコントラストが生じます。

主語	jau	動詞 / 形容詞	
禮拜	就	冇所謂	。

① 茶餐廳 喺 前便。快餐店 就 喺 對面。
　 Chàh.chàan.tèng hái chìhn.bihn. Faai.chàan.dim jauh hái deui.mihn. //
　 Tsa⁴tsaan¹teng¹ hai² tsin⁴bin⁶. Faai³tsaan¹dim³ dzau⁶ hai² doey³min⁶.
　 大衆食堂は前にあります。ファーストフード店なら向かいにあります。

　　　　　　　　　　　　　　　　（「喺」の用法は 07-6 で学習します）

② 我 今日 冇 事，聽日 就 有。
　 Ngóh gàm.yaht móuh sih, tìng.yaht jauh yáuh. //
　 Ngo⁵ gam¹jat⁹ mou⁵ si⁶, ting¹jat⁹ dzau⁶ jau⁵ .
　 私は今日は用事はありませんが、明日はというと用事があります。

新出語彙

□ 茶餐廳　　chàh.chàan.tèng // tsa⁴tsaan¹teng¹　［名］大衆食堂
□ 快餐店　　faai.chàan.dim // faai³tsaan¹dim³　［名］ファーストフード店
□ 事　　　　sih // si⁶　　　　　　　　　　　　　［名］用事

練習問題｜作文

① ショッピング・モールはどこにありますか？―― 地下にあります。
　―― レストランは？―― レストランなら上階にあります。
（ショッピング・モール→商場 sèung.chèuhng // soeng^{1}tsoeng^4、地下→地庫 deih.fu // dei^{6}fu^3、レストラン→餐廳 chàan.tèng // tsaan^{1}teng^1、上階→樓上 làuh.seuhng // lau^{4}soeng^6）

② 私は3時に来ます。サムなら3時15分に来ます。

➡ 201

06-6 〜まで…する

「到」は動詞の直後に置かれ、動作・行為の行き着く先を導きます。動詞が目的語を従える場合は、「動詞＋目的語」を「動詞＋到」の前に置くか（→①）、あるいは目的語を主題として文頭に置きます（→②）。

（主語）	（助動詞／副詞／時間点）	動詞＋dou	X	
	要	做到	九點三	。

① 禮拜日 你 瞓 覺 瞓到 幾點鐘 呀？ ―― 瞓到 十點鐘。
　Láih.baai.yaht néih fan gaau fan.dou géi.dím jùng a? ―― Fan.dou sahp.dím jùng. //
　Lai^{5}baai^{3}jat^9 nei^5 fan^3 gaau^3 fan^{3}dou^3 gei^{2}dim^2 dzung^1 a^3? ―― Fan^{3}dou^3 sap^{9}dim^2 dzung^1.
　日曜日はあなたは何時まで寝ますか？―― 10時まで寝ます。

② 呢本 書 你 睇到 邊度 呀？ ―― 睇到 一半。
　Nì bún syù néih tái.dou bìn.douh a? ―― Tái.dou yàt.bun. //
　Ni^1 bun^2 sy^1 nei^5 tai^{2}dou^3 bin^{1}dou^6 a^3? ―― Tai^{2}dou^3 jat^{7}bun^3.
　この本はあなたはどこまで読みましたか？――半分まで読みました。

新出語彙

□ 呢本　　nì bún // ni^1 bun^2　　この。「本」は書籍に対して用いる量詞（→ 01-3）
□ 書　　　syù // sy^1　　　　　　　［名］本
□ 睇　　　tái // tai^2　　　　　　　［動］読む
□ 一半　　yàt.bun // jat^{7}bun^3　　［名］半分

練習問題｜作文

① 私は2時まで待ちます。　（待つ→等 dáng // dang²）
② クントンまで地下鉄に乗って行きます。
　　（クントン→觀塘 Gwùn.tòhng // Gwun¹tong⁴、地下鉄→地鐵 deih.tit // dei⁶tit⁸）

➡ 205

聞き取りにチャレンジ　　発音された語に○を付けましょう。

① 你 平時 幾點鐘 ☐ 呀？—— 我 平時 十一點半 ☐ 。

| 起 身 | 收 工 | 煮 飯 | 沖 涼 | 洗 衫 |

② 夜晚 做到 幾點鐘 放 工 呀？—— 要 做到 ☐ 。

| 八點鐘 | 九點 半 | 十點 三 | 十一點 二 | 十二點 |

補充語彙

【日常生活】
☐ 起 // 身　　héi sàn // hei² san¹　　　　起きる
☐ 收 // 工　　sàu gùng // sau¹ gung¹　　仕事を終える
☐ 煮 // 飯　　jyú faahn // dzy² faan⁶　　食事を作る
☐ 沖 // 涼　　chùng lèuhng // tsung¹ loeng⁴　シャワーを浴びる
☐ 洗 // 衫　　sái sàam // sai² saam¹　　洗濯をする

コミュニケーション次の一歩　—— 仕事について尋ねるには……

ある程度親しい人には、仕事について軽く尋ねてみるのもよいでしょう。
你 做 邊（一）行 呀？
Néih jouh bìn (yàt) hòhng a? // Nei⁵ dzou⁶ bin¹ (jat⁷) hong⁴ a³?
どんな職業についておられますか？

第7課　どうやって行く？

言えると楽しい！

■ 我走喇　　ngóh jáu la // ngo⁵ dzau² la³
209

その場を去る・失礼するときに言うのがこの一言です。「先」を加えて「我走先。」ngóh jáu sìn // ngo⁵ dzau² sin¹ と言うと、「お先に失礼します」という意味になります。　　　　　　　　　　＊「新状況の出現」を表す語気助詞「喇」→ 10-2

家庭で「我走喇。」と言うと、次のような表現が返ってくることが多いと思います。

你 走 嚛？ 好 啦。 拜拜！
Néih jáu làh?　Hóu là.　Bàai.baai! //
Nei⁵ dzau² la⁴? Hou² la¹.　Baai¹baai³!
帰るんだ？　分かりました。バイバイ！
　　　　　　　　　＊「嚛」「新状況の出現に対する確認疑問」の語気助詞→ 10-3

你 坐 多陣 吖。
Néih chóh dò.jahn à. // Nei⁵ tso⁵ do¹dzan⁶ a¹.
もっとゆっくりしていきなさいよ。（もうしばらく座っていなさいよ）

来客を迎えるときは、次の表現が多用されます。

你（又）嚟 嚛？ 請 入嚟 吖。
Néih (yauh) làih làh? Chíng yahp.làih à. //
Nei⁵ (jau⁶) lai⁴ la⁴? Tsing² jap⁹lai⁴ a¹.
いらっしゃい。どうぞお入りください（頻繁に来る客に対しては「又」を加えます）

■ 打攪晒喇　　dá.gáau.saai la // da²gaau²saai³ la³
210

お邪魔した家やオフィスを去るときに用いられます。「打攪」は「邪魔をする」という意味です。

ところで、ホテルのドアノブには「請勿打擾」chíng.maht dá.yíu // tsing²mat⁹ da²jiu²（邪魔しないでください）と書かれた札が掛けられていることがありますが、「ノックしないでください」という意味です。裏返すと「請即打掃」chíng jìk dá.sou // tsing² dzik⁷ da²sou³（すぐに掃除をしてください）と書かれてあることが多いと思います。これらをそのまま発音して使うことは普段はありませんが、知識として知っておくとよいでしょう。

■ 慢慢行　　maahn.máan* hàahng // maan⁶maan²* haang⁴
211

出かける人を見送る表現で多用されるのがこれです。

> ジェーンの家を出ようとして

鈴木：世伯、伯母，我 走 喇。　　打攪晒 喇。
Sai.baak, baak.móuh, ngóh jáu la.　Dá.gáau.saai la. //
Sai³baak⁸, baak⁸mou⁵, ngo⁵ dzau² la³. Da²gaau²saai³ la³.

陳生：你 返 酒店 呀？
Néih fàan jáu.dim àh? // Nei⁵ faan¹ dzau²dim³ a⁴?

鈴木：唔 係 呀。我 而家 去 旺角。　方太 兩點鐘
M̀h haih a.　Ngóh yìh.gà heui Wohng.gok. Fòng.táai* léuhng.dím jùng
M⁴ hai⁶ a³.　Ngo⁵ ji⁴ga¹ hoey³ Wong⁶gok⁸. Fong¹taai²* loeng⁵dim² dzung¹

喺 朗豪坊 門口 前便 等 我 呀。
hái Lóhng.hòuh.fòng mùhn.háu chìhn.bihn dáng ngóh a. //
hai² Long⁵hou⁴fong¹ mun⁴hau² tsin⁴bin⁶ dang² ngo⁵ a³.

陳生：你 約咗 人 呀？點樣 去 呀？
Néih yeuk.jó yàhn àh? Dím.yéung* heui a? //
Nei⁵ joek⁸dzo² jan⁴ a⁴? Dim²joeng²* hoey³ a³?

鈴木：搭 地鐵 去。
Daap deih.tit heui. // Daap⁸ dei⁶tit⁸ hoey³.

我 想 問，朗豪坊 喺 旺角站 點 行 呀？
Ngóh séung mahn, Lóhng.hòuh.fòng hái Wohng.gok.jaahm dím hàahng a? //
Ngo⁵ soeng² man⁶, Long⁵hou⁴fong¹ hai² Wong⁶gok⁸dzaam⁶ dim² haang⁴ a³?

陳生：朗豪坊 喺 砵蘭街，你 喺 旺角站 C 出口 出去 啦。
Lóhng.hòuh.fòng hái But.làahn.gàai, néih hái Wohng.gok.jaahm sì chèut.háu chèut.heui là. //
Long⁵hou⁴fong¹ hai² But⁸laan⁴gaai¹, nei⁵ hai² Wong⁶gok⁸dzaam⁶ si¹ tsoet⁷hau³ tsoet⁷hoey³ la¹.

出去 直行，前便 係 朗豪坊。
Chèut.heui jihk.hàahng, chìhn.bihn haih Lóhng.hòuh.fòng. //
Tsoet⁷hoey³ dzik⁹haang⁴, tsin⁴bin⁶ hai⁶ Long⁵hou⁴fong¹.

鈴木：好 呀。唔該 你！
Hóu a. M̀h.gòi néih! // Hou² a³. M⁴goi¹ nei⁵!

陳生：慢慢 行！
Maahn.máan* hàahng! // Maan⁶maan²* haang⁴!

鈴木：おじさん、おばさん、私帰ります。どうもお邪魔しました。
陳さん：ホテルに戻るんだ？
鈴木：違うの。私は今からモンコックに行きます。
　　　方さんの奥さんが２時にランガム・プレイスの入り口の前で私を待っているので。
陳さん：待ち合わせの約束をしているんだ？どうやって行くの？
鈴木：地下鉄に乗って行きます。
　　　お聞きしたいのですが、ランガム・プレイスはモンコック駅からどうやって行きますか？
陳さん：ランガム・プレイスはポートランド・ストリートにあるから、モンコック駅のC出口から出て行きなさい。
　　　出て行ってまっすぐ行くと、前がランガム・プレイスです。
鈴木：了解です。どうも！
陳さん：気をつけて！

新出語彙

□ 伯母	baak.móuh // baak^{8}mou^5	[名] おばさん（友人の母）
□ 我走喇	ngóh jáu la // ngo^5 dzau^2 la^3	私帰ります
□ 打攪晒喇	dá.gáau.saai la // da^{2}gaau^{2}saai^3 la^3	どうもお邪魔しました
□ 酒店	jáu.dim // dzau^{2}dim^3	[名] ホテル
□ 唔係呀	m̀h haih a // m^4 hai^6 a^3	いいえ。違います（確認疑問文に対する否定の答え）
□ 方太	Fòng.táai* // Fong^{1}taai^2*	方さんの奥さん（「方」は香港人の姓。Fong）
□ 兩點鐘	léuhng.dím jùng // loeng^{5}dim^2 dzung^1	２時
□ 朗豪坊	Lóhng.hòuh.fòng // Long^{5}hou^{4}fong^1	[名] ランガム・プレイス。モンコックにあるショッピング・モールホテルから成る複合施設
□ 門口	mùhn.háu // mun^{4}hau^2	[名] 入り口
□ 約 // 人	yeuk yàhn // joek^8 jan^4	人と会う約束をする
□ 咗	jó // dzo^2	[相] 動詞の直後に付され、動作・行為が実現されていること(完了相)を表す
□ 點樣	dím.yéung* // dim^{2}joeng^2*	[代] どうやって。どのように
□ 想	séung // soeng^2	[助動] 〜したい（願望を表す）
□ 喺	hái // hai^2	1．[前] 〜から（動作・行為を行う場所や動作・行為の起点を導く）、2．[動] 〜にある。〜に位置している（所在を表す）
□ 旺角站	Wohng.gok.jaahm // Wong^{6}gok^{8}dzaam^6	[名] モンコック駅

95

□ 點	dím // dim²	[代] どうやって。どのように（「點樣」に同じ）
□ 行	hàahng // haang⁴	[動] 行く
□ 砵蘭街	But.làahn.gàai // But⁸laan⁴gaai¹	[名] ポートランド・ストリート（九龍の道路名。Portland St.）
□ C	sì // si¹	[名] C
□ 出口	chèut.háu // tsoet⁷hau²	[名] 出口
□ 出去	chèut.heui // tsoet⁷hoey³	出て行く
□ 直行	jihk.hàahng // dzik⁹haang⁴	まっすぐ行く。直進する
□ 慢慢行	maahn.máan* hàahng // maan⁶maan²* haang⁴	気をつけて

07-1 〜で…する、〜から…する

　動作・行為を行う場所や動作・行為の起点は、前置詞「喺」に導かれて動詞の前に置かれます。前置詞「喺」（→ 05-3）や動詞「喺」（→ 07-6）と同じ漢字・発音ですが、用法が異なりますので注意してください。時間点を表す語は、普通は前置詞「喺」よりも前に置かれます（→②）。

（主語）	（時間点）	hai +名詞句	動詞	（目的語）	（語気助詞）
方太	兩點鐘	喺 朗豪坊 門口 前便	等	我	呀。

① 你 喺 邊度 搵 資料 呀？　　　—— 喺 呢度 搵。
　　Néih hái bìn.douh wán jì.líu* a?　　—— Hái nì.douh wán. //
　　Nei⁵ hai² bin¹dou⁶ wan² dzi¹liu²* a³?　—— Hai² ni¹dou⁶ wan².
　　あなたはどこで資料を探しますか？　—— ここで探します。

② 佢哋 夜晚 喺 內地 返嚟。
　　Kéuih.deih yeh.máahn hái noih.deih fàan.làih. //
　　Koey⁵dei⁶ je⁶maan⁵ hai² noi⁶dei⁶ faan¹lai⁴.
　　彼らは夜に中国本土から戻ってきます。

新出語彙

| □ 資料 | jì.líu* // dzi¹liu²* | [名] 資料 |
| □ 夜晚 | yeh.máahn // je⁶maan⁵ | [名] 夜 |

□ 内地　noih.deih // noi⁶dei⁶　　［名］中国本土（地元としての香港を意味する「本港」bún.góng // bun²gong² に対して用いる概念）
□ 返嚟　fàan.làih // faan¹lai⁴　　戻ってくる。帰ってくる

練習問題｜作文

① すみませんが、そこ（目の前）で停車してください。（タクシーの運転手に対して言う）（停車する→停 // 車 tìhng chè // ting⁴ tse¹）

② クーロンで乗車します。（クーロン→九龍 Gáu.lùhng // Gau²lung⁴、乗車する→搭 // 車 daap chè // daap⁸ tse¹）

➡ 218

07-2 〜してしまっている（肯定文）

「〜した」「〜している」「〜してしまっている」のように、動作・行為が実現していることを表すには、助詞「咗」を動詞の直後に置きます。これは、話をしている時点で動作・行為がすでに行われていることを表すものであり、必ずしも終了していることを意味するものではありません。「完了（相）」という名で呼ばれることが多いため、動作・行為が終了している印象を受けるかもしれませんが、ネーミングに惑わされないようにしてください。動作・行為が終了しているか否かは不問となります。

なお、動作・行為の実現は、状況に変化を生じさせるものでもあるため、文末に新状況の出現を表す語気助詞「喇」を付すことがあります（→ 10-2）。

主語	動詞＋ jo 〜した	目的語
你	約咗	人

① 我　食咗　飯。
Ngóh sihk.jó faahn. // Ngo⁵ sik⁹dzo² faan⁶.
私は食事をしてしまっている。（食べ終わったかどうかは不問）

② 你　已經　買咗　兩部　相機。
Néih yíh.gìng máaih.jó léuhng bouh séung*.gèi. //
Nei⁵ ji⁵ging¹ maai⁵dzo² loeng⁵ bou⁶ soeng²* gei¹.
君はすでにカメラを 2 台購入している。（購入するという行為がすでに 2 台分実現している）

③ 唔該，過咗 天橋 有落！
M̀h.gòi, gwo.jó tìn.kìuh yáuh.lohk! // M⁴goi¹, gwo³dzo² tin¹kiu⁴ jau⁵lok⁹!
すみません、高架橋を越えたら降ります！（ミニバスで降車したいときに言う表現）

新出語彙 220

- □ 食 // 飯　　sihk faahn // sik⁹ faan⁶　　　　食事をする
- □ 已經　　　yíh.ging // ji⁵ging¹　　　　　　［副］すでに
- □ 部　　　　bouh // bou⁶　　　　　　　　　［量］機器に対して用いる（→ 01-3）
- □ 相機　　　séung*.gèi // soeng²*gei¹　　　　［名］カメラ。デジタルカメラ
- □ 過　　　　gwo // gwo³　　　　　　　　　　［動］越える
- □ 天橋　　　tìn.kìuh // tin¹kiu⁴　　　　　　　［名］高架橋
- □ 有落　　　yáuh.lohk // jau⁵lok⁹　　　　　　降ります（ミニバスで降車したいときに言う）

練習問題 : 作文 221

① 私たちはもう夜食を食べました。（夜食→宵夜 sìu.yé* // siu¹je²*）
② 陳さんはどこへ行きましたか？—— 彼はトイレに行きました。
　（まだトイレから戻っていない）（トイレ→廁所 chi.só // tsi³so²）
③ 今日は新聞を２部買った。（現時点で買うという行為が２部分実現している）
　（新聞→報紙 bou.jí // bou³dzi²、部→份 fahn // fan⁶）
→ 222

07-3　どうやって

動作・行為を行う方法や手段を尋ねるには、「點（樣）」を動詞の前に置きます。

(主語)	dim(.yeung)	動詞	(目的語)	(語気助詞)
	點樣	去		呀　？

① 你 點樣 返 學 呀？　——　搭 地鐵 返。 223
Néih dím.yéung* fàan hohk a?　——　Daap deih.tit fàan. //
Nei⁵ dim²joeng²* faan¹ hok⁹ a³?　——　Daap⁸ dei⁶.tit⁸ faan¹.
あなたはどうやって通学していますか？—— 地下鉄で通学しています。（地下鉄に乗って通学しています）

② 呢部 相機 點 影 呀？ —— 撳 呢個 掣 啦。
Nì bouh séung*.gèi dím yíng a? —— Gahm nì go jai là. //
Ni¹ bou⁶ soeng²*gei¹ dim² jing² a³? —— Gam⁶ ni¹ go³ dzai³ la¹.
このカメラはどうやって写すの？ —— このボタンを押してください。

新出語彙

- □ 呢部　　nì bouh // ni¹ bou⁶　　この。「部」は機器に対して用いる量詞（→ 01-3）
- □ 影　　　yíng // jing²　　[動] 撮影する
- □ 撳　　　gahm // gam⁶　　[動] 指で押す
- □ 呢個　　nì go // ni¹ go³　　この。「個」はここではボタンに対して用いる量詞
- □ 掣　　　jai // dzai³　　[名] ボタン。スイッチ

練習問題｜作文

① あなたはどうやって通勤しますか？ —— 歩いて通勤します。
（歩く→行 // 路　hàahng louh // haang⁴ lou⁶）
② モンコックへどうやって行きますか？ —— バスで行きます。

➡ 226

07-4　〜して…する、…しに〜する

　複数の動作・行為を一つの文で表したい場合、複数の動詞（＋目的語）を並べるだけで済むことがあります。並べ方は、先に行われる動作・行為を表す動詞（＋目的語）が先行します。日本語で言う「〜しに来る／行く」は、動作「来る／行く」が先に行われているため、広東語では「来て／行って〜する」と表現される点に注意してください。

　文脈によっては、先行する動詞（＋目的語）は、後続する動詞（＋目的語）の手段を表すように解釈されることがあります。

　なお、この種の複数の動詞を含む文を「連動文」と呼ぶことがあります。

（主語）	動詞 1（＋目的語 1）	動詞 2（＋目的語 2）	
	搭　地鐵	去	。

① 我哋 搭 船 去 尖沙咀。
Ngóh.deih daap syùhn heui Jìm.sà.jéui. // Ngo⁵dei⁶ daap⁸ syn⁴ hoey³ Dzim¹sa¹dzoey².
私たちは船でチムサーチョイに行きます。（船に乗って行く）

② 佢 唔 返 酒店 攞 嘢。
Kéuih m̀h fàan jáu.dim ló yéh. // Koey⁵ m⁴ faan¹ dzau² dim³ lo² je⁵.
彼女はホテルに物を取りに戻りません。

新出語彙

- □ 船　　syùhn // syn⁴　　［名］船
- □ 嘢　　yéh // je⁵　　［名］（不特定の）物

練習問題：作文

① あなたは何に乗ってチムサーチョイに行きますか？
② あなたたちはどこへ昼食を食べに行きますか？
（昼食→晏晝飯 aan.jau.faahn // aan³dzau³faan⁶）

07-5　〜したい

願望は、助動詞「想」を動詞の前に置いて表します。「〜したくない」は、「唔想」を動詞の前に置いて表します。

（主語）	seung	動詞
我	想	問

① 我 想 去 迪士尼樂園 玩。
Ngóh séung heui Dihk.sih.nèih.lohk.yùhn wáan. //
Ngo⁵ soeng² hoey³ Dik⁹si⁶nei⁴lok⁹jyn⁴ waan².
私はディズニーランドに遊びに行きたい。

② 你 想唔想 去 澳門 賭 錢 呀？　　—— 唔 想 去。
Néih séung.m̀h.séung heui Ou.mún* dóu chín* a?　—— M̀h séung heui. //
Nei⁵ soeng²m⁴soeng² hoey³ Ou³mun²* dou² tsin²* a³?　—— M⁴ soeng² hoey³.
マカオにギャンブルをしに行きたいですか？　　—— 行きたくありません。

新出語彙

- □ 迪士尼樂園　　Dihk.sih.nèih.lohk.yùhn // Dik⁹si⁶nei⁴lok⁹jyn⁴
  ［名］ディズニーランド

□ 澳門	Ou.mún* // Ou³mun²*	［名］澳門（マカオ）	
□ 賭 // 錢	dóu chín* // dou² tsin²*	ギャンブルをする	

●))) 233

練習問題 作文

① 明日ですがあなたはどこに遊びに行きたいですか？（遊ぶ→玩 wáan // waan²）

② 私はこのような物が買いたい。（このような→呢樣 nì yeuhng // ni¹ joeng⁶）

●))) ➡ 234

07-6 〜は…にある／いる

所在を表すには、動詞「喺」を用います。動詞の直後に所在する場所を置きます。漢字・発音が、すでに学習した前置詞「喺」と同じですので注意してください。

主語 〜は	動詞 ある	目的語 〜に
朗豪坊	喺	砵蘭街

●))) 235

① 小巴站 喺 邊度 呀？ —— 喺 對面。
Síu.bà.jaahm hái bìn.douh a? —— Hái deui.mihn. //
Siu²ba¹dzaam⁶ hai² bin¹dou⁶ a³? —— Hai² doey³min⁶.
ミニバス乗り場はどこにありますか？—— 向かい側にあります。

② 陳生 唔 喺 度。
Chàhn.sàang m̀h hái douh. // Tsan⁴saang¹ m⁴ hai² dou⁶.
陳さんは不在です。

●))) 236

新出語彙

□ 小巴站	síu.bà.jaahm // siu²ba¹dzaam⁶	［名］ミニバス乗り場	
□ 喺 // 度	hái douh // hai² dou⁶	（現に）ここにいる	

●))) 237

練習問題 作文

① コンビニエンスストアは外にあります。—— 外にあるんだ？
（コンビニエンスストア→便利店 bihn.leih.dim // bin⁶lei⁶dim³）

② ATMはどこですか？—— 地下鉄の駅の中にあります。（ATM →提款機 tàih.fún.gèi // tai⁴fun²gei¹、地下鉄の駅→地鐵站 deih.tit.jaahm // dei⁶tit⁸dzaam⁶）

●))) ➡ 238

聞き取りにチャレンジ　　発音された語に○を付けましょう。

① 你 喺 邊度 搵 資料 呀？—— 喺 [　　] 搵。

　　　　學校　辦公室　圖書館　博物館　詢問處

② 點樣 去 呀？—— 搭 [　　] 去。

　　　　小巴　山頂纜車　電車　火車　渡輪

補充語彙

【施設】
- □ 學校　　　hohk.haauh // hok⁹haau⁶　　　学校
- □ 辦公室　　baahn.gùng.sàt // baan⁶gung¹sat⁷　1．オフィス、2．大学の研究室
- □ 圖書館　　tòuh.syù.gwún // tou⁴sy¹gwun²　図書館
- □ 博物館　　bok.maht.gwún // bok⁸mat⁹gwun²　博物館
- □ 詢問處　　seun.mahn.chyúh // soen³man⁶tsy⁵　インフォメーション・センター
  (seun.mahn.chyu // soen³man⁶tsy³ で発音する話者もいる)

【交通機関】
- □ 小巴　　　síu.bà // siu²ba¹　　　　　　ミニバス
- □ 山頂纜車　sàan.déng.laahm.chè // saan¹deng².laam⁶tse¹
  セントラルとビクトリア・ピークを結ぶピークトラム
- □ 電車　　　dihn.chè // din⁶tse¹　　　　路面電車。トラム
- □ 火車　　　fó.chè // fo²tse¹　　　　　汽車
- □ 渡輪　　　douh.lèuhn // dou⁶loen⁴　　離島を結ぶフェリー(「渡海小輪」の略)

コミュニケーション次の一歩

「慢慢行」と同じ意味で「好聲行！」hóu.sèng hàahng // hou²seng¹ haang⁴ という表現もありますが、老年層が多用しています。近い文意の表現に「早啲返嚟吖。」(早めに帰ってきなさいよ) がありますが、こちらは父母、特に母親が子供に対して用いる表現です。

　早啲 返嚟 吖。 ── 我 知 呀。
　Jóu.dì fàan.làih à. ── Ngóh jì a. // Dzou²di¹ faan¹lai⁴ a¹. ── Ngo⁵ dzi¹ a³.
　早く帰ってきなさいよ。──分かってるって。

第8課　プレゼントをあげる、もらう

言えると楽しい！

■ 生日快樂　　sàang.yaht faai.lohk // saang¹jat⁹ faai³lok⁹

誕生日を迎えた人に対して言う「おめでとうございます」がこれです。
他の場面でのお祝いの言葉としては、次のものがあります。

- 「新婚快樂」sàn.fàn faai.lohk // san¹fan¹ faai³lok⁹：ご結婚おめでとう。
- 「恭喜，恭喜」gùng.héi, gùng.héi // gung¹hei², gung¹hei²：（結婚、出産をはじめ広く使う）おめでとう。

■ 唔好噉講　　m̀h.hóu gám góng // m⁴hou² gam² gong²

従来の広東語教材ではあまり見かけない表現ですが、香港社会では頻繁に用いられます。相手から謝辞や賛辞を述べられたときに、謙遜して言う「どういたしまして」「そんなことございません」がこれです。「噉」は動詞の直前に置かれ、副詞的に「そのように」という意味を表すので、直訳すると「そのように言わないでください」となります。

本課では同じく制止を表す「唔好」を使った表現として「唔好咁客氣啦。」が出てきますが、その原型である「唔好客氣。」m̀h.hóu haak.hei // m⁴hou² haak⁸hei³（遠慮しないで）も多用されます。

> 唔好 客氣。隨便 食 啦！
> M̀h.hóu haak.hei. Chèuih.bín* sihk là! //
> M⁴hou² haak⁸hei³. Tsoey⁴bin²* sik⁹ la¹!
> （食事に招く・ご馳走する側が言う）遠慮なさらずに、自由に召し上がってください。

■ 係應該嘅　　haih yìng.gòi ge // hai⁶ jing¹goi¹ ge³

謝辞を述べられたときに、謙遜して言う「当然のことです」がこれです。

> 我 請 你 食 飯 啦。　　——嘩，好 多謝 你 呀。——
> Ngóh chéng néih sihk faahn là. —— Wa, hóu dò.jeh néih a. ——
> Ngo⁵ tseng² nei⁵ sik⁹ faan⁶ la¹. —— Wa³, hou² do¹dze⁶ nei⁵ a³. ——
> 食事をご馳走しましょう。　　——わぁ、どうもありがとうございます。——
> 唔使 客氣。係 應該 嘅。
> M̀h.sái haak.hei. Haih yìng.gòi ge. //
> M⁴sai² haak⁸hei³. Hai⁶ jing¹goi¹ ge³.
> どういたしまして。（返礼をすべき理由があって）当然のことです。

103

> 香港の友達が鈴木さんの誕生日を祝ってくれました。

方太: 生日 快樂！　　我 有 禮物 送 俾 你 呀。
Sàang.yaht faai.lohk!　Ngóh yáuh láih.maht sung béi néih a. //
Saang¹jat⁹ faai³lok⁹!　Ngo⁵ jau⁵ lai⁵.mat⁹ sung³ bei² nei⁵ a³.

鈴木: 多謝！　多謝！
Dò.jeh!　Dò.jeh! //
Do¹dze⁶!　Do¹dze⁶!

麥生: 我 都 有 禮物 俾 你。
Ngóh dòu yáuh láih.maht béi néih. //
Ngo⁵ dou¹ jau⁵ lai⁵mat⁹ bei² nei⁵.

湯太: 我 都 有 㗎。
Ngóh dòu yáuh ga. //
Ngo⁵ dou¹ jau⁵ ga³.

鈴木: 嘩，你哋 送 咁 多 禮物 俾 我，好 感動 呀。
Wa , néih.deih sung gam dò láih.maht béi ngóh, hóu gám.duhng a. //
Wa³, nei⁵dei⁶ sung³ gam³ do¹ lai⁵mat⁹ bei² ngo⁵, hou² gam²dung⁶ a³.

麥生: 唔好 噉 講！　你 上次 俾過 手信 我哋，係 應該 嘅。
M̀h.hóu gám góng! Néih seuhng.chi béi.gwo sáu.seun ngóh.deih, haih yìng.gòi ge. //
M⁴hou² gam² gong²! Nei⁵ soeng⁶tsi³ bei²gwo³ sau²soen¹ ngo⁵dei⁶, hai⁶ jing¹goi¹ ge³.

鈴木: 點算 好 呀？　我 未 試過 咁 開心 呀。
Dím.syun hóu a?　Ngóh meih si.gwo gam hòi.sàm a. //
Dim²syn³ hou² a³?　Ngo⁵ mei⁶ si³gwo³ gam³ hoi¹sam¹ a³.

麥生: 唔好 咁 客氣 啦。
M̀h.hóu gam haak.hei là.
M⁴hou² gam³ haak⁸hei³ la¹.

你 收 禮物，大家 都 好 開心 嘅。
Néih sàu láih.maht, daaih.gà dòu hóu hòi.sàm ge. //
Nei⁵ sau¹ lai⁵mat⁹, daai⁶ga¹ dou¹ hou² hoi¹sam¹ ge³.

方夫人：お誕生日おめでとう！あなたに差し上げるプレゼントがありますよ。
鈴木：ありがとうございます！
麦さん：私もあなたにあげるプレゼントがあります。
湯夫人：私もあるんですよ。
鈴木：え〜、こんなにたくさんのプレゼントをもらえるなんて、感動的です。
麦さん：どういたしまして！あなたは前回私たちにお土産をくれたので、（今回プレゼントを差し上げるのは）当然なんです。
鈴木：どうしたらよいのでしょう？今までに経験したことがないほど嬉しいのですが。（こんなにも嬉しいことを経験したことがない）
麦さん：そんなに仰々しくしないでください。プレゼントを受け取ってくだされば、みな嬉しいので。

新出語彙

- □ 生日快樂　sàang.yaht faai.lohk // saang¹jat⁹ faai³lok⁹　誕生日おめでとう
- □ 禮物　láih.maht // lai⁵mat⁹　[名] 贈り物
- □ 送　sung // sung³　[動] プレゼントする
- □ 俾　béi // bei²　1. [動] あげる。与える。くれる、2. 事物のやりとりを表す文で用いられる
- □ 多謝　dò.jeh // do¹dze⁶　ありがとうございます（金銭や物品を受け取った際、賞賛を受けた際、恩義が生じた際に用いる）
- □ 㗎　ga // ga³　[語気] 文末に付され、情報を断定的に説明する語気を表す
- □ 嘩　wa // wa³　[感] え〜。わ〜（驚いたときに用いる）
- □ 咁　gam // gam³　[代]（形容詞の直前に置かれ）こんなに。そんなに。あんなに
- □ 多　dò // do¹　[形] 多い
- □ 好　hóu // hou²　[副] とても（日本語に訳す必要はない）
- □ 感動　gám.duhng // gam²dung⁶　[動] 感動する
- □ 唔好噉講　m̀h.hóu gám góng // m⁴hou² gam² gong²　どういたしまして
- □ 上次　seuhng.chi // soeng⁶tsi³　前回
- □ 過　gwo // gwo³　[相] 動詞の直後に付され、動作・行為を行ったことがあることを表す
- □ 手信　sáu.seun // sau²soen³　[名] 土産
- □ 係應該嘅　haih yìng.gòi ge // hai⁶ jing¹goi¹ ge³　当然（のこと）です
- □ 點算好呀　dím.syun hóu a // dim²syn³ hou² a³　どうしたらよいのだろう？
- □ 未　meih // mei⁶　[副] 経験を否定するのに用いる
- □ 試　si // si³　[動] 経験する
- □ 開心　hòi.sàm // hoi¹sam¹　[形] 嬉しい

□ 唔好	m̀h.hóu // m⁴hou²	[助動]	〜しないで（弱化した形式 móu // mou² で発音されることも多く、その場合は「冇」一文字で書かれることがある）
□ 客氣	haak.hei // haak⁸hei³	[形]	気を遣う。遠慮している。仰々しい
□ 收	sàu // sau¹	[動]	受け取る
□ 嘅	ge // ge³	[語気]	文末に付され、情報を断定的に説明する語気を表す

08-1 〜に…をあげる

「あげる」「与える」「くれる」を表す動詞「俾」は、先に物や情報を、後に行き先を置いて、「動詞＋直接目的語＋間接目的語」の語順をとります。動詞「俾」は、「畀」や当て字の「比」で書かれることもあります。

直接目的語や間接目的語は、文脈から明らかであれば省略することができます（→「上次你俾過我哋」）。

（主語）	（副詞）	動詞	（直接目的語）	（間接目的語）	
你	上次	俾 過	手信	我哋	。

① 我 俾 貼士 你 吖。　Ngóh béi tip.sí néih à. // Ngo⁵ bei² tip⁷si² nei⁵ a¹.
   あなたにチップをあげましょう。

② 俾 啲 時間 我，得唔得？
   Béi dì sìh.gaan ngoh, dak.m̀h.dak? // Bei² di¹ si⁴gaan³ ngo⁵, dak⁷m⁴dak⁷?
   私に時間をください。いいですか？

新出語彙

□ 貼士	tìp.sí // tip⁷si²	[名]	チップ
□ 啲	dì // di¹	[量]	数えるに適さないものに対して用いる
□ 時間	sìh.gaan // si⁴gaan³	[名]	時間（現在では sìh.gaan // si⁴gaan³ で発音する話者が多いが、正しい発音は sìh.gàan // si⁴gaan¹）

練習問題 作文

① みなさんに名刺をお渡しします。　（名刺→咭片 kàat.pín* // kaat⁷pin²*）
② すみません、小さなお碗を（1つ）ちょうだい。
   （小さなお碗→碗仔 wún.jái // wun²dzai²）、つ→隻 jek // dzek⁸）

08-2 〜に…を××する

「俾」以外の動詞を用いて事物のやりとりを表すには、「動詞＋直接目的語＋俾＋間接目的語」の語順をとります。完了を表す「咗」（→ 07-2）は、先行する動詞の直後に置きます（→①、②）。

直接目的語や間接目的語は、文脈から明らかであれば省略することができますが、間接目的語を省略する場合は、「俾」も省きます。

（主語）	動詞	（直接目的語）〜を	bei	間接目的語 〜に	
你哋	送	咁多禮物	俾	我	。
	送		俾	你	

① 我上個禮拜借咗一千蚊俾你。
　Ngóh seuhng go láih.baai je.jó yàt chìn màn béi néih. //
　Ngo⁵ soeng⁶ go³ lai⁵baai³ dze³dzo² jat⁷ tsin¹ man¹ bei² nei⁵.
　私は先週あなたに1000ドルを貸しています。

② 佢已經打咗電話俾張生。
　Kéuih yíh.gìng dá.jó dihn.wá* béi Jèung.sàang. //
　Koey⁵ ji⁵ging¹ da²dzo² din⁶wa²* bei² Dzoeng¹saang¹.
　彼女はすでに張さんに電話をかけています。

新出語彙

- 上個禮拜　seuhng go láih.baai // soeng⁶ go³ lai⁵baai³　先週
- 借　je // dze³　［動］貸す
- 一千　yàt chìn // jat⁷ tsin¹　1000
- 打　dá // da²　［動］（電話を）かける
- 電話　dihn.wá* // din⁶wa²*　［名］電話

練習問題　作文

① 私は先週あなたにお金を返しました。（返しています）
　（返す→還 wàahn // waan⁴）

② （レストランにて）すみません、点心の注文を書き込む用紙を取って私にください。（点心の注文を書き込む用紙→點心紙 dím.sàm.jí // dim²sam¹dzi²）

08-3 〜する…がある / ない、〜するための…を持っている/持っていない

「有＋名詞＋動詞（＋目的語）」の語順では、後続する動詞（句）が先行する名詞に対して情報を付加します。否定は「冇＋名詞＋動詞（＋目的語）」（→②）、諾否疑問は「有冇＋名詞＋動詞（＋目的語）」となります（→③）。

（主語）	（副詞など）	yau	名詞	動詞（句）	
我	都	有	禮物	俾 你	。

情報を付加

① 我 有 一件 事 想 問 你 呀。
　Ngóh yáuh yàt gihn sih séung mahn néih a. //
　Ngo⁵ jau⁵ jat⁷ gin⁶ si⁶ soeng² man⁶ nei⁵ a³.
　あなたにお聞きしたいことが１つあるのですが。

② 唔好意思，我 下晝 冇 時間 陪 你 shopping。
　M̀h.hóu.yi.si, ngóh hah.jau móuh sìh.gaan pùih néih sòp.pìhng. //
　M⁴hou²ji³si³, ngo⁵ ha⁶dzau³ mou⁵ si⁴gaan³ pui⁴ nei⁵ sop⁷ping⁴.
　すみません、私は午後あなたのお供をしてショッピングをする時間がありません。

③ 你 有冇 錢 買 八達通 呀？　　　── 冇 呀。
　Néih yáuh.móuh chín* máaih Baat.daaht.tùng a?　── Móuh a. //
　Nei⁵ jau⁵mou⁵ tsin²* maai⁵ Baat⁸daat⁹tung¹ a³?　── Mou⁵ a³.
　オクトパス・カードを買うお金を持っていますか？── 持っていませんけれども。

新出語彙

□ 件　　　　gihn // gin⁶　　　　［量］事柄に対して用いる（→ 01-3）
□ 事　　　　sih // si⁶　　　　　［名］事
□ 下晝　　　hah.jau // ha⁶dzau³　［名］午後
□ 陪　　　　pùih // pui⁴　　　　［動］〜のお供をする
□ shopping　sòp.pìhng // sop⁷ping⁴　［動］ショッピングをする

練習問題｜作文

① ここには空港へ行くバスがありますか？　（空港→機場 gèi.chèuhng // gei¹tsoeng⁴）

② フィオナには朝食をとる時間がない。　（フィオナ→ Fiona Fi.òn.nàh // Fi³on¹na⁴、朝食→早餐 jóu.chàan // dzou²tsaan¹）

08-4 〜しないでください

「〜しないで」と制止するには、動詞の前に「唔好」を置きます。文のタイプとしては命令文に属しますので、主語に置くことができるのは、普通は二人称代名詞です（→①）。文末には語気助詞「啦」là // la¹ や「呀」a // a³ を付すことができます。単に「やめて」と言う場合は、動詞句を省略し、「唔好啦」「唔好呀」などと言います（→②）。

（主語）	m.hou	動詞（句）	（語気助詞）	
	唔好	咁 客氣	啦	。

① 你 唔好 收 綫 啦。
Néih m̀h.hóu sàu sin là. //
Nei⁵ m⁴hou² sau¹ sin³ la¹.
電話を切らないでくださいね。

② 我 要 投訴 嗰個 人。　　　——唔好 呀！
Ngóh yiu tàuh.sou gó.go yàhn.　——M̀h.hóu a! //
Ngo⁵ jiu³ tau⁴sou³ go²go³ jan⁴.　——M⁴hou² a³!
あの人にクレームをつけてやりたい。　——よしなさいよ！

新出語彙

- 收 // 綫　sàu sin // sau¹ sin³　　電話を切る
- 投訴　tàuh.sou // tau⁴sou³　　［動］（不平、不満を）訴える。クレームをつける
- 人　yàhn // jan⁴　　［名］人

練習問題 作文

① これは海賊版ですので、あなたは買わないでくださいね。
（海賊版→翻版 fàan.báan // faan¹baan²）

② 私たちは2時20分に出発します。みなさん遅刻しないでちょうだいね。
（出発する→出發 chèut.faat // tsoet⁷faat⁸、遅刻する→遲到 chìh.dou // tsi⁴dou³）

→ 264

08-5 〜したことがある

　動作・行為を行ったことがあるという「経験」は、動詞の直後に「過」を付して表します。

　否定は、さらに「未」を動詞の前に置きます（→②）。諾否疑問は、文末に「未」を置きます（→②）。

（主語）	（副詞など）	動詞＋gwo	（目的語）	
你	上次	俾過	手信 我哋	。

（主語）	mei	動詞＋gwo	（目的語）	
我	未	試過	咁 開心	。

① 我 搭過 天星小輪，未 搭過 噴射船。
　　Ngóh daap.gwo Tìn.sìng.síu.lèuhn, meih daap.gwo pan.seh.syùhn. //
　　Ngo⁵ daap⁸gwo³ Tin¹sing¹siu²loen⁴, mei⁶ daap⁸gwo³ pan³se⁶syn⁴.
　　私はスター・フェリーに乗ったことがあるが、ジェットフォイルに乗ったことがない。

② 你 去過 澳門 未 呀？　　　　—— 未 呀。未 去過。
　　Néih heui.gwo Ou.mún* meih a?　—— Meih a. Meih heui.gwo. //
　　Nei⁵ hoey³gwo³ Ou³mun²* mei⁶ a³?　—— Mei⁶ a³. Mei⁶ hoey³gwo³.
　　マカオに行ったことがありますか？　—— いいえ。行ったことがありません。

新出語彙

□ 天星小輪　Tìn.sìng.síu.lèuhn // Tin¹sing¹siu²loen⁴　［名］スター・フェリー
□ 噴射船　　pan.seh.syùhn // pan³se⁶syn⁴　［名］（香港と澳門などを結ぶ）ジェットフォイル

練習問題｜作文

① 私はマカオに住んだことがある。　（住む→住 jyuh // dzy⁶）
② 彼は香港でミニバスに乗ったことがない。
　　（ミニバス→ van 仔 wèn.jái // wen¹dzai²）

08-6 ～(な)のです

「～なのです」と情報を断定的に説明するには、文末に語気助詞「嘅」を付します。

「嘅」と「呀」a // a³ の合音による「㗎」ga // ga³ も同じ機能を持ちます。「㗎」には、肯定文・否定文で用いられるものと、疑問文で用いられるものとがあります。

さらに確認疑問では、「嘅」と「呀」àh // a⁴ の合音による「㗎」gàh // ga⁴ が用いられます。

命題 （断定的に説明される内容）	ge/ga	
我 都 有	㗎 （＝嘅＋呀）	。
大家 都 好 開心	嘅	。

① 呢部 電話 點樣 打 㗎？　　　——　噉樣 打 嘅。
　Nì bouh dihn.wá* dím.yéung* dá ga?　——　Gám.yéung* dá ge. //
　Ni¹ bou⁶ din⁶wa²* dim²joeng²* da² ga³?　——　Gam²joeng²* da² ge³.
　この電話はどうやってかけるのですか？　——　こうやってかけるのです。

② 請問，你 有冇 飛 㗎？　　　　　　——　有 呀。
　Chíng.mahn, néih yáuh.móuh fèi ga?　——　Yáuh a. //
　Tsing⁵man⁶, nei⁵ jau⁵mou⁵ fei¹ ga³?　——　Jau⁵ a³.
　お尋ねしますが、切符・チケットはお持ちなのですか？　——　持っていますよ。

新出語彙

□ 噉樣　gám.yéung* // gam²joeng²*　［代］このように。そのように。あのように

練習問題 作文

① 彼女はアメリカに留学したことがあるのです。　——　アメリカに留学したことがあるんだ？（アメリカに行って勉強する）

　（アメリカ→美國 Méih.gwok // Mei⁵gwok⁸、勉強する→讀 // 書 duhk syù // duk⁹sy¹）

② どうやって広東語を勉強するわけ？　——　独学するのですよ。

　（広東語→廣東話 Gwóng.dùng.wá* // Gwong²dung¹wa²*、独学する→自修 jih.sàu // dzi⁶sau¹）

聞き取りにチャレンジ

発音された語に○を付けましょう。

① 你 有冇 時間 去 [　　　] 呀？── 冇 呀。

| 銀行　珠寶行　電器舖　藥房　旅行社 |

② 你 去過 [　　　] 未 呀？── 未 呀。未 去過。

| 廣州　上海　北京　台灣　新加坡 |

補充語彙

【商店】
- □ 銀行　　　ngàhn.hòhng // ngan⁴hong⁴　　　銀行
- □ 珠寶行　　jyù.bóu.hóng* // dzy¹bou²hong²*　宝石商
- □ 電器舖　　dihn.hei.póu* // din⁶hei³pou²*　　電器店。家電量販店
- □ 藥房　　　yeuhk.fòhng // joek⁹fong⁴　　　　薬局
- □ 旅行社　　léuih.hàhng.séh // loey⁵hang⁴se⁵　旅行代理店

【中国と海外の地名】
- □ 廣州　　　Gwóng.jàu // Gwong²dzau¹　　　広州
- □ 上海　　　Seuhng.hói // Soeng⁶hoi²　　　　上海
- □ 北京　　　Bàk.gìng // Bak⁷ging¹　　　　　　北京
- □ 台灣　　　Tòih.wàan // Toi⁴waan¹　　　　　台湾
- □ 新加坡　　Sàn.ga.bò // San¹ga³bo¹　　　　　シンガポール

コミュニケーション次の一歩 ── お祝いの言葉

- ●「聖誕快樂」sing.daan faai.lohk // sing³daan³ faai³lok⁹：メリークリスマス。クリスマスは「聖誕節」sing.daan. jit // sing³daan³dzit⁸ と言う。
- ●「恭喜發財」gùng.héi faat.chòih // gung¹hei² faat⁸tsoi⁴：(旧暦の正月に使う) 明けましておめでとう！旧暦の正月は「農曆新年」nùhng.lihk sàn.nìhn // nung⁴lik⁹ san¹nin⁴。
- ●1月1日には次のように言います。

　　新年 快樂！── 大家 噉 話 啦！
　　Sàn.nìhn faai.lohk! // San¹nin⁴ faai³lok⁹! ── Daaih.gà gám wah là! // Daai⁶ga¹ gam² wa⁶ la¹!
　　明けましておめでとう！── おめでとう！（皆そう言います）

第9課　ホテルのフロント係と話す

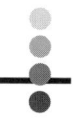

言えると楽しい！

■ 好唔好呀？　hóu.m̀h.hóu a // hou²m⁴hou² a³

第1課で学習した「得唔得（呀）？」と似ていますが、微妙な違いが存在します。「得唔得（呀）？」が許諾を問うのに対して、「好唔好（呀）？」は賛同を問うのに用いられます。そのため、前者では許諾の決定権が相手にあるのに対して、後者では概して決定権は相手にはなく、「こちらの考えに賛同するか否か」意見を聞いているに過ぎません。例えば、クレジットカードでの決済が可能か店員に尋ねる場合は、「碌咭，得唔得？」（クレジットカード払いでいけますか？）と言いますが、同行者に意見を聞く場合は「碌咭，好唔好（呀）？」（クレジットカード払いにしてもいい？）と言うのが普通です。

　　我哋 搭 的士，好唔好 呀？── 你 鍾意 啦。
　　Ngóh.deih daap dīk.sí, hóu.m̀h.hóu a? ── Néih jùng.yi là. //
　　Ngo⁵dei⁶ daap⁸ dik⁷si², hou²m⁴hou² a³? ── Nei⁵ dzung¹ji³ la¹.
　　僕たちタクシーに乗りましょうか？── あなたの好きなようにしたら。

■ 請小心扒手　chíng síu.sàm pàh.sáu // tsing² siu²sam¹ pa⁴sau²

ホテルマンが外出客を気遣う表現の一つです。そのほか、次のような見送り方をすることも多いです。

　　玩（得）開心 啲。　　Wáan(.dàk) hòi.sàm.dì. // Waan²(dak⁷) hoi¹sam¹di¹.
　　楽しんできてください。

相手の気遣いに対しては「好呀。唔該晒。」m̀h.gòi.saai // m⁴goi¹saai³（分かりました。どうもありがとう）で答えるとよいでしょう。なお、鬱陶しい相手には「得喇。」dàk la // dak⁷la³（分かっていますよ）と言います。

■ ホテルに戻ったとき

ホテルに戻って、フロントで部屋の鍵を受け取る場合は、次のように言います。

　　唔該，（幫 我）攞 房匙 / 鎖匙 吖！
　　M̀h.gòi, (bòng ngóh) ló fóng*.sìh / só.sìh à! // M⁴goi¹, (bong¹ ngo⁵) lo² fong²*si⁴ / so²si⁴a¹!
　　すみません、（私に代わって）部屋の鍵 / 鍵を取ってください！

もしかするとホテルマンは次のように言ってくれるかもしれません。

　　你 返嚟 嗱？　　　　＊「嗱」新状況の出現に対する確認疑問→ 10-3
　　Néih fàan.làih làh? // Nei⁵ faan¹lai⁴ la⁴?　お帰りなさい。（お戻りですか？）

> 外出時に部屋の鍵をフロントに預けるタイプのホテルで

280 (normal)
281 (slow)

鈴木：我 要 出 街，唔該 你 keep 房匙 吖！
　　　Ngóh yiu chèut gàai, m̀h.gòi néih kìp fóng*.sìh à! //
　　　Ngo⁵ jiu³ tsoet⁷ gaai¹, m⁴goi¹ nei⁵ kip⁷ fong²*si⁴ a¹!

酒店職員：得。 不過 你 今日 要 check out。
　　　　Dàk.　Bàt.gwo néih gàm.yaht yiu chèk.àu. //
　　　　Dak⁷.　Bat⁷gwo³ nei⁵ gam¹jat⁹ jiu³ tsek⁷au¹.

　　　唔該 十二點 之前 返嚟，好唔好 呀？
　　　M̀h.gòi sahp.yih.dím jì.chìhn fàan.làih, hóu.m̀h.hóu a? //
　　　M⁴goi¹ sap⁹ji⁶dim² dzi¹tsin⁴ faan¹lai⁴, hou²m⁴hou² a³?

鈴木：好 呀。我 會 早啲 返嚟。 而家 幾點鐘 呀？
　　　Hóu a.　Ngóh wúih jóu.dì fàan.làih.　Yìh.gà géi.dím jùng a? //
　　　Hou² a³.　Ngo⁵ wui⁵ dzou²di¹ faan¹lai⁴.　Ji⁴ga¹ gei²dim² dzung¹ a³?

酒店職員：而家 啱啱 十點半，仲 有 個半鐘。
　　　　Yìh.gà àam.àam sahp.dím bun, juhng yáuh go bun jùng. //
　　　　Ji⁴ga¹ aam¹aam¹ sap⁹dim² bun³, dzung⁶ jau⁵ go³ bun³ dzung¹.

　　　去 邊度 玩 呀？
　　　Heui bin.douh wáan a? //
　　　Hoey³ bin¹dou⁶ waan² a³?

鈴木：去 油麻地。　 行咗 廟街 之後，
　　　Heui Yàuh.màh.déi*.　Hàahng.jó Miuh.gàai jì.hauh,
　　　Hoey³ Jau⁴ma⁴dei²*.　Haang⁴.dzo² Miu⁶gaai¹ dzi¹hau⁶,

　　　順路 行去 尖沙咀 睇吓 啲 舖頭。
　　　seuhn.louh hàahng.heui Jìm.sà.jéui tái.háh dì pou.táu*. //
　　　soen⁶.lou⁶ haang⁴hoey³ Dzim¹sa¹dzoey² tai².ha⁵ di¹ pou³tau²*.

酒店職員：行街 嘅 時候，請 小心 扒手。
　　　　Hàahng gàai ge sìh.hauh, chíng síu.sàm pàh.sáu. //
　　　　Haang⁴ gaai¹ ge³ si⁴hau⁶, tsing¹ siu²sam¹ pa⁴sau².

鈴木：好 呀。 唔該 晒！
　　　Hóu a.　M̀h.gòi.saai! //
　　　Hou² a³.　M⁴goi¹saai³!

鈴木：出かけたいので、すみませんが部屋の鍵を預かってください！
ホテルマン：いいですとも。ですがお客様は今日チェックアウトせねばならないので、すみませんが12時までに戻ってきていただくということでよろしいでしょうか？
鈴木：はい。早めに戻ってきます。今何時ですか？
ホテルマン：今ちょうど10時半ですので、あと1時間半ございます。どちらへ遊びに行かれるのですか？
鈴木：ヤウマーテイに行ってテンプル・ストリートを歩いた後、ついでにチムサーチョイまで歩いて（複数の）商店を覗いてみます。
ホテルマン：街を歩くときは、どうかスリにご注意ください。
鈴木：分かりました。どうもありがとう！

新出語彙

☐ keep	kip // kip^7	[動]	保管する
☐ 房匙	fóng*.sìh // fong^2*si^4	[名]	部屋の鍵
☐ 不過	bàt.gwo // bat^{7}gwo^3	[接]	ですが。だが
☐ check out	chèk.àu // tsek^{7}au^1	[動]	チェックアウトする
☐ 之前	jì.chìhn // dzi^{1}tsin^4	[位]	1．〜以前に、2．〜する前に
☐ 好唔好呀	hóu.m̀h.hóu a // hou^{2}m^{4}hou^2 a^3		よろしいですか？
☐ 會	wúih // wui^5	[助動]	〜だろう。可能性を表す
☐ 啱啱	àam.àam // aam^{1}aam^1	[副]	ちょうど
☐ 仲	juhng // dzung^6	[副]	まだ。さらに
☐ 個半鐘	go bun jùng // go^3 bun^3 dzung^1		1時間半
☐ 行	hàahng // haang^4	[動]	歩く
☐ 廟街	Miuh.gàai // Miu^{6}gaai^1	[名]	テンプル・ストリート。（九龍の道路名。 Temple St.）
☐ 之後	jì.hauh // dzi^{1}hau^6	[位]	1．〜以後に、2．〜する/した後に
☐ 順路	seuhn.louh // soen^6.lou^6	[副]	道すがら。ついでに
☐ 行去	hàahng.heui // haang^{4}hoey^3		歩いて〜へ行く
☐ 吓	háh // ha^5	[相]	動作・行為を試行することを表す
☐ 啲	dì // di^1	[量]	複数を表す量詞
☐ 舖頭	pou.táu* // pou^{3}tau^2*	[名]	店
☐ 行//街	hàahng gàai // haang^4 gaai^1		街を歩く
☐ 嘅時候	ge sìh.hauh // ge^3 si^{4}hau^6		〜の時に
☐ 請	chíng // tsing^2		どうぞ。どうか。（chéng // tseng^2 で発音することもある）
☐ 小心	síu.sàm // siu^{2}sam^1	[動]	気をつける
☐ 扒手	pàh.sáu // pa^{4}sau^2	[名]	スリ
☐ 唔該晒	m̀h.gòi.saai // m^{4}goi^{1}saai^3		どうもありがとう（「唔該」の程度を深化させた表現）

09-1 ～だろう

可能性を表すには、助動詞「會」を動詞の前に置きます。
否定の「～ないだろう」は「唔會」を用います。また諾否疑問は「會」の肯定形と否定形を並べます（→②）。

(主語)	助動詞	(副詞)	動詞	(目的語)	
我	會	早啲	返嚟		。

① 阿 Jane 今晚 會 嚟 搵 你。
A.Jèn gàm.máahn wúih làih wán néih. // A³dzen¹ gam¹maan⁵ wui⁵ lai⁴ wan² nei⁵.
ジェーンが今夜あなたを訪ねてくるでしょう。

② 今日 會唔會 落 雨 呀？ ── 今日 唔 會 落 雨。
Gàm.yaht wúih.m̀h.wúih lohk yúh a? ── Gàm.yaht m̀h wúih lohk yúh. //
Gam¹jat⁹ wui⁵m⁴wui⁵ lok⁹ jy⁵ a³? ── Gam¹jat⁹ m⁴wui⁵ lok⁹ jy⁵.
今日は雨は降るでしょうか？ ── 今日は降らないでしょう。

新出語彙

□ 今晚　　gàm.máahn // gam¹maan⁵　[名] 今夜（gàm.màan* // gam¹maan¹* で発音する話者もいる）
□ 搵　　　wán // wan²　[動] 訪ねる
□ 落 // 雨　lohk yúh // lok⁹ jy⁵　雨が降る

練習問題 作文

① あなたは明日何時に来ますか？（来るでしょうか？）
② 彼は買うでしょうか？

→ 285

09-2 ～より前 / 後に

時間を表す副詞句「～より前 / 後に」は「之前」「之後」を用いて作ります。時間点を表す語の前に「喺」を置いて、「喺～之前 / 之後」で表しても構いません。

副詞句	動詞
十二點 之前	返嚟

① 佢 五點 之前 唔 喺 度。
Kéuih ńgh.dím jì.chìhn m̀h hái douh. // Koey⁵ ng⁵dim² dzi¹tsin⁴ m⁴ hai² dou⁶.
彼は5時以前は不在です。

② 二月二號 之後 我哋 唔 會 接受 退 飛。
Yih.yuht yih.houh jì.hauh ngóh.deih m̀h wúih jip.sauh teui fèi. //
Ji⁶jyt⁹ ji⁶hou⁶ dzi¹hau⁶ ngo⁵dei⁶ m⁴ wui⁵ dzip⁸sau⁶ toey³ fei¹.
2月2日以降は私どもはチケットの返却には応じないでしょう。

新出語彙

- 二月　　yih.yuht // ji⁶jyt⁹　　［名］2月
- 二號　　yih.houh // ji⁶hou⁶　　［名］2日
- 接受　　jip.sauh // dzip⁸sau⁶　　［動］受け付ける
- 退 // 飛　teui fèi // toey³ fei¹　　チケットを返却する

「之前」「之後」は、動作や出来事の前後関係を表す副詞節を作ることもできます。

副詞節	主節	
行咗 廟街 之後，	行去 尖沙咀 睇吓 啲 舖頭	。

③ 我哋 去 機場 之前，要 買 手信。
Ngóh.deih heui gèi.chèuhng jì.chìhn yiu máaih sáu.seun. //
Ngo⁵.dei⁶ hoey³ gei¹tsoeng⁴ dzi¹tsin⁴ jiu³ maai⁵ sau²soen³.
私たちは空港へ行く前に、お土産を買わないといけない。

──────────────── 練習問題 ｜ 作文 ────

① 今夜までは雨が降ることはないでしょう。(今夜以前は)
② 地下鉄に乗る前に、オクトパス・カードを買わないといけない。
③ ホテルに戻った後で、シャワーを浴びます。

09-3 〜する時に

時間を表す副詞節「〜する時に」は「嘅時候」を用いて作ります。「嗰陣」や「嗰陣時」「嗰時」を用いても同じ意味を表すことができます。

副詞節	主節
行街 嘅 時候，	請 你 小心 扒手 。

① 我 返 工 嘅 時候，搭 van 仔。
　Ngóh fàan gùng ge sìh.hauh, daap wèn.jái. // Ngo⁵ faan¹ gung¹ ge³ si⁴hau⁶, daap⁸ wen¹dzai².
　私は出勤する時に、ミニバスに乗っている。

② 去 香港 嗰陣時，要 帶 港幣。
　Heui Hèung.góng gó.jahn.sìh, yiu daai Góng.baih. //
　Hoey³ Hoeng¹gong² go²dzan⁶si⁴, jiu³ daai³ Gong²bai⁶.
　香港に行く時には、香港ドルを持っておかないといけない。

新出語彙

- □ 嗰陣時　　gó.jahn.sìh // go²dzan⁶si⁴　　〜する時に
- □ 帶　　　　daai // daai³　　　　　　　　［動］携帯する
- □ 港幣　　　Góng.baih // Gong²bai⁶　　　［名］香港ドル

練習問題｜作文

① 雨が降っている時は，滑りやすい路面に注意しないといけない。
　（路面が滑りやすい→地滑 deih.waaht // dei⁶waat⁹）
② チェックアウトする時に，部屋の鍵を返却します。

→ 293

09-4 5分間、1時間、1週間

時間の長さは次のように言います。分については、5分が単位となります。時間の長さのことを「時間量」と呼ぶことがありますが、「量」ですので「2」には「二」ではなく「兩」を用いることに注意して下さい（→ 01-2)。

日と年については量詞「個」が用いられていませんが、それぞれ「日」と「年」が量詞の役割を果たします。

🔊 294

5分間	一個字	yàt go jih // jat^7 go^3 dzi^6
10分間	兩個字	léuhng go jih // loeng^5 go^3 dzi^6（×二個字）
15分間	三個字	sàam go jih // saam^1 go^3 dzi^6
45分間	九個字	gáu go jih // gau^2 go^3 dzi^6

(「30分間」を意味する「六個字」はあまり使われません。「十個字」や「十一個字」も使用頻度は低いです。これらはそれぞれ「三十分鐘」、「五十分鐘」、「五十五分鐘」と言うのが普通です)

半時間	半個鐘(頭)	bun go jùng(.tàuh) // bun^3 go^3 dzung^1(.tau^4)
1時間	一個鐘(頭)	yàt go jùng(.tàuh) // jat^7 go^3 dzung^1(.tau^4)
1時間半	個半鐘(頭)	go bun jùng(.tàuh) // go^3 bun^3 dzung^1(.tau^4)（×一個半鐘頭）
2時間	兩個鐘(頭)	léuhng go jùng(.tàuh) // loeng^5 go^3 dzung^1(.tau^4)
		（×二個鐘頭）
2時間半	兩個半鐘(頭)	léuhng go bun jùng(.tàuh) // loeng^5 go^3 bun^3 dzung^1(.tau^4)

半日	半日	bun yaht // bun^3 jat^9
1日間	一日	yàt yaht // jat^7 jat^9
2日間	兩日	léuhng yaht // loeng^5 jat^9（×二日）

1週間	一個禮拜	yàt go láih.baai // jat^7 go^3 lai^{5}baai^3
2週間	兩個禮拜	léuhng go láih.baai // loeng^5 go^3 lai^{5}baai^3（×二個禮拜）

1ヶ月間	一個月	yàt go yuht // jat^7 go^3 jyt^9
2ヶ月間	兩個月	léuhng go yuht // loeng^5 go^3 jyt^9（×二個月）

1年間	一年	yàt nìhn // jat^7 nin^4
2年間	兩年	léuhng nìhn // loeng^5 nin^4（×二年）

時間があることは、動詞に「有」、目的語に時間量を置いて表します（→①）。
時間を要することは、動詞に「要」、目的語に時間量を置いて表します（→②）。

🔊 295

① 我 六點鐘 要 走。　　　而家 五點半，所以 仲 有 半個鐘。
　Ngóh luhk.dím jùng yiu jáu.　　Yìh.gà ńgh.dím bun, só.yíh juhng yáuh bun go jùng. //
　Ngo^5 luk^{9}dim^2 dzung^1 jiu^3 dzau^2.　Ji^{4}ga^1 ng^{5}dim^2 bun^3, so^{2}ji^5 dzung^6 jau^5 bun^3 go^3 dzung^1.
　私は6時に失礼せねばなりません。今5時半ですから、まだ半時間あります。

② 去 油麻地 要 九個字。

Heui Yàuh.màh.déi* yiu gáu go jih. // Hoey³ Jau⁴ma⁴dei²* jiu³ gau² go³ dzi⁶.

ヤウマーテイに行くには45分かかります。

新出語彙

- □ 走　　jáu // dzau²　　　　　　　　　　　［動］（その場を）去る。離れる。帰る
- □ 油麻地　Yàuh.màh.déi* // Jau⁴ma⁴dei²*　ヤウマーテイ(九龍の地名。Yau Ma Tei)
- □ 要　　yiu // jiu³　　　　　　　　　　　　［動］要する

09-5 ちょっと～してみる

動作・行為を軽く試行することを表すには、動詞の直後に「吓」を付します。軽く試行するため、動作・行為は概して短時間で行われます。

（主語）	動詞＋ha	（目的語）	
	睇吓	啲 舖頭	。

① 我 問吓 佢。

Ngóh mahn.háh kéuih. //

Ngo⁵ man⁶ha⁵ koey⁵.

私はちょっと彼に尋ねてみる。

② 唔該 你 幫吓 我 啦。

M̀h.gòi néih bòng.háh ngóh là. //

M⁴goi¹ nei⁵ bong¹ha⁵ ngo⁵ la¹.

すみませんが、ちょっと手伝ってください。

新出語彙

- □ 幫　bòng // bong¹　［動］手伝う

練習問題　作文

① 私はこの歌をちょっと聴いてみたい。

　（歌に対する量詞→首 sáu // sau²、歌→歌 gò // go¹）

② 私たちはショッピング・モールをちょっとぶらついてみます（歩いてみる）。

→ 300

09-6 どうぞ〜

相手に対して「どうぞ〜してください」と要求する改まった表現は、文頭に「請你」や「請你哋」を置いて表します。「你」や「你哋」は省略することができます。文末には語気助詞「吖」「啦」を付すことができます。なお、後続の動詞（＋目的語）を言わず、「請！」とだけ言うこともありますが、その場合は単に「どうぞ」という意味になります。

「どうぞ」の「請」には chíng // tsing^2、chéng // tseng^2 という２つの発音がありますが、どちらを使っても構いません。

ching/cheng	（二人称代名詞）	動詞	（目的語）	（語気助詞）
請		小心	扒手	。

301 ① 請 你 過嚟 吖。 （cf. 唔該你過嚟吖。）
Chíng néih gwo.làih à. // Tsing^2 nei^5 gwo^{3}lai^4 a^1.
どうぞこちらへ来てちょうだい。（cf. すまないけどこちらへ来て。→第１課）

② 請 坐！ 請 坐！
Chéng chóh! Chéng chóh! // Tseng^2 tso^5! Tseng^2 tso^5!
どうぞおかけください。

302 **新出語彙**

□ 過嚟 gwo.làih // gwo^{3}lai^4 （こちらへ）来る

練習問題｜作文

303 ① どうぞご覧ください。（ちょっと見てみる）

② どうぞお入りください。（入ってくる→入嚟 yahp.làih // jap^{9}lai^4）

→ 304

305 **発音のポイント**

要　　　　　　　　　　　　會
(y // j) i u　　　≠　　　(w) u i
イーウ　　どちらも長複合母音　　ウーイ
　　　　主母音を引き延ばす

標　　　描　　　杯　　　梅
bìu // biu^1　mìuh // miu^4　bùi // bui^1　mùih // mui^4

主母音に力が入り伸びる

121

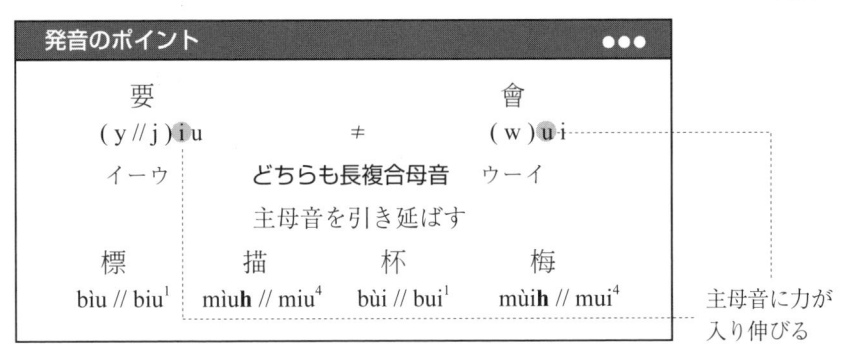

聞き取りにチャレンジ

発音された語に○を付けましょう。

① 唔該 十二點 之前 ☐ ，好唔好 呀？―― 好 呀。我 會 早啲 ☐ 。

> 出嚟　上去　落嚟　返去

② 行咗 ☐ a) 之後，順路 行去 ☐ b) 睇吓 啲 舖頭。

> a) 彌敦道　佐敦道　界限街　太子道
>
> b) 尖東　油麻地　深水埗　九龍城

補充語彙

【動詞：空間移動】
- ☐ 出嚟　chèut.làih // tsoet⁷lai⁴　　出てくる
- ☐ 上去　séuhng.heui // soeng⁵hoey³　上がっていく
- ☐ 落嚟　lohk.làih // lok⁹lai⁴　　下りてくる
- ☐ 返去　fàan.heui // faan¹hoey³　帰っていく。戻っていく

【香港の地名：九龍】
- ☐ 尖東　Jìm.dùng // Dzim¹dung¹　チムサーチョイ・イースト（Tsim Sha Tsui East）
- ☐ 深水埗　Sàm.séui.bóu* // Sam¹soey²bou²*　サムソイポー（Sham Shui Po）
- ☐ 九龍城　Gáu.lùhng.sìhng // Gau²lung⁴sing⁴　クーロン・シティ（Kowloon City）

【香港の道路名：九龍】
- ☐ 彌敦道　Nèih.dèun.douh // Nei⁴doen¹dou⁶　ネイザン・ロード（Nathan Rd.）
- ☐ 佐敦道　Jó.dèun.douh // Dzo²doen¹dou⁶　ジョーダン・ロード（Jordan Rd.）
- ☐ 界限街　Gaai.haahn.gàai // Gaai³haan⁶gaai¹　バウンダリー・ストリート（Boundary St.）
- ☐ 太子道　Taai.jí.douh // Taai³dzi²dou⁶　プリンス・エドワード・ロード（Prince Edward Rd.）

第10課　相手に任せる

言えると楽しい！

■ 早晨　　jóu.sàhn // dzou²san⁴
310

どの広東語教材にも出てくるこの「おはようございます」は、本来「朝」を意味する語です。「こんばんは」を意味する表現はありません。

　　早晨 呀！ ── 早晨！/ 咁 早 嘅？
　　Jóu.sàhn a! ── Jóu.sàhn! / Gam jóu ge? //
　　Dzou²san⁴ a³! ── Dzou²san⁴! / Gam³ dzou²ge³?
　　おはよう！ ── おはようございます！/（驚いて）早いですね？

「起きていますか？」は「(你) 起咗身未呀？」と言いますが、「咗」を付さずに「(你) 起身未呀？」と言うと、催促するニュアンスが出ます。

　　你 起 身 未 呀？快啲 起 身 啦。
　　Néih héi sàn meih a? Faai.dì héi sàn là. // Nei⁵ hei² san¹ mei⁶ a³? Faai³di¹ hei² san¹ la¹.
　　まだ起きていないの？早く起きなさい。

■ 幾點鐘呀　　géi.dím jùng a // gei²dim² dzung¹ a³
311

時刻を尋ねるときの表現です。

■ 是但啦　　sih.daahn là // si⁶daan⁶ la¹
312

「是但」は（選択に関して）束縛がないという意味の「適当な」、「冇所謂」は（自分は）こだわらないという意味の「どうでもよい」です。類義の表現に「隨便啦。」chèuih.bín* là // tsoey⁴bin²* la¹ がありますが、相手・第三者の意向に任せるという意味の「ご自由に」です。

■ 好啦　　hóu là // hou² la¹
313

相手の言った内容に対して、反対しないという意味での「分かりました」です。相手の言い分に対して決して満足しているわけではない場合に用いられます。とりあえず同意するという意味の「好吖。」hóu à // hou² a¹ も同じです。

これに対して、積極的に同意する場合には「好呃！」hóu a(a)k // hou² a(a)k⁸ を用います。

　　我哋 叫 外賣 吖。　　　　── 好 呃！
　　Ngóh.deih giu ngoih.maaih à. ── Hóu a(a)k! //
　　Ngo⁵dei⁶ giu³ ngoi⁶maai⁶ a³. ── Hou² a(a)k⁸!
　　私たち宅配で食事を頼みましょうよ。── よし（そうしよう）！

朝、ジェーンの家にて

314 (normal)
315 (slow)

鈴木：早晨！　起咗 身 未 呀？
　　　Jóu.sàhn!　Héi.jó sàn meih a? //
　　　Dzou²san⁴!　Hei²dzo² san¹ mei⁶ a³?

Sam：未 呀。幾點鐘 呀，而家？
　　　Meih a.　Géi.dím jùng a, yìh.gà? //
　　　Mei⁶ a³.　Gei²dim² dzung¹ a³, ji⁴ga¹?

鈴木：已經 九點 半 喇。我哋 食 早餐 吖！食 乜嘢 呀？
　　　Yíh.gìng gáu.dím bun la.　Ngóh.deih sihk jóu.chàan à! Sihk màt.yéh a? //
　　　Ji⁵ging¹ gau²dim² bun³ la³.　Ngo⁵dei⁶ sik⁹ dzou²tsaan¹ a¹! Sik⁹ mat⁷je⁵ a³?

Sam：食 飯 嘩？是但 啦。 你 揸 主意 啦。
　　　Sihk faahn làh? Sih.daahn là.　Néih jà jyú.yi là. //
　　　Sik⁹ faan⁶ la⁴? Si⁶daan⁶ la¹.　Nei⁵ dza¹ dzy²ji³ la¹.

鈴木：我哋 落 街 食 定係 叫 外賣 呀？
　　　Ngóh.deih lohk gàai sihk dihng.haih giu ngoih.maaih a? //
　　　Ngo⁵dei⁶ lok⁹ gaai¹ sik⁹ ding⁶hai⁶ giu³ ngoi⁶maai⁶ a³?

Sam：冇所謂 呀。
　　　Móuh.só.waih a. //
　　　Mou⁵so²wai⁶ a³.

鈴木：你 究竟 食 定 唔食 呀？
　　　Néih gau.gíng sihk dihng m̀h sihk a? //
　　　Nei⁵ gau³ging² sik⁹ ding⁶ m⁴ sik⁹ a³?

Sam：我 而家 好 眼瞓，都係 晏啲 食 啦。
　　　Ngóh yìh.gà hóu ngáahn.fan, dòu.haih aan.dì sihk là. //
　　　Ngo⁵ ji⁴ga¹ hou² ngaan⁵fan³, dou¹hai⁶ aan³di¹ sik⁹ la¹.

鈴木：你 而家 仲 好 眼瞓 呀？
　　　Néih yìh.gà juhng hóu ngáahn.fan àh? //
　　　Nei⁵ ji⁴ga¹ dzung⁶ hou² ngaan⁵fan³ a⁴?

　　　好 啦。我哋 陣間 食 啦。
　　　Hóu là.　Ngóh.deih jahn.gàan sihk là. //
　　　Hou² la¹.　Ngo⁵dei⁶ dzan⁶gaan¹ sik⁹ la¹.

鈴木：おはよう！起きていますか？
サム：まだです。何時ですか、今？
鈴木：もう9時半になっています。
　　　朝食を食べましょうよ！何を食べますか？
サム：食事の時間なんだ？適当にどうぞ。あなたが決めてください。
鈴木：外に出て食べる、それとも宅配サービスを頼みます？
サム：僕はどっちでもいいです。
鈴木：あなた結局食べるの、それとも食べないの？
サム：今眠いから、やはり後で食べます。
鈴木：今まだ眠いんだ？いいわ。しばらくして食べましょうか。

新出語彙

□ 早晨	jóu.sàhn // dzou^{2}san^4	おはよう（ございます）
□ 起咗身未呀	héi.jó sàn meih a // hei^{2}dzo^2 san^1 mei^6 a^3	起きていますか？起きましたか？（「起//身」は離合詞で「起床する」。「咗」は完了を表す助詞。「未」は文末に置かれ、完了の諾否疑問を作る）
□ 未呀	meih a // mei^6 a^3	まだです（完了の諾否疑問に対する否定の答え）
□ 喇	la // la^3	［語気］〜になった。〜になっている（状況の変化を認識する語気を表す）
□ 嘑	làh // la^4	［語気］状況の変化についての確認疑問で用いられる
□ 是但啦	sih.daahn là // si^{6}daan^6 la^1	適当にしてください
□ 揸//主意	jà jyú.yi // dza^1 dzy^{2}ji^3	考えを決める
□ 落//街	lohk gàai // lok^9 gaai^1	外出する。街に出る
□ 定係	dihng.haih // ding^{6}hai^6	［接］〜しますか、それとも…しますか
□ 叫//外賣	giu ngoih.maaih // giu^3 ngoi^{6}maai^6	飲食の宅配サービスを頼む
□ 究竟	gau.gíng // gau^{3}ging^2	［副］結局。つまるところ
□ 定	dihng // ding^6	［接］〜しますか、それとも…しますか（「定係」に同じ）
□ 好	hóu // hou^2	［副］とても（日本語に訳す必要はない）
□ 眼瞓	ngáahn.fan // ngaan^{5}fan^3	［形］眠たい
□ 都係	dòu.haih // dou^{1}hai^6	［副］やはり
□ 仲	juhng // dzung^6	［副］まだ
□ 好啦	hóu là // hou^2 la^1	いいでしょう
□ 陣間	jahn.gàan // dzan^{6}gaan^1	［副］しばらくして

10-1 〜してしまっている（諾否疑問文とそれに対する答え）

07-2 で学習した「完了」（動作・行為が実現していること）を問う諾否疑問は、文末に「未」を置いて表します。

それに対する答えは、肯定であれば「動詞＋咗（＋目的語）（＋喇）」で表しますが、動作・行為の実現は状況に変化を生じさせるものでもあるため、文末に状況の変化を認識する語気を表す語気助詞「喇」を付すことがあります（→ 10-2）。

一方で、否定（〜していない）であれば「未＋動詞（＋目的語）」か、簡単に「未（＋呀）」で表しますが、動作・行為が実現していないことは状況に変化を生じさせないので、「喇」を付すことはありません。否定に「まだ」という語感を加える場合は、副詞「仲」を「未」の前に置きます。

なお、07-2 で述べたように、この形式は動作・行為が終了していることを尋ねるものではありません。

（主語）	動詞＋jo	（目的語）	mei	（語気助詞）	
	起咗	身	未	呀	?

① 你哋 執咗 行李 未 呀？　——　我 執咗 喇。但係 佢 仲 未 執。
　Néih.deih jàp.jó hàhng.léih meih a?　——　Ngóh jàp.jó la. Daahn.haih kéuih juhng meih jàp. //
　Nei⁵dei⁶ dzap⁷dzo² hang⁴lei⁵ mei⁶ a³?　——　Ngo⁵ dzap⁷dzo² la³. Daan⁶hai⁶ koey⁵ dzung⁶ mei⁶ dzap⁷.
　あなた方は荷物をまとめましたか？　——　私はまとめました。しかし彼女はまだとめていません。

② 你 出咗 手提電話 未 呀？　——　未（出）呀。
　Néih chèut.jó sáu.tàih.dihn.wá* meih a?　——　Meih (chèut) a. //
　Nei⁵ tsoet⁷dzo² sau²tai⁴din⁶wa²* mei⁶ a³?　——　Mei⁶ (tsoet⁷) a³.
　あなたは携帯電話を買いましたか？　——　まだですが。

新出語彙

- 執　　　　　jàp // dzap⁷　　　　　　　　　　　　　　［動］整理する。片付ける
- 但係　　　　daahn.haih // daan⁶hai⁶　　　　　　　　［接］しかし
- 仲　　　　　juhng // dzung⁶　　　　　　　　　　　　［副］まだ（〜していない）
- 出 // 電話　 chèut dihn.wá // tsoet⁷ din⁶wa²*　　　（携帯）電話を購入する
- 手提電話　　sáu.tàih.dihn.wá* // sau²tai⁴din⁶wa²*　［名］携帯電話

① （ホテルの）部屋代を払いましたか？── 私は払いました。しかし彼はまだ払っていません。 （部屋代→房費 fóng*.fai // fong²*fai³）

② リムジンバスはもう出てしまいましたか？── まだです。 （リムジンバス→穿梭巴士 chyùn.sò.bà.sí // tsyn¹so¹ba¹si²、発車する→開 hòi // hoi¹）

10-2　〜になった

　新しい状況が出現した（もしくは状況に変化が生じた）ことを話者が認識している場合、固定した状況を述べるのとは異なる言い方で表現することができます。新しい状況を表す命題の文末に、語気助詞「喇」を付して表します。

固定した状況 A		固定した状況 B
「我十九歲。」 私は 19 歳だ。	→ A から B への変化 （＝状況 B の出現）	「我二十歲。」 私は 20 歳だ。

20 歳になった。なっている「我二十歲」＋「喇」

固定した状況 A		固定した状況 B
「我食晏晝飯。」 私は昼食を食べる。	→ A から B への変化 （＝状況 B の出現）	「我唔食晏晝飯。」 私は昼食を食べない。

昼食を食べないことにした。「我唔食晏晝飯」＋「喇」

① 我 去 香港 喇。
　Ngóh heui Hèung.góng la. // Ngo⁵ hoey³ Hoeng¹gong² la³.
　私は香港に行くことにしました。／行くことになりました。

② 佢 唔 做 功課 喇。
　Kéuih m̀h jouh gùng.fo la. // Koey⁵ m⁴ dzou⁶ gung¹fo³ la³.
　彼は宿題をしないことにしました。／宿題をするのをやめました。

③ 你 起咗 身 未 呀？── 起咗 身 喇。
　Néih héi.jó sàn meih a? ── Héi.jó sàn la. // Nei⁵ hei²dzo² san¹ mei⁶ a³? ── Hei²dzo² san¹ la³.
　起きていますか？── 起きました。 （「起きる」ことの実現→状況の変化→「喇」）

① キャシーは二十歳になりました。（歳→歲 seui // soey³）
② 僕たちは授業に出ないことにした。
③ 昼食を食べましたか？── 食べました。
　（「食べる」ことの実現＝状況の変化）

> **補足説明**
> 本課冒頭の会話の一文「已經九點半喇。」は動詞がありません。これは、名詞が述語を担う「名詞述語文」と呼ばれる文です。名詞述語文は「AはBである」という意味の肯定文と、疑問詞疑問文などでのみ使用されます。否定文や諾否疑問文では動詞を用いざるを得ないため、「名詞述語文」は使用されません。

10-3　〜になったんだ？

「新しい状況の出現」についての確認疑問は、新しい状況を表す命題の文末に語気助詞「嘑」làh // la⁴ を付して表します。「嘑」は新状況の出現を表す「喇」la // la³ と確認疑問の「呀」àh // a⁴ との合音により生じたと考えられています。「嘑」は表記が不統一で、「喇」や「嚹」と書かれることもありますが、本書では「嘑」で記します。

(主語)	動詞	(目的語)	la	
	食	飯	嘑	?

① 你 嚟 香港 玩 嘑？
　Néih làih Hèung.góng wáan làh? // Nei⁵ lai⁴ Hoeng¹gong² waan² la⁴?
　香港に旅行に来ることになったんだ？／来ることにしたんだ？
② 佢 唔 做 功課 嘑？
　Kéuih m̀h jouh gùng.fo làh? // Koey⁵ m⁴ dzou⁶ gung¹fo³ la⁴?
　彼は宿題をしないことにしたんだ？／宿題をするのをやめたんだ？

┈┈┈┈┈┈┈┈┈┈┈┈┈┈┈┈┈┈┈┈┈┈┈┈┈┈┈┈┈┈┈┈┈┈┈ 練習問題 作文 ●●●

① 私は深圳に行かないことにしました。── 深圳に行かないことにしたんだ？
 (深圳→深圳 Sàm.jan // Sam¹dzan³)

② もう12時半なんだ？── そうですよ。

10-4 〜しますか、それとも…しますか？

選択疑問は、2つの選択肢AとBの間に「定（係）」を置いて表します。動詞が「係」の場合は「定」のみを用います（→②）。疑問文ですから、文末には語気助詞「呀」を付すようにしましょう。

（主語）	選択肢A	ding(hai)	選択肢B	（語気助詞）	
我哋	落街 食	定係	叫 外賣	呀	？

① 你 搭 巴士 定係 搭 地鐵 呀？
 Néih daap bà.sí dihng.haih daap deih.tit a? //
 Nei⁵ daap⁸ ba¹si² ding⁶hai⁶ daap⁸ dei⁶tit⁸ a³?
 あなたはバスに乗りますか、それとも地下鉄に乗りますか？

② 佢 係 陳生 定 係 張生 呀？
 Kéuih haih Chàhn.sàang dihng haih Jèung.sàang a? //
 Koey⁵ hai⁶ Tsan⁴.saang¹ ding⁶ hai⁶ Dzoeng¹saang¹ a³?
 彼は陳さんですか、それとも張さんですか？

┈┈┈┈┈┈┈┈┈┈┈┈┈┈┈┈┈┈┈┈┈┈┈┈┈┈┈┈┈┈┈┈ 練習問題 作文 ●●●

① 明日はマカオに行きますか、それとも珠海に行きますか？
 (珠海→珠海 Jyù.hói // Dzy¹hoi²)

② 君は買うの、それとも買わないの？

10-5 〜は…だ [形容詞述語文]

　広東語では、形容詞は文法的な振る舞いが動詞によく似ていて、主語の後ろに形容詞を置くだけで、「〜は…だ」という形容詞述語文が出来上がります。二音節の形容詞が諾否疑問で第一音節のみを繰り返すのも、動詞と同じです（→②）。

　注意すべきことは、肯定文では形容詞の前に程度を表す副詞を置くことが普通である点です。特に程度を強調しないのであれば、日本語に訳す必要のない副詞「好」を置きます。（1）問いに対する答え（→②）、（2）他の事物との対比を意図する場合、は必ずしもこの限りではありません。

（主語）	（副詞）	副詞	形容詞	
我	而家	好	眼瞓	。

① 香港 好 熱，濕度 都 好 高。
Hèung.góng hóu yiht, sàp.douh dòu hóu gòu. //
Hoeng¹gong² hou² jit⁹, sap⁷dou⁶ dou¹ hou² gou¹.
香港は暑く、湿度も高い。　（「好」は訳出不要）

② 什扒飯 好唔好食 呀？　――好食 呀。你 試唔試吓 呀？
Jaahp.pá.faahn hóu.m̀h.hóu.sihk a?　――Hóu.sihk a. Néih si.m̀h.si.háh a? //
Dzaap⁹pa²faan⁶ hou²m⁴hou²sik⁹ a³?　――Hou²sik⁹ a³. Nei⁵ si³m⁴si³ha⁵ a³?
ミックスグリルって美味しいですか？　――美味しいよ。ちょっと試してみますか？

新出語彙

- 熱　　yiht // jit⁹　　　　　　　　[形] 暑い
- 濕度　sàp.douh // sap⁷dou⁶　　　　[名] 湿度
- 高　　gòu // gou¹　　　　　　　　[形] 高い
- 什扒飯　jaahp.pá*.faahn // dzaap⁹pa²*faan⁶　[名] ミックスグリル（この jaahp // dzaap⁹ は「雜」が正字）
- 好食　hóu.sihk // hou²sik⁹　　　　[形] 美味しい
- 試　　si // si³　　　　　　　　　　[動] 試す

練習問題 : 作文

① お腹は空いていますか？ —— 空いていますが。あなたは？
（お腹が空いている→肚餓 tóuh.ngoh // tou⁵ngo⁶）

② セントラルは遠いですか？ —— セントラルは遠くありません。近いです。
（遠い→遠 yúhn // jyn⁵、近い→近 káhn // kan⁵）

大衆食堂が外食宅配サービスに使っているバイク。「餸」（おかず）は「送」（届ける）と全く同音であり、「快餸」は「快送」の掛詞となっている。

聞き取りにチャレンジ

発音された語に○を付けましょう。

① 已經 [a)] 喇。我哋 [b)] 吖！

a) | 十二點 半 | 兩點 十 | 四點 七點 三 | 十一點 二 |

b) | 食 晏晝 | 飲 下午茶 | 食 tea | 食 晚飯 | 食 宵夜 |

② 我哋 [a)] 定係 [b)] 呀？

a) | 去 睇 戲 | 去 遊 車河 | 去 扒 艇 |

b) | 去 打 牌 | 去 打 波 | 去 踢 波 |

補充語彙

【日常生活】
- □ 晏晝　　　aan.jau // aan³dzau³　　　昼食
- □ 下午茶　　hah.ńgh.chàh // ha⁶ng⁵tsa⁴　　アフタヌーン・ティー
- □ 食 //tea　sihk tì // sik⁹ ti¹　　お茶をする（学生や OL が多用する表現）

【娯楽とスポーツ】
- □ 睇 // 戲　　tái hei // tai² hei³　　映画を見る
- □ 打 // 牌　　dá páai* // da² paai²*　　麻雀をする
- □ 遊 // 車河　yàuh chè.hó* // jau⁴ tse¹ho²*　ドライブをする
- □ 扒 // 艇　　pàh téhng // pa⁴ teng⁵　　ボートを漕ぐ
- □ 打 // 波　　dá bò // da² bo¹　　球技をする（サッカーを除く）
- □ 踢 // 波　　tek bò // tek⁸ bo¹　　サッカーをする

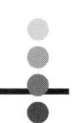

第11課　商品を見せてもらう

言えると楽しい！

337 ■ 歡迎光臨　　fùn.yìhng gwòng.làhm // fun¹jing⁴ gwong¹lam⁴

商店で客に対して用いる「いらっしゃいませ」です。特に衣料店では直後に「隨便睇（吓）！」（自由にご覧ください）を続け、客が店を去るときには「得閒再嚟睇過。」dàk.hàahn joi làih tái.gwo // dak⁷haan⁴ dzoi³ lai⁴ tai²gwo³（また気軽に見に来てね）や「下次再嚟睇啦。」hah.chi joi làih tái là // ha⁶tsi³ dzoi³ lai⁴ tai² la¹（また見にいらしてください）と言います。

*「過」動作・行為をやり直す→ 18-3

多謝，下次 再 嚟 啦。
Do.jeh, hah.chi joi làih là. //
Do¹dze⁶, ha⁶tsi³ dzoi³ lai⁴ la¹.
ありがとうございました。次回またいらしてください。

「歡迎光臨」に似た「歡迎蒞臨」fùn.yìhng leih.làhm // fun¹jing⁴ lei⁶lam⁴ というのがありますが、これはその土地への訪問客に対して用いる「ようこそ」です。書面語として用いられていますので、アナウンス以外で耳にすることはあまりないでしょう。

338 ■ 小姐　　síu.jé // siu²dze²

女性客に対する呼びかけ「お客様」として用いられる他に、面識のない女性一般に対する呼びかけ「あなた」「そこの方」としても用いられます。本来は未婚の女性に対して用いられたのですが、現在では未婚・既婚を問わず、中年層以下の女性に対して用いられます。中年層以上の女性に対しては「太太」taai.táai* // taai³taai²* が用いられます。

男性客に対する呼びかけは「先生」sìn.sàang // sin¹saang¹ が用いられます。面識のない男性一般に対して用いることもできます。次の表現も、店舗で多用されるものです。

先生，有冇 嘢 可以 幫倒 你 呀？
Sìn.sàang, yáuh.móuh yéh hó.yíh bòng.dóu néih a? //
Sin¹saang¹, jau⁵mou⁵ je⁵ ho²ji⁵ bong¹dou² nei⁵ a³?
お客様、何かお探しでしょうか？（あなたをお助けできることはございますか？）

カジュアル衣料店にて

職員：歡迎光臨。　　　　隨便　睇吓　吖！
　　　Fùn.yìhng.gwòng.làhm. Chèuih.bín* tái.háh à! //
　　　Fun¹jing⁴gwong¹lam⁴.　 Tsoey⁴bin²* tai²ha⁵ a¹!

鈴木：請問，呢啲　係唔係　新　㗎？
　　　Chíng mahn, nì dì haih.m̀h.haih sàn ga? //
　　　Tsing² man⁶, ni¹ di¹ hai⁶m⁴hai⁶ san¹ ga³?

職員：呢啲　唔　係　最　新　嘅。最　新　嘅　款式　喺　嗰邊。
　　　Nì dì m̀h haih jeui sàn ge.　　Jeui sàn ge fún.sìk hái gó.bìn. //
　　　Ni¹ di¹ m⁴ hai⁶ dzoey³ san¹ ge³.　Dzoey³ san¹ ge³ fun²sik⁷ hai² go²bin¹.

鈴木：紅色　嗰件　好　靚。　　俾　我　睇吓。
　　　Hùhng.sìk gó gihn hóu leng.　Béi ngóh tai.háh.
　　　Hung⁴sik⁷ go² gin⁶ hou² leng³. Bei² ngo⁵ tai²ha⁵.

　　　幾多錢　呀？
　　　Géi.dò chín* a? //
　　　Gei²do¹ tsin²* a³?

職員：一件　百二，買　兩件　就　二百。
　　　Yàt gihn baak yih, máaih léuhng gihn jauh yih.baak. //
　　　Jat⁷ gin⁶ baak⁸ ji⁶, maai⁵ loeng⁵ gin⁶ jau⁶ ji⁶baak⁸.

鈴木：咁　貴!?　有冇　平啲　㗎？
　　　Gam gwai!? Yáuh.móuh pèhng.dì ga? //
　　　Gam³ gwai³!? Jau⁵mou⁵ peng⁴di¹ ga³?

職員：小姐，呢啲　素色啲　嘅　就　平啲。一件　九十蚊，
　　　Síu.jé, nì dì sou.sìk.dì ge jauh pèhng.dì.　　Yàt gihn gáu.sahp màn, //
　　　Siu²dze², ni¹ di¹ sou³sik⁷di¹ ge³ dzau⁶ peng⁴di¹. Jat⁷ gin⁶ gau²sap⁹ man¹,

　　　而家　八折，即係　七十二蚊　一件。
　　　yìh.gà baat.jit, jìk.haih chàt.sahp.yih màn yàt gihn. //
　　　ji⁴ga¹ baat⁸dzit⁸, dzik⁷hai⁶ tsat⁷sap⁹ji⁶ man¹ jat⁷ gin⁶.

職員：いらっしゃいませ。ご自由にご覧ください。
鈴木：すみません、これらは新柄のものですか？
職員：これらは最新のものではございません。最新の柄はあちらにございます。
鈴木：(あの) 赤いのが綺麗だ。ちょっと私に見せて。いくらですか？
職員：1 着 120 ドル、2 着買うと 200 ドルです。
鈴木：そんなに高いの!? 安いのはありませんか？
職員：お客様、こちらの地味な色のですとお安くなります。1 着 90 ドルでして、今 2 割引いてありますので、つまり 1 着 72 ドルです。

新出語彙

□	歡迎光臨	fùn.yìhng gwòng.làhm // fun¹jing⁴ gwong¹lam⁴	いらっしゃいませ
□	呢啲	nì dì // ni¹ di¹	（複数を指して）この。これら。この「啲」は複数を表す量詞（→ 01-3）
□	新	sàn // san¹	[形] 新しい
□	嘅	ga // ga³	[構造] 〜のもの。〜なもの
□	最	jeui // dzoey³	[副] 最も
□	嘅	ge // ge³	[構造] 1. 〜の。〜な、2. 〜のもの。〜なもの
□	款式	fún.sìk // fun²sik⁷	[名] 柄
□	嗰邊	gó.bìn // go²bin¹	[代] あちら側
□	紅色	hùhng.sìk // hung⁴sik⁷	[名] 赤（名詞の直前に置かれると、「赤い」と形容詞的に機能する）
□	件	gihn // gin⁶	[量] 着。服に対して用いる（→ 01-3）
□	靚	leng // leng³	[形] 美しい。綺麗な
□	俾	béi // bei²	〜に（…させる）（許容を表す表現で動作主を導く）
□	百二	baak yih // baak⁸ ji⁶	120 ドル。「一百二十」の略
□	就	jauh // dzau⁶	[副] 〜は（というと）（→ 06-5）
□	咁	gam // gam³	[代] そのような。このような。あのような（形容詞の前に置かれ、様式や程度を表す語として副詞的に機能する）
□	貴	gwai // gwai³	[形] 値が高い
□	平	pèhng // peng⁴	[形] 値が安い
□	啲	dì // di¹	[量] （形容詞の直後に置かれ）より〜な
□	小姐	síu.jé // siu²dze²	[名] お客様（女性客に対する呼びかけ）
□	素色	sou.sìk // sou³sik⁷	[形] 色が地味な
□	八折	baat.jit // baat⁸dzit⁸	定価に対して 8 掛けの値（で売る）
□	即係	jik.haih // dzik⁷hai⁶	[副] つまり（弱化して jè.haih // dze¹hai⁶、さらには jè.ah // dze¹a⁶ と発音されることが多い）

11-1 〜の…、〜な…

形容詞が名詞を修飾する場合、修飾語である形容詞と被修飾語である名詞との間に「嘅」を置いて表すことがあります。

（副詞）	形容詞	ge 〜の / な	名詞
最	新	嘅	款式

① 呢張 係 最 平 嘅 飛。
Nì jèung haih jeui pèhng ge fèi. // Ni¹ dzoeng¹ hai⁶ dzoey³ peng⁴ ge³ fei¹.
これが最も安いチケットです。

② 你 使唔使 搵 仲 好 嘅 方法 呀？
Néih sái.m̀h.sái wán juhng hóu ge fòng.faat a? //
Nei⁵ sai²m⁴sai² wan² dzung⁶ hou² ge³ fong¹faat⁸ a³?
もっとよい方法を探す必要がありますか？

新出語彙

- 張　　jèung // dzoeng¹　　［量］チケットに対して用いる
- 飛　　fèi // fei¹　　［名］切符。チケット
- 仲　　juhng // dzung⁶　　［副］もっと
- 好　　hóu // hou²　　［形］よい
- 方法　fòng.faat // fong¹faat⁸　［名］方法

練習問題 作文

① これが最も薄い辞典です。
（薄い→薄 bohk // bok⁹、辞典→辭典 chìh.dín // tsi⁴din²）

② もっと安い品はありますか？　（品→貨 fo // fo³）

11-2 〜のもの、〜なもの

11-1 で学習した形式の応用です。被修飾語である名詞は、文脈から明らかであれば省略し、「形容詞＋嘅」で表すことができます。ただし、疑問文の文末に「形容詞＋嘅」がくる場合は、語気助詞「嘅」が「呀」a // a³ と合音し、「形容詞＋㗎」

ga // ga³ となります（→②）。

（副詞）	形容詞	ge	名詞
最	新	嘅	

（副詞）	形容詞	ge	名詞	a
	新	㗎 ga		?

① 呢張 係 最 平 嘅。
　Nì jèung haih jeui pèhng ge. // Ni¹ dzoeng¹ hai⁶ dzoey³ peng⁴ ge³.
　これが最も安いものです。

② 你 使唔使 搵 仲 靚啲 㗎？　（嘅＋呀→㗎）
　Néih sái.m̀h.sái wán juhng leng.dì ga? // Nei⁵ sai²m⁴sai² wan² dzung⁶ leng³di¹ ga³?
　もっと綺麗なものを探す必要がありますか？　（啲→ 11-5）

練習問題 ： 作文

① これが最も薄いものです。（書籍類の場合）

② もっと安いのはありますか？──ないのですが。

「補足説明」

この構造では、形容詞の代わりに代名詞を置くと、「私の物」「あなたの物」などの意味を表します。

　呢個 / 件 係唔係 你 㗎？　　　── 呢個 / 件 唔 係 我 嘅。
　Nì go / gihn haih.m̀h.haih néih ga?　── Nì go / gihn m̀h haih ngóh ge. //
　Ni¹ go³ / gin⁶ hai⁶m⁴hai⁶ nei⁵ ga³?　── Ni¹ go³ / gin⁶ m⁴ hai⁶ ngo⁵ ge³.
　これ（物品 / 荷物など）はあなたのですか？── これは私のではありません。

また、動詞句を置くと、「～したもの」という意味を表すことができます。

　你 件 衫 係 喺 邊度 買 㗎？
　Néih gihn sàam haih hái bìn.douh máaih ga? //
　Nei⁵ gin⁶ saam¹ hai⁶ hai² bin¹dou⁶ maai⁵ ga³?
　あなたの服はどこで買ったものですか？

11-3 この / その / あの〜な…

　形容詞や方位詞、名詞が名詞を修飾する場合、修飾語（形容詞や方位詞、名詞）と被修飾語（名詞）との間に「指示代名詞＋量詞」の構造を置くことがあります。指示代名詞は近いものに対しては「呢」、遠いものに対しては「嗰」を用いますが、語義である「この / その / あの」はあえて日本語に訳す必要はありません。そして、文脈から明らかであれば、名詞は省略することができます（→①、②）。

形容詞 / 指示詞 / 名詞	指示代名詞＋量詞	（名詞）
紅色	嗰件	（衫）

◀)) 349

① 我 想 睇吓 最 平 嗰件。
　　Ngóh séung tái.háh jeui pèhng gó gihn. // Ngo^5 soeng^2 tai^{2}ha^5 dzoey^3 peng^4 go^2 gin^6.
　　（服を買う場合に）最も安いのをちょっと見たいです。

② 右便 呢隻 幾多錢 呀？
　　Yauh.bihn nì jek géi.dò chín* a? // Jau^{6}bin^6 ni^1 dzek^8 gei^{2}do^1 tsin^2* a^3?
　　（物品を指して）右側のはいくらですか？

◀)) 350

　　　　　　　　　　　　　　　　　　　　　　　練習問題 | 作文

① （本を指して）あの白いのを買いたいです。
　　（白い、白の→白色　baahk.sìk // baak^{9}sik^7）

② （Tシャツを指して）左側のはいくらですか？

◀))
→ 351

11-4 〜に…させる [許容]

　動作・行為を望んでいる者に「…させる」という「許容使役」は、「俾」を用いて動作主を導くことで表します。否定には「唔俾」を用います。諾否疑問は、肯定形と否定形を並べ「俾唔俾」で表します。「畀」や当て字の「比」で書かれることもあります。

（主語）	bei	動作主	動詞（句）	
	俾	我	睇吓	。

① 唔該，打開 啲 蒸籠 俾 我 睇吓 吖。
M̀h.gòi, dá.hòi dì jìng.lùhng béi ngóh tái.háh à. //
M⁴goi¹, da²hoi¹ di¹ dzing¹lung⁴ bei² ngo⁵ tai²ha⁵ a¹.
すみません、(複数の)せいろを開けて(中の点心を)私にちょっと見せてちょうだい。

② 你 俾唔俾 佢 自己 揀 呀？ —— 好 啦。
Néih béi.m̀h.béi kéuih jih.géi gáan a? —— Hóu là. //
Nei⁵ bei²m⁴bei² koey⁵ dzi⁶gei² gaan² a³? —— Hou² la¹.
彼女に自分で選ばせませんか？ —— いいでしょう。

新出語彙

□ 打開　　dá.hòi // da²hoi¹　　　　　開ける
□ 蒸籠　　jìng.lùhng // dzing¹lung⁴　[名] せいろ
□ 自己　　jih.géi // dzi⁶gei²　　　　[名] 自分（他の代名詞の後に置かれ、「自分自身で」と副詞的に機能する）
□ 揀　　　gáan // gaan²　　　　　　 [動] 選ぶ

練習問題　作文

① 右側のをちょっと見せてください。
②（私の）家族が私を旅行に行かせてくれない。（家族→屋企人 ùk.kéi*.yàhn // uk⁷kei²*jan⁴、旅行する→旅行 léuih.hàhng // loey⁵hang⁴）
③ 僕にお金を払わせてください！

⇒ 355

11-5　より〜な

　話題になっているものとの比較で「より〜な」を表すには、形容詞の直後に「啲」を付します。一般に「形容詞＋啲」を用いた文の中には、比較の対象・基準は盛り込まれません。

　「啲」は、指示代名詞の直後に付されて「呢啲」「嗰啲」のように複数を表す量詞「啲」と漢字・発音が同じですので注意してください。

① 呢張 三十蚊，嗰張 五十蚊。　　　呢張 平啲。
Nì jèung sàam.sahp màn, gó jèung ńgh.sahp màn.　Nì jèung pèhng.dì. //
Ni¹ dzoeng¹ saam¹sap⁹ man¹, go² dzoeng¹ ng⁵sap⁹ man¹. Ni¹ dzoeng¹ peng⁴.di¹.
（紙状の物を指して）これは 30 ドルで、あれは 50 ドル。これ(の方)が安い。

② 你 要唔要 靚啲 㗎？
Néih yiu.m̀h.yiu leng.dī ga? //
Nei⁵ jiu³m⁴jiu³ leng³.di¹ ga³?
（より）綺麗なのが要りますか？　（「㗎」→ 11-2)

----------------------------------- 練習問題 ｜ 作文 -----

① （より）厚いのはありますか？　（厚い→厚 háuh // hau⁵)
② エイミーとシンディは、どちらが（誰が）美人ですか？
（エイミー→ Amy Èi.mìh // Ei¹mi⁴、シンディ→ Cindy Sìn.dìh // Sin¹di⁴、美女である→靚女 leng.néuih // leng³noey⁵)

コミュニケーション次の一歩 ── 定価に対する割引は……

商店で定価の何割の値で売るかを示すのに「折」が用いられます。「九折」(9 掛け。1 割引)、「五折」(5 掛け。半額) などと言います。「七五折」は「7.5 掛け」、「六六折」は「6.6 掛け」となります。数量を表す表現ですので、「2 掛け」は「兩折」と言い、「二折」とは言わない点に注意しましょう。

呢啲 有冇 折 呀？／呢啲 幾多 折 呀？── 兩折。
Nì dī yáuh.móuh jit a? / Nì dī géi.dò jit a?　── Léuhng jit. //
Ni¹ di¹ jau⁵mou⁵ dzit⁸ a³? / Ni¹ di¹ gei²do¹ dzit⁸ a³?　── Loeng⁵ dzit⁸.
これらは割引対象ですか？／何割の値段ですか？　── 2 掛け（8 割引）です。

聞き取りにチャレンジ　　　　発音された語に○を付けましょう。

① ☐　嗰件 好 靚。俾 我 睇吓。

黃色　藍色　綠色　橙色　啡色

② 有冇 ☐ 啲 㗎？

大　細　輕　軟　硬

補充語彙

【色】
- ☐ 黃色　wòhng.sìk // wong⁴sik⁷　　黃色（の）
- ☐ 藍色　làahm.sìk // laam⁴sik⁷　　青色（の）
- ☐ 綠色　luhk.sìk // luk⁹sik⁷　　綠色（の）
- ☐ 橙色　cháang*.sìk // tsaang²*sik⁷　オレンジ色（の）
- ☐ 啡色　fè.sìk // fe¹sik⁷　　茶色（の）

【形容詞：形状】
- ☐ 大　daaih // daai⁶　　大きい
- ☐ 細　sai // sai³　　小さい
- ☐ 輕　hèng // heng¹　　輕い
- ☐ 軟　yúhn // jyn⁵　　柔らかい
- ☐ 硬　ngaahng // ngaang⁶　硬い

「今日の運勢をチェックしましたか？」
（「未呀」→ 10-1）

「波」は英語の ball からの借用語に漢字表記が定着したもの。「波衫」は球技用の服、すなわち「ユニフォーム」。

第12課　意見や判断を言う・聞いてみる

言えると楽しい！

■唔使擔心　m̀h.sái dàam.sàm // m⁴sai² daam¹sam¹

「心配するには及びません」という意味の表現です。似た表現に「唔使驚。」m̀h sái gèng // m⁴ sai² geng¹ があります。何事もないという意味での「大丈夫」は、「冇事」や「冇乜事」móuh màt sih // mou⁵ mat⁷ si⁶、「冇咩事」móuh mè sih // mou⁵ me¹ si⁶ と言います。

冇 事 嘅。你 放 心 啦。
Móuh sih ge. Néih fong sàm là. // Mou⁵ si⁶ ge³. Nei⁵ fong³ sam¹ la¹.
大丈夫です。ご安心ください。

■su 唔 sure 呀　syù.m̀h.syù.àh a // sy¹m⁴sy¹a⁴ a³

広東語は 19 世紀以来多くの外来語を吸収してきた言語でもあります。特に香港の広東語は、現在でも英語語彙を積極的に文中に取り込みますが、広東語の文法規則に従って変形させてしまう点が特徴です。変形は動詞や形容詞でより顕著でしょう。上記の「sure」は諾否疑問文の規則に従い、「su」だけが繰り返されています。次の２つは変形された例や助詞が付いた例です。

- 「like」lài.kí // lai¹ki² :（異性を）好きである。「你 li 唔 like 我呀？」（私のことが好きなの？）
- 「delete」di.lìt // di³lit⁷ :（パソコンや携帯電話に保存したデータを）消去する。「我 delete 咗嗰個 file。」（あのファイルを消去してしまった。）

定着した語の中にはやがて漢字表記を持つようになるものもあります。「シャツ」や「サイズ」はその典型的なものと言えます。

呢件 T 恤 乜嘢 晒士 呀？ ── 係 細碼。
Nì gihn tì.sèut màt.yéh sàai.sí a? ── Haih sai.máh. //
Ni¹ gin⁶ ti¹soet⁷ mat⁷je⁵ saai¹si² a³? ── Hai⁶ sai³ma⁵.
このＴシャツは何サイズですか？ ── Ｓです。

■眞係　jàn.haih // dzan¹hai⁶

真偽を確認する際の表現には「眞係？」の他に、「係唔係呀？」haih.m̀h.haih a // hai⁶m⁴hai⁶ a³ や「係咩？」haih mè // hai⁶ me¹（→ 14-4）などがあります。この「呀」や「咩」は短く発音されます。

呢隻 係 眞嘢。── 係唔係 呀？
Nì jek haih jàn.yéh. ── Haih.m̀h.haih a? // Ni¹ dzek⁸ hai⁶ dzan¹je⁵. ── Hai⁶m⁴hai⁶ a³?
これは本物です。 ── そうですか？

> 鈴木さんはデジカメを買いたいようですが…

鈴木：喺 香港 買 相機 貴唔貴 呀？
Hái Hèung.góng máaih séung*.gèi gwai.m̀h.gwai a? //
Hai² Hoeng¹gong² maai⁵ soeng²*gei¹ gwai³m⁴gwai³ a³?

陳生：買 相機 呀？我 估 平過 喺 日本 買 啦。
Máaih séung*.gèi àh? Ngóh gwú pèhng.gwo hái Yaht.bún máaih là. //
Maai⁵ soeng²*gei¹ a⁴? Ngo⁵ gwu² peng⁴gwo³ hai² Jat⁹bun² maai⁵ la¹.

但係，喺 內地 買 仲 平啲。
Daahn.haih, hái noih.deih máaih juhng pèhng.dì. //
Daan⁶hai⁶, hai² noi⁶dei⁶ maai⁵ dzung⁶ peng⁴di¹.

鈴木：我 覺得 內地貨 有啲 化學，喺 香港 買 外國貨 好啲。
Ngóh gok.dàk noih.deih.fo yáuh.dì fa.hohk, hái Hèung.góng máaih ngoih.gwok.fo hóu.dì. //
Ngo⁵ gok⁸dak⁷ noi⁶dei⁶fo³ jau⁵di¹ fa³hok⁹, hai² Hoeng¹gong² maai⁵ ngoi⁶gwok⁸fo³ hou²di¹.

陳生：內地 嘅 相機 依家 冇 以前 咁 化學。
Noih.deih ge séung*.gèi yì.gà móuh yíh.chìhn gam fa.hohk. //
Noi⁶dei⁶ ge³ soeng²*gei¹ ji¹ga¹ mou⁵ ji⁵tsin⁴ gam³ fa³hok⁹.

你 唔使 擔心。
Néih m̀h.sái dàam.sàm. // Nei⁵ m⁴sai² daam¹sam¹.

鈴木：你 su 唔 sure 呀？
Néih syù.m̀h.syù.àh a? // Nei⁵ sy¹m⁴sy¹a⁴ a³?

我 uncle 返 大陸 買 部 相機，用 幾日 就 壞咗 喇。
Ngóh àn.kòuh fàan daaih.luhk máaih bouh séung*.gèi, yuhng géi.yaht jauh waaih.jó la. //
Ngo⁵ an¹kou⁴ faan¹ daai⁶luk⁹ maai⁵ bou⁶ soeng²*gei¹, jung⁶ gei²jat⁹ dzau⁶ waai⁶dzo² la³.

陳生：真係？
Jàn.haih? // Dzan¹hai⁶?

我 話 佢 可能 買咗 假貨 或者 俾 人 呃咗 啦。
Ngóh wah kéuih hó.nàhng máaih.jó gá.fo waahk.jé béi yàhn àak.jó là. //
Ngo⁵ wa⁶ koey⁵ ho²nang⁴ maai⁵dzo² ga²fo³ waak⁹dze² bei² jan⁴ aak⁷dzo² la¹.

鈴木：香港でカメラを買うと高いですか？
陳さん：カメラですか？　日本で買うより安いと思いますが。
　　　　しかし、中国本土で買うともっと安いです。
鈴木：中国本土の製品はちょっと壊れやすいと思うので、
　　　香港で外国製品を買う方がよいです。
陳さん：中国本土のカメラは今や以前ほど壊れやすくはないので、心配する必要はないです。
鈴木：それって確かですか？　私の伯父さんは中国に行ってカメラを1台買ったのですが、使って数日でもう壊れてしまいました。
陳さん：本当ですか？その方は多分偽物を買ったのか、あるいは騙されたのだと思いますが。

新出語彙

- 估　　　　gwú // gwu^2　　　　［動］推測する
- 啦　　　　là // la^1　　　　　［語気］〜でしょう。〜ですが
- 覺得　　　gok.dàk // gok^{8}dak^7　　　［動］（感覚的に）思う。感じる
- 內地貨　　noih.deih.fo // noi^{6}dei^{6}fo^3　　中国本土の製品（「內地」は中国への返還後に、地元としての香港を意味する「本港」bún.góng // bun^{2}gong^2 に対して用いられるようになった語）
- 有啲　　　yáuh.dì // jau^{5}di^1　　　［副］ちょっと
- 化學　　　fa.hohk // fa^{3}hok^9　　　［形］粗悪で壊れやすい
- 外國貨　　ngoih.gwok.fo // ngoi^{6}gwok^{8}fo^3　　外国製品
- 依家　　　yi.gà // ji^{1}ga^1　　　　［名］今（「而家」に同じ）
- 以前　　　yíh.chìhn // ji^{5}tsin^4　　　［名］以前
- 唔使擔心　m̀h.sái dàam.sàm // m^{4}sai^2 daam^{1}sam^1　　心配無用（「唔使」は助動詞で「〜するに及ばない」（→ 06-3）。「擔心」は心配する）
- sure　　　syù.àh // sy^{1}a^4　　　　［動］確信している
- uncle　　 àn.kòuh // an^{1}kou^4　　　［名］伯父さん。叔父さん
- 返 // 大陸　fàan daaih.luhk // faan^1 daai^{6}luk^9　　中国本土へ行く
- 用　　　　yuhng // jung^6　　　　［動］使う
- 幾日　　　géi.yaht // gei^{2}jat^9　　　数日
- 就　　　　jauh // dzau^6　　　　　［副］もう。早くも
- 壞　　　　waaih // waai^6　　　　［形］壊れている
- 眞係　　　jàn.haih // dzan^{1}hai^6　　　［副］本当に（問い返しに単独で用いる）
- 話　　　　wah // wa^6　　　　　　［動］考えて思う。確信を持って思う
- 可能　　　hó.nàhng // ho^{2}nang^4　　　［副］多分
- 假貨　　　gá.fo // ga^{2}fo^3　　　　［名］偽物
- 俾　　　　béi // bei^2　　　　　　受身を表す文で、動作・行為の行い手を導く
- 人　　　　yàhn // jan^4　　　　　［名］人（ここでは「誰か」の意味）
- 呃　　　　àak // aak^7　　　　　［動］騙す

12-1 〜だと思う

　「思う」「推測する」「感じる」や「好きだ」といった精神活動を表す動詞は、認識・知覚や感情の内容を目的語に従えることができます。その場合、目的語の位置に動詞（句）や形容詞（句）が置かれます。

　目的語を担う形容詞句では、他の事物との対比を意図しない場合は、形容詞の前に程度を表す副詞を置くことが普通で、特に程度を強調しないのであれば副詞「好」を置きます（→ 10-5）。

（主語）	動詞	目的語					（語気助詞）	
我	話	佢	可能	買咗	假貨	或者 俾 人 呃咗	啦	。
		（主語）	（副詞）	動詞	（目的語）			

（主語）	動詞	目的語			（語気助詞）	
我	覺得	內地貨	有啲	化學		。
		（主語）	（副詞）	形容詞		

① 我 話 佢哋 今晚 唔 會 嚟。
　Ngóh wah kéuih.deih gàm.máahn m̀h wúih làih. //
　Ngo⁵ wa⁶ koey⁵dei⁶ gam¹maan⁵ m⁴ wui⁵ lai⁴.
　彼らは今夜来ないと思う。

② 我 覺得 好 癐 喇。
　Ngóh gok.dàk hóu gwuih la. // Ngo⁵ gok⁸dak⁷ hou² gwui⁶ la³.
　私は疲れました。（「好」は訳出不要→ 10-5）

③ 你 鍾意 飲 乜嘢 茶 呀？ ── 我 最 鍾意 飲 鐵觀音。
　Néih jùng.yi yám màt.yéh chàh a? ── Ngóh jeui jùng.yi yám tit.gwùn.yàm. //
　Nei⁵ dzung¹ji³ jam² mat⁴je⁵ tsa⁴ a³? ── Ngo⁵ dzoey³ dzung¹ji³ jam² tit⁸gwun¹jam¹.
　何茶（を飲むの）が好きですか？── 鉄観音（を飲むの）が一番好きです。

新出語彙

- 癐　　　gwuih // gwui⁶　　　［形］疲れている（本字は「癐」だが、俗字の「劸」で書かれることも多い）
- 茶　　　chàh // tsa⁴　　　［名］茶
- 鐵觀音　tit.gwùn.yàm // tit⁸gwun¹jam¹　　［名］鉄観音。ウーロン茶の一品種

練習問題｜作文

① 今日は彼は忙しいと思います。（忙しい→忙 mòhng // mong⁴）
② 私は彼女たちは４時に香港に着くと思います。（推測します）
　（着く→到 dou // dou³）

12-2　〜よりも…だ

　程度の比較は、形容詞の直後に「過」を付し、その後ろに比較の対象・基準を置きます。比較の対象・基準は名詞（句）が担うこともありますが、動詞句が担うこともあります（→②）。

（主語）	形容詞	gwo 〜よりも	比較の対象・基準
	平	過	喺 日本 買 前置詞句　動詞

① 呢隻 貴過 嗰隻。
　Nì jek gwai.gwo gó jek. // Nì¹ dzek⁸ gwai³gwo³ go² dzek⁸.
　これはあれよりも高価です。
② 搭 地鐵 去 快過 行 路 去。
　Daap deih.tit heui faai.gwo hàahng louh heui. //
　Daap⁸ dei⁶tit⁸ hoey³ faai³gwo³ haang⁴ lou⁶ hoey³.
　地下鉄に乗って行く方が歩いて行くよりも速いです。

新出語彙

□ 快　　faai // faai³　　［形］速い

練習問題｜作文

① あの赤いものの方がこの白いものよりも綺麗だ。
② タクシーに乗るよりもバスに乗る方が安いです。
　（バスに乗って行く方がタクシーに乗って行くよりも安い）

12-3 ～でしょう（が）

語気助詞「啦」の用法の一つに、断定を避ける語気を表すものがあります。命題に対して肯定的観測を表しつつも、同時にそれ以外の可能性も排除や否定はしないという気持ちを表します。

命題	la
平過 喺 日本 買	啦 。

① 飲 咩嘢 茶 呀？——有 咩嘢 茶 呀？——有 普洱、水仙、龍井、香片 之類 啦。
　Yám mè.e chàh a? —— Yáuh mè.e chàh a? —— Yáuh póu.léi, séui.sìn, lùhng.jéng, hèung.pín* jì.léui* là. // Jam² me¹e³ tsa⁴ a³? —— Jau⁵ me¹e³ tsa⁴ a³? —— Jau⁵ pou²lei², soey²sin¹, lung⁴dzeng², hoeng¹pin²* dzi¹loey²* la¹.
　（飲茶で）お茶は何になさいますか？—— どんなお茶がありますか？—— プーアル、水仙、龍井、ジャスミンなどですが。（これ以外にもあるかも知れない）

② 搭 巴士 去 機場 要 幾耐 呀？ —— 可能 要 一個 鐘頭 啦。
　Daap bà.sí heui gèi.chèuhng yiu géi.noih a? —— Hó.nàhng yiu yàt go jùng.tàuh là. // Daap⁸ ba¹si² hoey³ gei¹tsoeng⁴ jiu³ gei²noi⁶ a³? —— Ho²nang⁴ jiu³ jat⁷ go³ dzung¹tau⁴ la¹.
　バスに乗って空港へ行くにはどれくらい時間がかかりますか？
　—— 多分1時間かかるでしょう。（多少増減するかもしれない）

新出語彙

□ 普洱　póu.néi // pou²nei²　[名] プーアル茶（一般に póu.léi // pou²lei と発音されるが、bóu.léi // bou²lei² と発音する話者もいる）
□ 水仙　séui.sìn // soey²sin¹　[名] 水仙（烏龍茶の一品種）
□ 龍井　lùhng.jéng // lung⁴dzeng²　[名] 龍井（緑茶の一品種）
□ 之類　jì.léui* // dzi¹loey²*　など
□ 幾耐　géi.noih // gei²noi⁶　[代] どれくらい（の時間）

練習問題：作文

① Tシャツはどこで買うのが最も安いでしょうか？—— 女人街で買うと安いと思いますが。（女人街で買うと安かろうと考える）（女人街→女人街 néuih.yán*.gàai // noey⁵jan²*gaai¹、考える→諗 nám // nam²）

② どんな果物がありますか？—— マンゴー、ドリアン、パパイアですが。（果物→生果 sàang.gwó // saang¹gwo²、マンゴー→芒果 mòng.gwó // mong¹gwo²、ドリアン→榴槤 làuh.lìhn // lau⁴lin⁴、パパイア→木瓜 muhk.gwà // muk⁹gwa¹）

12-4 ちょっと〜だ

主に好ましくないことに用いる「ちょっと〜だ」は、形容詞や心理動態を表す動詞の直前に「有啲」を置いて表します。同義の表現に「有少少」があります（→②）。

（主語）	yau.di	形容詞 / 心理動態の動詞	
內地貨	有啲	化學	。

① 我 今日 有啲 唔舒服，唔 想 出 街。
Ngóh gàm.yaht yáuh.dì m̀h.syù.fuhk, m̀h séung chèut gàai. // Ngo⁵ gam¹jat⁹ jau⁵di¹ m⁴sy¹fuk⁹, m⁴ soeng² tsoet⁷ gaai¹.
今日はちょっと気分が悪く、外出したくない。

② 我 有少少 擔心。
Ngóh yáuh.síu.síu dàam.sàm. // Ngo⁵ jau⁵siu²siu² daam¹sam¹.
私はちょっと心配です。

新出語彙

□ 唔舒服　m̀h.syù.fuhk // m⁴sy¹fuk⁹　　［形］気分が悪い。具合が悪い
□ 有少少　yáuh.síu.síu // jau⁵siu²siu²　　［副］ちょっと。いささか
□ 擔心　　dàam.sàm // daam¹sam¹　　　　［動］心配する

練習問題 作文

① （服を指して）この左側のはちょっと汚れている。

（汚れている→污糟 wù.jòu // wu¹dzou¹）

② 私は少し喉が渇きました。　（喉が渇いた→口渴 háu.hot // hau²hot⁸）

12-5　〜ほど…ではない

動詞「冇」を用い、「冇＋比較の対象・基準＋咁＋形容詞」で表します。「咁」は本来程度を表す代名詞で、「そのような／このような／あのような」という意味ですが、この構造では「ほど」「のように」という意味を担います。

（主語）	mou	比較の対象・基準	gam	形容詞	
依家	冇	以前	咁	化學	。

① 聽日 可能 冇 今日 咁 凍 啦。

Tìng.yaht hó.nàhng móuh gàm.yaht gam dung là. //
Ting¹jat⁹ ho²nang⁴ mou⁵ gam¹jat⁹ gam³ dung³ la¹.

明日は多分今日ほど寒くないでしょう。

② 搭 巴士 去 冇 搭 的士 去 咁 貴。

Daap bà.sí heui móuh daap dìk.sí heui gam gwai. //
Daap⁸ ba¹si² hoey³ mou⁵ daap⁸ dik⁷si² hoey³ gam³ gwai³.

バスに乗って行くとタクシーに乗って行くほど高くない。

新出語彙

□ 凍　　dung // dung³　　［形］寒い

練習問題 作文

① 東京タワーは東京スカイツリーほど高くない。

（東京タワー→東京鐵塔 Dùng.gìng.tit.taap // Dung¹ging¹tit⁸taap⁸、東京スカイツリー→東京天空樹 Dùng.gìng.tìn.hùng.syuh // Dung¹ging¹tin¹hung¹sy⁶）

② 深圳で買い物をすると香港ほど高くない。

（買い物をする→買 // 嘢 máaih yéh // maai⁵ je⁵）

12-6 〜される

受身は「俾」を用い、「俾＋動作・行為の主体＋動詞」で表します。

（主語）	bei	動作・行為の主体	動詞	（目的語）
	俾	人	呃咗	。

① 我哋 俾 佢 打 呀。
Ngóh.deih béi kéuih dá a. // Ngo⁵dei⁶ bei² koey⁵ da² a³.
僕たちは彼に殴られたのですが。

② 我 俾 人 偷咗 銀包。
Ngóh béi yàhn tàu.jó ngàhn.bàau. // Ngo⁵ bei² jan⁴ tau¹dzo² ngan⁴baau¹.
私は誰かに財布を盗まれてしまっている。（人に盗まれた）

新出語彙

□ 打　　dá // da²　　　　　　　　［動］殴る
□ 偷　　tàu // tau¹　　　　　　　［動］盗む
□ 銀包　ngàhn.bàau // ngan⁴baau¹　［名］財布

練習問題 作文

① 私は誰かに財布をすられてしまっている。（人にすられた）
（する→打 // 荷包 dá hòh.bàau // da² ho⁴baau¹）

② その人は警察に連行されました。
（警察→警察 gíng.chaat // ging²tsaat⁸、連行する→拉 làai // laai¹）

聞き取りにチャレンジ　　発音された語に○を付けましょう。

① 喺 香港 買 ☐ 貴唔貴 呀？—— 我 估 平過 喺 日本 買 啦。

| notebook | mon | printer | 攝影機 | DVD 機 | 字典機 |

② a)☐ 依家 冇 以前 咁 b)☐ 。

a) | 我 屋企 | 你 屋企 | 佢 屋企 |

b) | 乾淨 | 企理 | 亂 | 靜 | 嘈 |

補充語彙

【家電製品】

- ☐ notebook　　nòt.bùk // not⁷buk⁷　　ノート型パソコン
- ☐ mon　　　　mòn // mon¹　　　　　パソコンのモニター
- ☐ printer　　　pìn.tá // pin¹ta²　　　プリンター
- ☐ 攝影機　　　sip.yíng.gèi // sip⁸jing²gei¹　ビデオカメラ
- ☐ DVD 機　　dì.wì.dì.gèi // di¹wi¹di¹gei¹　DVD レコーダー
- ☐ 字典機　　　jih.dín.gèi // dzi⁶din²gei¹　電子辞書

【形容詞：状態】

- ☐ 乾淨　gòn.jehng // gon¹dzeng⁶　　清潔で綺麗である
- ☐ 企理　kéih.léih // kei⁵lei⁵　　　　整理されている。秩序だっている
- ☐ 亂　　lyuhn // lyn⁶　　　　　　　散らかっている
- ☐ 靜　　jihng // dzing⁶　　　　　　静かな
- ☐ 嘈　　chòuh // tsou⁴　　　　　　うるさい

第13課　お手伝いをする

言えると楽しい！

■ O 唔 OK 呀　òu.m̀h.òu.kèi a // ou¹m⁴ou¹kei¹ a³

「得唔得呀？」と同じく許諾を問う際に用いられます。肯定の答えは「OK 啦。」òu.kèi là // ou¹kei¹ la¹ ですが、否定では「唔 OK。」とは言わず、「唔得。」と言います。

■ 商店の種類

商店の種類をいくつか覚えておきましょう。なお、「チェーン店」は「連鎖店」lìhn.só.dim // lin⁴so²dim³ と言います。

- 「生果舖」sàang.gwó.póu* // saang¹gwo²pou²*：果物屋
- 「餅店」béng.dim // beng²dim³：ケーキ屋（パンも売っている）
- 「鞋舖」hàaih.póu* // haai⁴pou²*：靴屋
- 「洗衣舖」sái.yì.póu* // sai¹ji¹pou²*：クリーニング店
- 「報紙檔」bou.jí.dong // bou³dzi²dong³：新聞や雑誌の売り場・スタンド

去 乜嘢 舖頭 買 呀？　——　去 電腦舖 買。
Heui màt.yéh pou.táu* máaih a?　——　Heui dihn.nóuh.póu* máaih. //
Hoey³ mat⁷je⁵ pou³tau²* maai⁵ a³?　——　Hoey³ din⁶nou⁵pou²* maai⁵.
何の店に買いに行きますか？　——　パソコンショップに買いに行きます。

■ スーパーで売っている商品

スーパーマーケットに売っている商品のジャンルをいくつか覚えておきましょう。

- 「零食」lìhng.sihk // ling⁴sik⁹：菓子類
- 「調味品」tìuh.meih.bán // tiu⁴mei⁶ban²：調味料
- 「急凍食品」gàp.dung.sihk.bán // gap⁷dung³sik⁹ban²：冷凍食品
- 「飲品」yám.bán // jam²ban²：飲料品
- 「雜貨」jaahp.fo // dzaap⁹fo³：雑貨
- 「家居用品」gà.gèui.yuhng.bán // ga¹goey¹jung⁶ban²：家庭用品

請問，公仔麵 喺 邊度 呀？　——　喺 架頂。
Chíng.mahn, gùng.jái.mihn hái bìn.douh a?　——　Hái gá*.déng. //
Tsing²man⁶, gung¹dzai²min⁶ hai² bin¹dou⁶ a³?　——　Hai² ga²*deng².
すみません、即席麺はどこですか？　——　一番上の棚（天板の上）です。

> ジェーンの家にて

鈴木: 我 依家 落去 超市 買 嘢，你 去唔去 呀？
Ngóh yì.gà lohk.heui chìu.síh máaih yéh, néih heui.m̀h.heui a? //
Ngo⁵ ji¹ga¹ lok⁹hoey³ tsiu¹si⁵ maai⁵ je⁵, nei⁵ hoey³m⁴hoey³ a³?

Sam: 我 唔 去 喇。
Ngóh m̀h heui la. //
Ngo⁵ m⁴ hoey³ la³.

你 可唔可以 順便 買 益力多 俾 我 呀？
Néih hó.m̀h.hó.yíh seuhn.bín* máaih Yìk.lihk.dò béi ngóh a? //
Nei⁵ ho²m⁴ho²ji⁵ soen⁶bin²* maai⁵ Jik⁷lik⁹do¹ bei² ngo⁵ a³?

鈴木: 梗係 可以 啦。 仲 有冇 呀？
Gáng.haih hó.yíh là. Juhng yáuh.móuh a? //
Gang²hai⁶ ho²ji⁵ la¹. Dzung⁶ jau⁵mou⁵ a³?

Sam: 報紙 話 今日 百佳 豆奶 減 價 呀。
Bou.jí wah gàm.yaht Baak.gàai dauh.náaih gáam ga a. //
Bou³dzi² wa⁶ gam¹jat⁹ Baak⁸gaai¹ dau⁶naai⁵ gaam² ga³ a³.

你 係唔係 去 百佳 呀？
Néih haih.m̀h.haih heui Baak.gàai a? //
Nei⁵ hai⁶m⁴hai⁶ hoey³ Baak⁸gaai¹ a³?

鈴木: 係 呀。去 百佳 㗎。
Haih a. Heui Baak.gàai ga. //
Hai⁶ a³. Hoey³ Baak⁸gaai¹ ga³.

Sam: 噉，唔該 你 幫 我 搵 豆奶 吖。 買 多啲 返嚟 俾 我，O 唔 OK 呀？
Gám, m̀h.gòi néih bòng ngóh wán dauh.náaih à. Máaih dò.dì fàan.làih béi ngóh, òu.m̀h.òu.kèi a? //
Gam², m⁴goi¹ nei⁵ bong¹ ngo⁵ wan² dau⁶naai⁵ a¹. Maai⁵ do¹di¹ faan¹lai⁴ bei² ngo⁵, ou¹m⁴ou¹kei¹ a³?

鈴木: OK 啦。
Òu.kèi là. //
Ou¹kei¹ la¹.

鈴木：今から下りてスーパーマーケットに買い物に行くけれども、あなたも行く？
サム：僕は行きません。
　　　ついでにヤクルトを僕に買ってきてもらえませんか？
鈴木：もちろんいいですよ。他にもまだありますか？
サム：新聞によると今日はパークンでは豆乳飲料が安売りになっています。
　　　あなたはパークンに行くのですか？
鈴木：ええ。パークンに行くのよ。
サム：それじゃ、すまないけれど代わりに豆乳飲料を探してくださいよ。多めに買って
　　　（帰って）きてくれませんか？
鈴木：OK です。

新出語彙

□ 落去	lohk.heui // lok⁹hoey³	下りていく
□ 超市	chìu.síh // tsiu¹si⁵	［名］スーパー（「超級市場」の略称）
□ 可以	hó.yíh // ho²ji⁵	［助動］〜してよい（許可を表す）
□ 順便	seuhn.bín* // soen⁶bin²*	［副］ついでに
□ 益力多	Yìk.lihk.dò // Jik⁷lik⁹do¹	［名］ヤクルト（Yakult）
□ 梗係	gáng.haih // gang²hai⁶	［副］もちろん
□ 話	wah // wa⁶	［動］言う（には〜）。〜によると
□ 百佳	Baak.gàai // Baak⁸gaai¹	［名］パークン（「百佳超級市場（Parkn）」の略称）
□ 豆奶	dauh.náaih // dau⁶naai⁵	［名］豆乳飲料（豆乳に糖類やフレーバーを加えた飲料品）
□ 減 // 價	gáam ga // gaam² ga³	安売りをする
□ 幫	bòng // bong¹	［前］〜の代わりに
□ 多啲	dò.dì // do¹di¹	多めに。もっと
□ OK	òu.kèi // ou¹kei¹	［形］問題ない

13-1 〜してよい、〜してかまわない

許可を表す「〜してよい」は、助動詞「可以」を動詞の前に置いて表します。否定は「唔可以」を、諾否疑問は「可唔可以」をそれぞれ動詞の前に置いて表します。諾否疑問に対する答えでは、文脈から明らかなため動詞（＋目的語）を省略することができます（→②）。

（主語）	ho.yi	動詞句	（語気助詞）	
你	可唔可以	順便 買 益力多 俾 我	呀	？

① 喺 邊度 可以 食 煙 呀？ ── 喺 嗰度 可以 食 煙。
　 Hái bìn.douh hó.yíh sihk yìn a? ── Hái gó.douh hó.yíh sihk yìn. //
　 Hai² bin¹dou⁶ ho²ji⁵ sik⁹ jin¹ a³? ── Hai² go²dou⁶ ho²ji⁵ sik⁹ jin¹.
　 どこで喫煙ができますか？ ── あそこで喫煙ができます。

② 我 可唔可以 問 你 呀？ ── 可以。
　 Ngóh hó.m̀h.hó.yíh mahn néih a? // ── Hó.yíh. //
　 Ngo⁵ ho²m⁴ho²ji⁵ man⁶ nei⁵ a³? ── Ho²ji⁵.
　 あなたに質問してもよろしいでしょうか？── はい。

新出語彙

□ 食 // 煙　　sihk yìn // sik⁹ jin¹　　タバコを吸う

練習問題 | 作文

① クレジットカードで支払っても構いませんか？── 当然構いません。
　 (当然→當然 dòng.yìhn // dong¹jin⁴)

② 今日は早めにおいとましてもかまいませんか？── だめです。

コミュニケーション次の一歩

　 二つ返事で「任せてちょうだい」と答えるには、「等我嚟吖！」dáng ngóh làih à // dang² ngo⁵ lai⁴ a¹ と言います。この表現は自ら申し出る場合にも用いられます。

等 我 嚟 吖！　── 唔使。我 自己 嚟。
Dáng ngóh làih à!　── M̀h.sái. Ngóh jih.géi làih. //
Dang² ngo⁵ lai⁴ a¹!　── M⁴sai². Ngo⁵ dzi⁶gei² lai⁴.
私にやらせて！　── 結構です。自分でやります。

13-2 〜なのです

　動作・行為に関して「〜なのです」と判断を表すには、動詞（句）の前に「係」を置きます。この「係」より後ろの部分が判断の対象となり、そこに焦点が当てられ、取り立てられることになります。この焦点が当たる部分は、否定文であっても構いません（→②）。
　「〜なのではありません」と否定するには、動詞（句）の前に「唔係」を置きます。諾否疑問「〜なのですか」は動詞（句）の前に「係唔係」を置いて表します。諾否疑問に対する答えは、肯定であれば「係＋動詞句」か「係（＋呀）」、否定であれば「唔係＋動詞句」か「唔係（＋呀）」と言います。
　なお、この形式は「動作・行為に伴う情報を断定的に説明する」語気助詞「嘅」「㗎」（→ 08-6）と相性がよく、往々にして共起します（→②）。

（主語）	hai	動詞（句）	（語気助詞）	
你	係唔係	去 百佳	呀	?

① 你 係唔係 返 日本 呀？ ── 唔 係 呀。
　Néih haih.m̀h.haih fàan Yaht.bún a? ── M̀h haih a. //
　Nei⁵ hai⁶m⁴hai⁶ faan¹ Jat⁹bun² a³? ── M⁴ hai⁶ a³.
　（荷物を片付けている、帰国すると言っているなど、得た情報から判断して）あなたは日本に帰るのですか？── いいえ。【状況を尋ねている】
　（≠你 返唔返 日本 呀？）
　（≠あなたは日本に帰りますか？【動作・行為を行う意志を尋ねている】）

② 我哋 係唔係 唔使 排 隊 呀？── 係 呀。你哋 係 唔使 排 隊 㗎。
　Ngóh.deih haih.m̀h.haih m̀h.sái pàaih déui* a? ── Haih a. Néih.deih haih m̀h.sái pàaih déui* ga. //
　Ngo⁵dei⁶ hai⁶m⁴hai⁶ m⁴sai² paai⁴ doey²* a³? ── Hai⁶ a³. Nei⁵dei⁶ hai⁶ m⁴sai² paai⁴ doey²* ga³.
　私たちはならばなくともよいのですか？ ── ええ。あなたたちはならばなくてよいのですよ。

① ここでは喫煙をしてはいけないのですか？——ええ。ここでは喫煙をしてはいけないのですよ。

② 私たちは6時にチャイワン（香港島の地名）に行かないといけないのですか？——ええ。6時にチャイワンに行かないといけないのですよ。
（チャイワン→柴灣 Chàaih.wàan // Tsaai⁴.waan¹）

13-3 〜の代わりに…する

　動作・行為を代わりに行うことは、「幫」を動詞（句）の前に置いて表します。「〜のために」と訳す場合もありますが、受益者を導く「同」（→ 15-6）に比べて「代行する」語感が強いことが特徴です。日本語に訳出しない方が自然な場合も多いでしょう。

　なお、「幫」には動詞として「手伝う」という意味もあるため、「幫＋名詞（句）＋動詞（句）」は、文脈やその場の状況によっては、「〜のために」ではなく「〜が…するのを手伝う」という意味になる場合もあります。しかし、抽出された単文に対する母語話者の直感では、「〜の代わりに」と判断されることが普通です。例えば、「佢幫我做家務」は「彼は私が家事をするのを手伝う」よりは、むしろ「彼は私の代わりに家事をする」と判断されます。誤解を避けたければ、「幫 // 手」bòng sáu // bong¹ sau² を用いて「佢幫我手做家務」と言いましょう。そうすれば「家事をするのを手伝う」という意味になります。

（主語）	bong	被代行者	動詞（句）
你	幫	我	搵 豆奶

① 呢件 事 我 幫 你 問 人 啦。
　Nì gihn sih ngóh bòng néih mahn yàhn là. // Ni¹ gin⁶ si⁶ ngo⁵ bong¹ nei⁵ man⁶ jan⁴ la¹.
　その事は私が誰かに聞いておきましょう。（人に聞く）

② 可唔可以 幫 我 撳 一張 呀？
　Hó.m̀h.hó.yíh bòng ngóh gahm yàt jèung a? // Ho²m⁴ho²ji⁵ bong¹ ngo⁵ gam⁶ jat⁷ dzoeng¹ a³?
　（私のために）1枚写真を撮ってもらえないでしょうか？（1枚分シャッターボタンを押す）

新出語彙

- 張　　jèung // dzoeng¹　　［量］写真の枚数に対して用いる

練習問題　作文

① 私が（あなたのために）魚介類の身を取ってあげますよ。
　（身・肉を取る→起 // 肉 héi yuhk // hei² juk⁹）

② ジェーンには宿題を（代わりに）やってくれるボーイフレンドがいる。
　（ボーイフレンド→男朋友 nàahm.pàhng.yáuh // naam⁴pang⁴jau⁵）

13-4　多めに〜する、少なめに〜する

目的語で名詞の直前に「多啲」「少啲」を置くと、それぞれ「多めに/もっと〜する」「少なめに/控えめに〜する」という意味が表されます。名詞は文脈から明らかであったり、あるいは特に指す事物がない場合は、省略されます。
　この構文はすでに起こった事柄には用いられませんので、完了を表す「咗」や新状況の出現を表す「喇」と共起することは稀です。

動詞	do.di/siu.di（＋名詞）
買	多啲（豆奶）

① 你 要 食 多啲。　　Néih yiu sihk dò.dì. // Nei⁵ jiu³ sik⁹ do¹di¹.
　君はもっと食べないといけません。

② 我 要 飲 少啲 酒。
　Ngóh yiu yám síu.dì jáu. // Ngo⁵ jiu³ jam² siu²di¹ dzau².
　私は酒を控えめにしないといけない。

新出語彙

- 少啲　　síu.dì // siu²di¹　　少なめに。控えめに

練習問題　作文

① もっと質問してください。　（問い→問題 mahn.tàih // man⁶tai⁴）

② あなたは今夜は食事を控えめにしてください。
　（食事をする→食 // 嘢 sihk yéh // sik⁹ je⁵）

聞き取りにチャレンジ　　発音された語に○を付けましょう。

① 你 可唔可以 順便 買 [a)] 俾 [b)] 呀？—— 梗係 可以。

a) | 蒸餾水　牛奶　果汁　汽水　豆漿 |

b) | 我　我哋　佢　佢哋　陳生 |

② 你 係唔係 去 [a)] 呀？—— 係 呀。去 [b)] 㗎。

a) | 惠康　華潤　裕記　七十一　OK 便利店 |

b) | 惠康　華潤　裕記　七十一　OK 便利店 |

補充語彙

【飲料】
- ☐ 蒸餾水　jìng.lauh.séui // dzing¹lau⁶soey²　蒸留水
- ☐ 牛奶　ngàuh.náaih // ngau⁴naai⁵　牛乳
- ☐ 果汁　gwó.jàp // gwo²dzap⁷　ジュース
- ☐ 汽水　hei.séui // hei³soey²　炭酸飲料
- ☐ 豆漿　dauh.jèung // dau⁶dzoeng¹　成分未加工の豆乳

【スーパーマーケットとコンビニエンスストア】
- ☐ 惠康　Waih.hòng // Wai⁶hong¹　惠康（Wellcome）
- ☐ 華潤　Wàh.yeuhn // Wa⁴joen⁶　香港華潤万家超級市場（China Resources Vanguard Shop）
- ☐ 裕記　Yuh.gei // Jy⁶gei³　裕記食品批発有限公司（YU KEE Food Company Limited）
- ☐ 七十一　Chàt.sahp.yàt // Tsat⁷sap⁹jat⁷　セブン - イレブン
- ☐ OK 便利店　Òu.kèi.bihn.leih.dim // Ou¹kei¹bin⁶lei⁶dim³　サークルK（Circle K）

第14課　気を遣う

■ **你因住呀**　　néih yàn.jyuh a // nei⁵ jan¹dzy⁶ a³

　注意を促す際の表現にはいくつかありますが、「因住」を用いたものや、「小心」を用いたもの（→第9課）が多用されます。「因住」には若干警告めいたニュアンスが含まれます。その他には「睇住，睇住！」tái.jyuh, tái.jyuh // tai²dzy⁶, tai²dzy⁶（気をつけて）があります。これは、人や物にぶつかる・接触するのを避ける場合に用いられます。直訳だと「ちゃんと見ていなさい」ですが、「どいて、どいて」と訳してもよいでしょう。荷物を運ぶ人が人混みを掻き分けるときに言います。

　車道を走る車に気をつけるよう促すには、次のように言います。

　　小心，睇車呀。
　　Síu.sàm, tái chè a. // Siu²sam¹, tai² tse¹ a³.
　　車が来ているから、気をつけてください。（道路で）

　ところで、離れた所にある物を指して相手の注意を向ける「ほら」は「呢」né // ne² と言います。これに対して、手に物を見せて相手の注意を引きつける「ほら」「これ」は「嗱」nàh // na⁴ と言います。

　　點心車喺邊呀？　　　　　—— 呢，喺嗰度。
　　Dím.sàm.chè hái bìn a?　　—— Né, hái gó.douh. //
　　Dim² sam¹tse¹ hai¹ bin¹ a³?　—— Ne², hai go²dou⁶.
　　点心を載せたワゴンはどこですか？—— ほら、あそこです。

　　嗱，俾你嘅。
　　Nàh, béi néih ge. //
　　Na⁴, bei² nei⁵ ge³.
　　これ、あなたにあげます。

■ **你有心**　　néih yáuh sàm // nei⁵ jau⁵ sam¹

　「唔該」とも「多謝」とも異なる、第三のお礼の言葉です。相手の気遣いに対して用いられます。

　　你身體好嗎？—— 幾好吖。你有心。
　　Néih sàn.tái hóu ma? —— Géi hóu à. Néih yáuh.sàm. //
　　Nei⁵ san¹tai² hou² ma³? —— Gei² hou²a¹. Nei⁵ jau⁵.sam¹.
　　お体は大丈夫ですか？—— 大丈夫です。ありがとう。

ジェーンの家にて

鈴木：阿 Sam，我 出 街，你 鎖 門 吖。
A.Sèm, ngóh chèut gàai, néih só mùhn à. //
A³Sem¹, ngo⁵ tsoet⁷ gaai¹, nei⁵ so² mun⁴ a¹.

Sam：下畫 會 有 驟雨，你 因住 呀。 去 邊度 呀？
Hah.jau wúih yáuh jaauh.yúh, néih yàn.jyuh a. Heui bìn.douh a? //
Ha⁶dzau³ wui⁵ jau⁵ dzaau⁶jy⁵, nei⁵ jan¹dzy⁶ a³. Hoey³ bin¹dou⁶ a³?

鈴木：去 中環 連卡佛。
Heui Jùng.wàahn Lìhn.kà.faht. //
Hoey³ Dzung¹waan⁴ Lin⁴ka¹fat⁹.

Sam：你 一個人 識唔識 行 呀？ 我 呢度 有 張 地圖。
Néih yàt.go.yàhn sìk.m̀h.sìk hàahng a? Ngóh nì.douh yáuh jèung deih.tòuh. //
Nei⁵ jat⁷go¹jan⁴ sik⁷m⁴sik⁷ haang⁴ a³? Ngo⁵ ni¹dou⁶ jau⁵ dzoeng¹ dei⁶tou⁴.

使唔使 搦住 去 呀？
Sái.m̀h.sái nìk.jyuh heui a? //
Sai²m⁴sai² nik⁷dzy⁶ hoey³ a³?

鈴木：我 識。唔使 搦 地圖 去 喇。
Ngóh sìk. M̀h.sái nìk deih.tòuh heui la. //
Ngo⁵ sik⁷. M⁴sai² nik⁷ dei⁶tou⁴ hoey³ la³.

Sam：你 未 去過 中環，冇 地圖 識 行 咩？
Néih meih heui.gwo Jùng.wàahn, móuh deih.tòuh sìk hàahng mè? //
Nei⁵ mei⁶ hoey³gwo³ Jung¹waan⁴, mou⁵ dei⁶tou⁴ sik⁷ haang⁴ me¹?

我 驚 你 會 蕩失 路 呀。
Ngóh gèng néih wúih dohng.sàt louh a. //
Ngo⁵ geng¹ nei⁵ wui⁵ dong⁶sat⁷ lou⁶ a³.

鈴木：你 有心。 應該 冇問題。
Néih yáuh.sàm. Yìng.gòi móuh mahn.tàih. //
Nei⁵ jau⁵.sam¹. Jing¹goi¹ mou⁵ man⁶tai⁴.

鈴木：サム、私は出かけるので、ドアを閉めておいてね。
サム：午後夕立があるかもしれないので、気をつけてね。どこに行くの？
鈴木：セントラルのレーン・クロフォードに行きます。
サム：一人で歩いて行けますか？僕のところに地図が（一枚）ありますけれど。
　　　持って行く必要はないですか？
鈴木：行けます。地図を持って行かなくともいいです。
サム：セントラルに行ったことがないのに、地図がなくて歩けるの？道に迷うんじゃないかなあ。
鈴木：気を遣ってくれてありがとう。大丈夫なはずです。

新出語彙

- □ 鎖 // 門　　só mùhn // so² mun⁴　　ドアに鍵をかける
- □ 有 // 驟雨　yáuh jaauh.yúh // jau⁵ dzaau⁶jy⁵　にわか雨がある
- □ 因住　　　yàn.jyuh // jan¹dzy⁶　　［動］気をつける。注意する
- □ 連卡佛　　Lìhn.kà.faht // Lin⁴ka¹fat⁹　［名］レイン・クロフォード（Lane Crawford。英国系デパート）
- □ 一個人　　yàt.go.yàhn // jat⁷go³jan⁴　［副］一人で
- □ 識　　　　sik // sik⁷　　　　　　　［助動］（習得した技能や知識により）〜できる
- □ 張　　　　jèung // dzoeng¹　　　　［量］枚。平面を呈するものに対して用いる（→ 01-3）
- □ 搦　　　　nìk // nik⁷　　　　　　　［動］手に提げる（「拎」と同義。lik // lik⁷ と発音されることが多い）
- □ 住　　　　jyuh // dzy⁶　　　　　　［相］〜したまま（連動文の先行する動詞の直後に付され、ある動作を行ったまま別の動作を行うことを表す）
- □ 咩　　　　mè // me¹　　　　　　　［語気］〜なの？（文末に付され、意外だという気持ち表す）
- □ 驚　　　　gèng // geng¹　　　　　［動］（好ましくないことを予想して）思う
- □ 蕩失 // 路　dohng.sàt louh // dong⁶sat⁷ lou⁶　道に迷う
- □ 你有心　　néih yáuh.sàm // nei⁵ jau⁵.sam¹　（気を遣ってくれて）ありがとう
- □ 應該　　　yìng.gòi // jing¹goi¹　　［助動］〜はずだ

14-1 ～できる

習得した技能や知識により「～できる」ことは、助動詞「識」を動詞の前に置いて表します。

否定には「唔識」、諾否疑問には「識唔識」を用います。文脈から明らかな場合、動詞（と目的語）は省略されることが多いです（→②）。

（主語）	（副詞）	sik	動詞	（語気助詞）	
你	一個人	識唔識	行	呀	?

① 我 識 扒 艇，不過 唔 識 游 水。
Ngóh sìk pàh téhng, bàt.gwo m̀h sìk yàuh séui. //
Ngo⁵ sik⁷ pa⁴ teng⁵, bat⁷gwo³ m⁴ sik⁷ jau⁴ soey².
僕はボートを漕げるけれども、泳げない。

② 你哋 識唔識 講 日文 呀？ ── 唔 識（講）。
Néih.deih sìk.m̀h.sìk góng Yaht.mán* a? ── M̀h sìk (góng). //
Nei⁵dei⁶ sik⁷m⁴sik⁷ gong² Jat⁹man²* a³? ── M⁴ sik⁷ (gong²).
あなたがたは日本語を話せますか？ ── 話せません。

新出語彙

- □ 游 // 水　yàuh séui // jau⁴ soey²　　泳ぐ
- □ 講　　　 góng // gong²　　　　　　 [動] 話す
- □ 日文　　Yaht.mán* // Jat⁹man²*　　 [名] 日本語

練習問題 ｜ 作文

① 一人でミニバスに乗れますか？── 乗れません。
② あなたは彼が英語を書けると思いますか？（推測しますか）
（書く→寫 sé // se²、英語→英文 Yìng.mán* // Jing¹mán²*）

→ 428

【補足説明】
「少し～できる」は「少少」síu.síu // siu²siu² を動詞の直後に加えて表します。
佢 識 睇 少少 中文字。
Kéuih sìk tái síu.síu Jùng.màhn.jih. // Koey⁵ sik⁷ tai² siu²siu² Dzung¹man⁴dzi⁶.
彼女は少し漢字が（見て）分かります。

14-2 〜のところ

名詞や人称代名詞の直後に場所代名詞「呢度」「嗰度」を置くと、「〜のところ」という意味になります。同様に、「呢便」「嗰便」を置くと、「〜の方」や「〜のがわ」という意味になります。

名詞（句）/ 人称代名詞	場所代名詞 〜のところ
我	呢度

① 我 呢度 冇 你 張 身份證。　　　佢 嗰度 有冇 呀？
　　Ngóh nì.douh móuh néih jèung sàn.fán*.jing.　Kéuih gó.douh yáuh.móuh a? //
　　Ngo⁵ ni¹dou⁶ mou⁵ nei⁵ dzoeng¹ san¹fan²*dzing³. Koey⁵ go²dou⁶ jau⁵mou⁵ a³?
　　私のところにはあなたのIDカードはありません。彼のところにありませんか？

② 我 搵咗 便利店 嗰便，不過 有 提款機。
　　Ngóh wán.jó bihn.leih.dim gó.bihn, bàt.gwo móuh tàih.fún.gèi. //
　　Ngo⁵ wan²dzo² bin⁶lei⁶dim³ go²bin⁶, bat⁷gwo³ mou⁵ tai⁴fun²gei¹.
　　私はコンビニエンスストアの方を探しましたが、ATMはありませんでした。

新出語彙

□ 身份證　　sàn.fán*.jing // san¹fan²*dzing³　　［名］IDカード
□ 嗰便　　　gó.bihn // go²bin⁶　　　　　　　　　［代］あちら。そちら

練習問題　作文

① 財布は埠頭の辺りでなくしました。
　（紛失してしまった→唔見咗 m̀h.gin.jó // m⁴gin³dzo²）
② あなたのところに新聞はありますか？
③（私たちは）発券窓口のがわで（あなたを）待っていますね。── 分かりました。
　（発券窓口→客務中心 haak.mouh.jùng.sàm // haak⁸mou⁶dzung¹sam¹）

→ 433

14-3 ～したまま…する

「住」は動詞の直後に置かれ、動作が行われた後の状態が持続していることを表す助詞です。これが後ろに別の動詞句を従え、「動詞＋住（＋目的語）＋動詞（＋目的語）」の形式を作ると、ある動作を行ったまま（の状態で）別の動作が行われることを表します。

（主語）	動詞 1 + jyu 〜したまま	（目的語 1）	動詞 2	（目的語 2）	
	搦住	地圖	去		。

① 阿傑 喺 床上 瞓住 睇 電視。
A.Giht hái chòhng.seuhng fan.jyuh tái dihn.sih. //
A³Git⁹ hai² tsong⁴soeng⁶ fan³dzy⁶ tai² din⁶si⁶.
傑君はベッドに寝転がってテレビを見ている。

② 可唔可以 著住 鞋 入嚟 呀？
Hó.m̀h.hó.yíh jeuk.jyuh hàaih yahp.làih a? //
Ho²m⁴ho²ji⁵ dzoek⁸dzy⁶ haai⁴ jap⁹lai⁴ a³?
靴を履いたまま入ってきてもよろしいですか？

新出語彙

□ 阿傑　　a.Giht // a³Git⁹　　［名］傑君。傑ちゃん（「傑」は男性名の一部分）
□ 床上　　chòhng.seuhng // tsong⁴soeng⁶　　ベッドで（ここでは「上」は名詞「床」を場所化している）
□ 瞓　　　fan // fan³　　［動］寝転がる
□ 著 // 鞋　jeuk hàaih // dzoek⁸ haai⁴　　靴を履く

──────── 練習問題 ｜ 作文 ────────

① 彼は座ったまま寝ています。

② スーツケースを引きながら歩くのはつらい。　（引く→拉 làai // laai¹、スーツケース→喼 gip // gip⁷、つらい→辛苦 sàn.fú // san¹fu²）

14-4 〜なの（か）？

得られた情報に対して驚いた・意外だという気持ちを表すには、文末に語気助詞「咩」を付します。この「咩」は短く発音されます。命題に対する懐疑的な心理はさほど強くなく、むしろ「相手の言ったことを初めて知り、詳細を確認したい気持ち」を表します。

命題	me	
冇 地圖 識 行	咩	？

① 你 鍾意 佢 咩？
Néih jùng.yi kéuih mè? // Nei⁵dzung¹ji³ koey⁵ me¹?
君は彼女のことが好きなの？（驚き）

② Amy 二十歲 喇 咩？
Èi.mìh yih.sahp seui la mè? // Ei¹mi⁴ ji⁶sap⁶ soey³ la³ me¹?
エイミーは二十歳になっているの？（意外だ）

――――――――――――――― 練習問題｜作文 ―――

① 明日雨が降るの？（意外だ）
② あなたはご飯を食べたの？（驚き）
③ この付近にはインターネット・カフェはありません。
―― え、そうなの？―― はい。
（付近→附近 fuh.gahn // fu⁶gan⁶、インターネット・カフェ→網吧 móhng.bà // mong⁵ba¹）

→ 440

「暴雨警告」と「雷暴警告」

警報が発表されると、テレビ画面にこれらのマークが出ます。

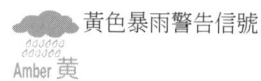

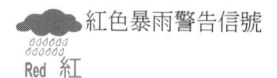

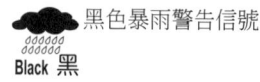

黃色暴雨警告信號　Amber 黃
紅色暴雨警告信號　Red 紅
黑色暴雨警告信號　Black 黑

雷暴　Thunderstorm

14-5 〜と思う

好ましくないことを予想して「思う」「心配する」「ではないか」には、動詞「驚」を用います。「好ましくないこと」は、「驚」の目的語として動詞句で述べられます。

（主語）	geng	目的語［動詞句］	（語気助詞）	
我	驚	你 會 蕩失 路	呀	。

① 我 驚 會 落 驟雨。
Ngóh gèng wúih lohk jaauh.yúh. // Ngo⁵ geng¹ wui⁵ lok⁹ dzaau⁶jy⁵.
にわか雨が降らないか心配です。

② 佢 驚 你 遲到 呀。
Kéuih gèng néih chìh.dou a. // Koey⁵ geng¹ nei⁵ tsi⁴dou³ a³.
彼女はあなたが遅刻すると思っていますよ。

練習問題：作文

① 空港で買い物をすると高いのではないでしょうか。
② お金が足りないかもしれないんだけど。　（〜が足りている→夠 gau // gau³）

セントラルにある「立法會大樓」。1912年に最高法院大樓として建てられる。1985年から2011年までは立法局（中国への返還後は立法会）が使用した。今後は終審法院が使用する予定。

14-6 〜はずだ

強い推量「〜はずだ」は、助動詞「應該」を動詞の直前に置いて表します。「〜ないはずだ」は、「唔」や「冇」を「應該」の直前ではなく動詞の前(すなわち「應該」よりも後ろ)に置いて表します(→②)。

(主語)	ying.goi	動詞	(目的語)	
	應該	冇	問題	。

① 陳生 同 陳太 應該 去咗 飲 茶。
Chàhn.sàang tùhng Chàhn.táai* yìng.gòi heui.jó yám chàh. //
Tsan⁴saang¹ tung⁴ Tsan⁴taai²* jing¹goi¹ hoey³dzo² jam² tsa⁴.
陳さんと陳さんの奥さんは飲茶をしに出かけているはずだ。

② 便利店 前便 嗰度 應該 冇 巴士站。
Bihn.leih.dim chìhn.bihn gó.douh yìng.gòi móuh bà.sí.jaahm. //
Bin⁶lei⁶dim³ tsin⁴bin⁶ go²dou⁶ jing¹goi¹ mou⁵ ba¹si²dzaam⁶.
コンビニの前のところにはバス停はないはずだ。

新出語彙

□ 飲 // 茶　　yám chàh // jam² tsa⁴　　飲茶をする

練習問題│作文

① 今や香港にもモンスター・ペアレントがいるはずだ。—— え、そうなの？
(モンスター・ペアレント→怪獸家長 gwaai.sau.gà.jéung // gwaai³sau³ga¹dzoeng²)

② ここではタバコを吸ってはいけないはずだ。

香港で出版されたモンスター・ペアレントに関する書籍

聞き取りにチャレンジ

発音された語に○を付けましょう。

① 你哋 識唔識 [a)] [b)] 呀？—— 唔 識 [a)] 。

a) | 彈 | 彈 | 拉 | 吹 | 打 |

b) | 鋼琴 | 結他 | 小提琴 | 長笛 | 鼓 |

② 我 驚 你 會 [ ] 呀。

| 潛 水 | 發 脾氣 | 走 雞 | 放 飛機 | 呷 醋 |

補充語彙

【楽器に関する動作】

- □ 彈　　　　tàahn // taan⁴　　　　（ピアノやギターを）弾く
- □ 拉　　　　làai // laai¹　　　　　（ヴァイオリンなどを）弾く
- □ 吹　　　　chèui // tsoey¹　　　　吹く
- □ 打　　　　dá // da²　　　　　　　叩く

【楽器】

- □ 鋼琴　　　gong.kàhm // gong³kam⁴　　ピアノ
- □ 結他　　　git.tà // git⁸ta¹　　　　　　ギター
- □ 小提琴　　síu.tàih.kàhm // siu²tai⁴kam⁴　ヴァイオリン
- □ 長笛　　　chèuhng.dék* // tsoeng⁴dek²*　フルート
- □ 鼓　　　　gwú // gwu²　　　　　　　　ドラム

【離合詞】

- □ 潛 // 水　　chìhm séui // tsim⁴ soey²　　引きこもる（最近使われるようになった語義）
- □ 發 // 脾氣　faat pèih.hei // faat⁸ pei¹hei³　かんしゃくを起こす
- □ 走 // 雞　　jáu gài // dzau² gai¹　　　　　チャンスを逃す
- □ 放 // 飛機　fong fèi.gèi // fong³ fei¹gei¹　約束をすっぽかす
- □ 呷 // 醋　　haap chou // haap⁸ tsou³　　　焼きもちを焼く

第15課 お土産を買う

言えると楽しい！

🔊 452

■「多」を使った表現

本課では、第13課ですでに学習した「多めに」「もっと」を表す「多啲」が出てきますが、「多」を用いた表現をさらにいくつか知っておくとよいでしょう。

唔該，講 多次 吖。
M̀h.gòi, góng dò chi à. // M⁴goi¹, gong² do¹ tsi³ a¹.
すまないけど、もう一度言ってちょうだい。

唔好意思，等 多陣 啦。
M̀h.hóu.yi.sì, dáng dò jahn là. //
M⁴hou²ji³si¹, dang² do¹ dzan⁶ la¹.
申し訳ありませんが、もうしばらくお待ちください。

俾 多隻 / 個 / 張 / 啲，得唔得？
Béi dò jek / go / jèung / dì, dàk.m̀h.dàk? //
Bei² do¹ dzek⁸ / go³ / dzoeng¹ / di¹, dak⁷m⁴dak⁷?
もう一つください。いいですか？（「啲」の場合は「もっとください」）

我 想 住多 一晚 呀。
Ngóh séung jyuh dò yàt.máahn a. //
Ngo⁵ soeng² dzy⁶ do¹ jat⁷maan⁵ a³.
もう一晩泊まりたいのですが。

🔊 453

■値切るときには…

値切るときの表現としては「平啲，得唔得？」（安くしてもらえません？）や「再平啲吖。」（もっと安くして）があります。女人街や廟街などの露店では値切るのが当たり前ですので、「講價還價」góng ga wàahn ga // gong² ga³ waan⁴ ga³（値段の交渉）を行いましょう。こちらの提示した額が受け入れられないものであれば、店員は「唔得呀。」（だめですよ）と言うでしょう。その場合は、ためらわずに他の店を見に行けばよいのです。もしそこで店員が呼び止めれば、脈はあると判断してよいでしょう。

收 平啲 啦！——計平 俾 你 吖。——平 幾多 呀？
Sàu pèhng.dì là! —— Gai.pèhng béi néih à. —— Pèhng géi.dò a? //
Sau¹ peng⁴di¹ la¹! —— Gai³peng⁴ bei² nei⁵ a¹. —— Peng⁴ gei².do¹ a³?
ちょっとまけてください！—— まけてあげよう。—— いくら安くしてくれますか？

171

中華系菓子の店にて

454 (normal)
455 (slow)

職員：小姐，呢啲 係 老婆餅，好 好味 㗎。
Síu.jé, nì dì haih lóuh.pòh.béng, hóu hóu.meih ga. //
Siu²dze², ni¹ di³ hai⁶ lou⁵po⁴beng², hou² hou²mei⁶ ga³.

鈴木：我 知 呀。我 喺度 數緊 要 買 幾多 個。
Ngóh jì a.　　Ngóh hái.douh sóu.gán yiu máaih géi.dò go. //
Ngo⁵ dzi¹ a³.　Ngo⁵ hai²dou⁶ sou²gan² jiu³ maai⁵ gei²do¹ go³.

職員：老婆餅 好 啱 送 俾 親朋戚友 做 手信 㗎。
Lóuh.pòh.béng hóu àam sung béi chàn.pàhng.chìk.yáuh jouh sáu.seun ga. //
Lou⁵po⁴beng² hou² aam¹ sung³ bei² tsan¹pang⁴tsik⁷jau⁵ dzou⁶ sau²soen³ ga³.

你 想 送 俾 幾多 位 呀？
Néih séung sung béi géi.dò wái* a? //
Nei⁵ soeng² sung³ bei² gei²do¹ wai²* a³?

鈴木：仲 未 諗好 呀。　上次 買多咗，今次 想 買 少啲。
Juhng meih nám.hóu a.　Seuhng.chi máaih.dò.jó, gàm.chi séung máaih síu.dì. //
Dzung⁶ mei⁶ nam²hou² a³. Soeng⁶tsi³ maai⁵do¹dzo², gam¹tsi³ soeng² maai⁵ siu²di¹.

職員：你 買 多啲 嘅話，我哋 會 同 你 計平啲 嘅。
Néih máaih dò.dì ge wá*, ngóh.deih wúih tùhng néih gai.pèhng.dì ge. //
Nei⁵ maai⁵ do¹di¹ ge³ wa²*, ngo⁵dei⁶ wui⁵ tung⁴ nei⁵ gai³peng⁴di¹ ge³.

鈴木：真係？
Jàn.haih? //
Dzan¹hai⁶?

職員：係 呀。買二 送一，點 吖？
Haih a.　Máaih yih sung yàt, dím à? //
Hai⁶ a³.　Maai⁵ ji⁶ sung³ jat⁷, dim² a¹?

店員：お客様、こちらは女房ビスケットです。美味しいんですよ。
鈴木：分かっています。幾つ買わないといけないかちょうど数えているところです。
店員：女房ビスケットはお土産として身近な方々へプレゼントするのに最適ですよ。何人の方にプレゼントしたいのですか？
鈴木：まだ考えがまとまっていません。前回ちょっと多く買いすぎたので、今回は買うのは少なめにしないといけないと思っています。
店員：多くお買いになれば、値引きいたしますが。
鈴木：本当ですか？
店員：ええ。２つ買うと１つプレゼントということでどうです？

新出語彙

- 老婆餅　　lóuh.pòh.béng // lou^{5}po^{4}beng^2　［名］女房ビスケット（中華系菓子）
- 好味　　　hóu.meih // hou^{2}mei^6　［形］美味しい
- 知　　　　jì // dzi^1　［動］知っている
- 喺度　　　hái.douh // hai^{2}dou^6　［副］ちょうど（「動詞＋緊」の直前に置かれ、現に動作が進行中であることを表す）
- 數　　　　sóu // sou^2　［動］数える
- 緊　　　　gán // gan^2　［相］動詞の直後に置かれ、動作・行為が進行中であることを表す
- 幾多　　　géi.dò // gei^{2}do^1　［代］いくつ。いくら
- 啱　　　　àam // aam^1　［形］〜（する）に相応しい
- 親朋戚友　chàn.pàhng.chìk.yáuh // tsan^{1}pang^{4}tsik^{7}jau^5　［名］親類や友人
- 做　　　　jouh // dzou^6　［動］〜にする。〜とする
- 位　　　　wái* // wai^2*　［量］敬意の対象に対して用いる
- 諗　　　　nám // nam^2　［動］考える。思惟を巡らす
- 好　　　　hóu // hou^2　きちんと〜する。〜しあがる。
- 今次　　　gàm.chi // gam^{1}tsi^3　今回
- 嘅話　　　ge wá* // ge^3 wa^2*　〜ならば
- 同　　　　tùhng // tung^4　［前］〜のために（利益を受ける者を導く）
- 計　　　　gai // gai^3　［動］計算する
- 平　　　　pèhng // peng^4　ここでは動詞の直後に置かれ結果補語を担い、「安くなっていること」を表す
- 買二送一　máaih yih sung yàt // maai^5 ji^6 sung^3 jat^7　２つ買うと１つプレゼントする
- 點吖　　　dím à // dim^2 a^1　どう（よ）？（この「吖」は、相手を追及し速やかな反応を待ち望む気持ちを表す語気助詞であり、詰問などでも用いられるもの）

15-1 〜しているところ

動作・行為が進行中であることを表すには、「緊」を動詞の直後に付します。動詞の直前に「喺度」を置くと、現にここで進行中であるという語感「ちょうど」「まさに」が加わります。

（主語）	（副詞）	動詞＋gan	（目的語）	
我	喺度	數緊	要買幾多個	。

① 我哋嚟緊呀。唔該你等多一個字吖。
   Ngóh.deih làih.gán a. M̀h.gòi néih dáng dò yàt go jih à. //
   Ngo^{5}dei^6 lai^{4}gan^2 a^3.　M^{4}goi^1 nei^5 dang^2 do^1 jat^7 go^3 dzi^6 a^1.
   私たちはもう到着します。すみませんがもう5分待ってくださいな。(来つつあるところだ)

② 佢喺度傾緊電話。
   Kéuih hái.douh kìng.gán dihn.wá*. //
   Koey^5 hai^{2}dou^6 king^{1}gan^2 din^{6}wa^2*.
   彼はちょうど電話中です。

新出語彙

□ 傾 // 電話　　kìng dihn.wá* // king^1 din^{6}wa^2*　　電話で話す。通話する

練習問題 作文

① 私たちは現にここであなたを待っているところですよ。
   (あなたが来るのを待つ)
② 彼女たちはあの店で値段の交渉をしているところです。
   (値段の交渉をする→講 // 價 góng ga // gong^2 ga^3)

→ 460

15-2 いくつ、いくら

数量を問うには、「幾多」を主語や目的語の位置に置きます。「幾多」の後には普通「量詞＋名詞」を加えますが、文脈から明らかであれば名詞は省略することができます。また、「幾多」を略して「幾」とも言います。

（助動詞など）	動詞	gei.do ＋量詞	（名詞）
要	買	幾多 個	（老婆餅）

① 你 買 幾多 件 衫 呀？ ── 買 兩件。
　　Néih máaih géi.dò gihn sàam a? ── Máaih léuhng gihn. //
　　Nei⁵ maai⁵ gei²do¹ gin⁶ saam¹ a³? ── Maai⁵ loeng⁵ gin⁶.
　　服を何着買いますか？　　　 ── 2着買います。

② 呢件 行李 有 幾多 kg 呀？ ── 有 二十 kg 左右。
　　Nì gihn hàhng.léih yáuh géi.dò kèi.jì a? ── Yáuh yih.sahp kèi.jì jó.yáu*. //
　　Ni¹ gin⁶ hang⁴lei⁵ jau⁵ gei¹do¹ kei¹dzi¹ a³? ── Jau⁵ ji⁶sap⁹ kei¹dzi¹ dzo²·jau²*.
　　この荷物は何キロありますか？　── 20キロ前後あります。

新出語彙

- 件　　gihn // gin⁶　　［量］1. 上半身にまとう衣服に対して用いる、2. 荷物に対して用いる
- kg　　kèi.jì // kei¹.dzi¹　［量］キログラム（kg）

練習問題　作文

① 何箱（分）買いますか？── 2箱（分）買います。　（箱→盒 hahp // hap⁹）
② そこには何軒のレストランがありますか？── たくさんありますよ。
　（たくさんの→好多 hóu.dò // hou²do¹）

補足説明

回数を尋ねるにも「幾多」が用いられます。回数を表す量詞「次」chi // tsi³ の前に「幾多」を置き、「幾多次」と言います。回数を表す表現は、動詞の後ろに置くことに注意してください。

澳門 你哋 去過 幾多 次 呀？ ── 去過 兩次。
澳門は何回行ったことがありますか？── 2回行ったことがあります。

15-3 きちんと〜する、〜しあがる

広東語の動詞は、動作・行為そのものしか表さず、動作・行為が行われた後に現れる状態は全く表してくれません。そこで、「動作や行為が行われた結果どのような状態になったか」は、動詞の直後に別の成分を加えることで表します。この文中成分を「結果補語」と呼ぶことがあります。

ここでは、動作・行為の目的達成を表す結果補語「倒」を例に挙げてみます。

動詞のみ＝動作・行為　　　　　　　動詞＋ 補語 "倒" ＝目的達成の状態

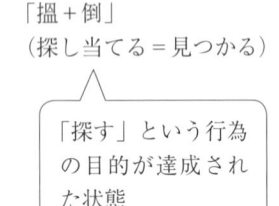

動詞「搵」
（探す）

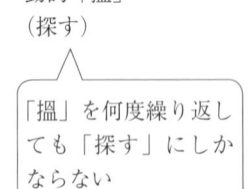

「搵＋倒」
（探し当てる＝見つかる）

「搵」を何度繰り返しても「探す」にしかならない

「探す」という行為を行った結果、ある状態が現れる

「探す」という行為の目的が達成された状態

「動作・行為の結果としてある状態が現れた」ということは「新しい状況が出現した」ことになるので、結果補語は文末に付される語気助詞「喇」la // la³（確認疑問だと「嘑」làh // la⁴）と相性がよく、往々にして共起します。しかし、習慣的な事柄やまだ起こっていない事柄について述べる文では、「喇」「嘑」とは相性が悪くなります（→②、③）。

① 我 做完 功課 喇。（結果補語「完」→ 16-5）
　Ngóh jouh.yùhn gùng.fo (la). // Ngo⁵ dzou⁶jyn⁴ gung¹fo³ (la³).
　私は宿題をやり終えた。／やり終えている。

② 佢 成日 都 搭錯 巴士。（結果補語「錯」）
　Kéuih sèhng.yaht dòu daap.cho bà.sí. // Koey⁵ seng⁴jat⁹ dou¹ daap⁸tso³ ba¹si².
　彼女はしょっちゅうバスを乗り間違えている。

③ 你 幾時 睇完 呢本 書 呀？—— 可能 聽日 睇完。
　　（結果補語「完」→ 16-5）
　Néih géi.sìh tái.yùhn nì bún syù a? —— Hó.nàhng tìng.yaht tái.yùhn. //
　Nei⁵ gei²si⁴ tai²jyn⁴ ni¹ bun² sy¹ a³? —— Ho²nang⁴ ting¹jat⁹ tai²jyn⁴.
　いつその本を読み終わりますか？—— 多分明日読み終えます。

否定は動詞の前に「未」を置き、「未＋動詞＋結果補語（＋目的語）」で「動作・行為の結果としてある状態が現れるに至っていない」ことを表します。新しい状況が出現するに至っていないので、語気助詞「喇」や「嘑」は付されません。

（副詞）	mei	動詞	結果補語	（目的語）
仲	未	諗	好	。

諾否疑問は、「動詞＋結果補語（＋目的語）＋未」で、「動作・行為の結果としてある状態が現れているか」を尋ねます。諾否疑問に対する回答は、肯定であれば「動詞＋結果補語（＋目的語）（＋喇）」、否定であれば「未＋動詞＋結果補語（＋目的語）」、あるいは単に「未（＋呀）」と言います。

467 搵倒（鎖匙）未 呀？　→　Yes　搵倒（鎖匙）（喇）。
　　　　　　　　　　　　　　No　未 搵倒（鎖匙）。　／　未 呀。

形容詞「好」は結果補語を担うことがあり、動作・行為が行われた結果、納得のいく状態になっていることを表します。

468 ④ 湯 煲好 未 呀？　――　煲好 喇。
　　Tòng bòu.hóu meih a?　――　Bòu.hóu la. //
　　Tong¹ bou¹hou² mei⁶ a³?　――　Bou¹hou² la³.
　　スープは煮上がりましたか？　――　煮上がっています。

⑤ 我 啲 衫 洗好 未 呀？　――　未 呀。未 洗好。
　　Ngóh dì sàam sái.hóu meih a?　――　Meih a. Meih sái.hóu. //
　　Ngo⁵ di¹ saam¹ sai²hou² mei⁶ a³?　――　Mei⁶ a³. Mei⁶ sai²hou².
　　私の服（複数）は洗い上がりましたか？――　まだです。洗い上がっていません。

469 **新出語彙**

□ 成日　sèhng.yaht // seng⁴jat⁹　［副］いつも。しょっちゅう（sìhng.yaht // sing⁴jat⁹ で発音する話者もいる）
□ 湯　　tòng // tong¹　　［名］スープ
□ 煲　　bòu // bou¹　　　［動］煮る

練習問題｜作文

470 ① 部屋はきちんと片付けましたか？―― きちんと片付けてあります。
② 荷物をきちんと持ちましたか？―― まだです。
③ 部屋の鍵はきちんと閉めましたか？―― まだきちんと閉めていません。
（部屋のドア→房門 fóng*.mùhn // fong²*mun⁴、鍵をかける→鎖 só // so²）

→ 471

15-4 ちょっと～しすぎる

15-3で学習した結果補語は種類が多いのですが、形容詞「多」「少」が結果補語を担うことがよくあります。これは動作・行為が行われた結果、自分の意図するところよりも「多い」「少ない」状態になっていることを表します。普通は自分の意図するところに比べて「多かった・少なかった」を表すことになりますので、形容詞の直後に「咗」を付します。

数量は、「咗」の後ろに置くことができます（→②）。

動詞	結果補語 do/siu	jo	（目的語 / 数量）
上次 買	多	咗	（老婆餅 / 兩個）。

① 我 換多咗 港幣 喇。
Ngóh wuhn.dò.jó Góng.baih la. //
Ngo^5 wun^{6}do^{1}dzo^2 Gong^{2}bai^6 la^3.
私は香港ドルに両替しすぎてしまった。

② 頭先 我 俾少咗 十蚊。
Tàuh.sìn ngóh béi.síu.jó sahp màn. //
Tau^{4}sin^1 ngo^5 bei^{2}siu^{2}dzo^2 sap^9 man^1.
先ほど私は10ドル少なく支払ってしまった。

新出語彙

□ 換　　wuhn // wun^6　　［動］両替する
□ 頭先　tàuh.sìn // tau^{4}sin^1　［副］先ほど
□ 少　　síu // siu^2　　　［形］少ない

練習問題　作文

① 彼はパンを買いすぎてしまった。（パン→麵包 mihn.bàau // min^{6}baau^1）
② 私は前回買って2つ足りなかった。
③ 私たちは1駅先まで行ってしまった。（1駅分多く乗りすぎた）
　（駅→站 jaahm // dzaam^6、駅に対する量詞→個 go // go^3）

15-5 もし〜ならば

仮定を表すには、命題の末尾に「嘅話」を付します。
この他に、命題の冒頭に「如果」を置いても表すことができます（→②）。
また「如果」と「嘅話」は共起しても構いません。

従属節 命題＋ ge wa	主節
你 買 多啲 嘅話，	我哋 會 同 你 計平啲 嘅 。

① 你 而家 唔 去 嘅話，可能 趕唔切。
　Néih yìh.gà m̀h heui ge wá*, hó.nàhng gón.m̀h.chit. //
　Nei⁵ ji⁴ga¹ m⁴ hoey³ ge³ wa²*, ho²nang⁴ gon²m⁴tsit⁸.
　今から行かなければ、多分間に合いません。

② 如果 想 買 多啲，去 超市 買 好啲。
　Yùh.gwó séung máaih dò.dì, heui chìu.síh máaih hóu.dì. //
　Jy⁴gwo² soeng² maai⁵ do¹di¹, hoey³ tsiu¹si⁵ maai⁵ hou²di¹.
　もしもっと買いたいのであれば、スーパーに買いに行くと（より）よいです。

新出語彙

□ 趕唔切　gón.m̀h.chit // gon²m⁴tsit⁸　間に合わない
□ 如果　　yùh.gwó // jy⁴gwo²　　　　　［接］もし
□ 好　　　hóu // hou²　　　　　　　　［形］よい

練習問題｜作文

① 今から来れば、まだ間に合います。―― 本当？
　（間に合う→趕得切 gón.dàk.chit // gon²dak⁷tsit⁸）

② あなたが行かないのであれば、私たちも行きません。

→ 479

香港についにお土産が登場。

15-6 〜のために…する

　誰か・何かのために動作・行為を行うことは、前置詞「同」を動詞の前に置いて表します。「同」は、動作・行為を行ってもらうことで利益を受ける「受益者」を導きます。従来の教材では「〜のために」という固定した日本語訳が掲げられてきたようですが、日本語では「〜のために」を言わない方が自然な場合が多いでしょう。

　日本語に訳すと似た表現となるものに、被代理者を導く「幫」がありますが（→ 13-3）、それに比べると動作・行為を行ってもらうことで「利益がもたらされる」語感が強いことが特徴です。

(主語)	(助動詞など)	tung	受益者	動詞（句）	
我哋	會	同	你	計平啲	。

① 我 同 你 改 英文名 吖。
　Ngóh tùhng néih gói Yìng.màhn.méng* à. //
　Ngo⁵ tung⁴ nei⁵ goi² Jing¹man⁴.meng²* a¹.
　あなた（のため）にイングリッシュ・ネームを付けてあげましょう。

② 你 可唔可以 同 我 講 細聲啲 呀？
　Néih hó.m̀h.hó.yíh tùhng ngóh góng sai.sèng.dī a? //
　Nei⁵ ho²m⁴ho²ji⁵ tung⁴ ngo⁵ gong² sai³seng¹di¹ a³?
　（うるさいので、私のために）もう少し小さな声で話してもらえないでしょうか？

新出語彙

- □ 改　　gói // goi²　　　　　　　　　［動］名付ける
- □ 英文名　Yìng.màhn.méng* // Jing¹man⁴.meng²*　　［名］イングリッシュ・ネーム
- □ 細聲　sai.sèng // sai³seng¹　　　　［形］声が小さい

練習問題　作文

① （私のために）状況を説明してもらえないでしょうか？
　（説明する→解釋 gáai.sìk // gaai²sik⁷、状況→情況 chìhng.fong // tsing⁴fong³）

② 私どもはあなた（のため）にホテルを数軒ご紹介します。
　（紹介する→介紹 gaai.siuh // gaai³siu⁶、軒→間 gàan // gaan¹）

聞き取りにチャレンジ

発音された語に○を付けましょう。

① 佢 喺度 [a)] 緊 [b)] 。

| a) | 做 | 吹 | 釣 | 講 | 聽 |

| b) | 嘢 | 水 | 魚 | 書 | 書 |

② 如果 想 買 多啲，去 [　　] 買 好啲。

| 士多　専門店　免税店　批發商　購物中心 |

補充語彙

【離合詞】
- 做 // 嘢　　jouh yéh // dzou⁶ je⁵　　仕事をする
- 吹 // 水　　chèui séui // tsoey¹ soey²　　四方山話をする
- 釣 // 魚　　diu yú* // diu³ jy²*　　居眠りをする
- 講 // 書　　góng syù // gong² sy¹　　（授業で教師が）話をする
- 聽 // 書　　tèng syù // teng¹ sy¹　　（授業で学生が）話を聞く

【業態】
- 士多　　　　sih.dò // si⁶do¹　　　　　　　　雑貨店
- 専門店　　　jyùn.mùhn.dim // dzyn¹mun⁴dim³　専門店
- 免税店　　　míhn.seui.dim // min⁵soey³dim³　免税店
- 批發商　　　pài.faat.sèung // pai¹faat⁸soeng¹　卸売業者。問屋
- 購物中心　　kau.maht.jùng.sàm // kau³mat⁹dzung¹sam¹　ショッピング・センター

> **コミュニケーション次の一歩** ── 店頭で見かける「買○送●」
>
> 　香港では、店頭で「買○送●」という標示をよく目にします。○や●には数字が入るのですが、これは「○個買うと●個プレゼントします」という意味です。中には「買三送二」や「買二送一」のように、売値そのものに疑念を生じさせる標示も見かけますが。
>
> 　○や●は数量を表しますので、理屈として2には「兩」を用いるべきなのでしょうが、この表現では「兩」ではなく「二」が用いられます。

ハリケーン・シグナル（→第16課）

▜ 1

▼ 8
SE 東南

⊥ 3

▼ 8
SW 西南

▲ 8
NE 東北

✕ 9

▲ 8
NW 西北

✚ 10

- 「一號風球」fùng.kàuh // fung¹kau⁴ あるいは「一號波」bò // bo¹（一般の表現。以下同じ）：800km以内に台風が接近し、今後影響があると判断される場合。
- 「三號風球 / 波」：香港近海に強風が吹いているか、吹くと予想される場合。
- 「八號風球 / 波」：香港近海に猛烈な風が吹いているか、吹くと予想される場合。
- 「九號風球 / 波」：猛烈な風が今後さらに強まると予想される場合。
- 「十號風球 / 波」：台風が香港を通過している場合。

第16課 想定外の事態に陥った場合

言えると楽しい！

■ 咩話　　mè wá* // me¹ wa²*

得られた情報に予想外の内容が含まれていてそれに驚愕する場合、この「何ですって」には急激な上昇調のイントネーションが加わります。

これに対して、電話などで相手の言っている内容がよく聞き取れない、よく理解できないときには「咩嘢 / 乜嘢話？」（何？）と言います。

咩嘢話？聽唔倒 / 聽唔明。
Mè.e wá*? Tèng.m̀h.dóu / Tèng.m̀h.mìhng. //
Me¹e³ wa²*? Teng¹m⁴dou² / Teng¹m⁴ming⁴.
何？聞こえない。/ 言っていることが分からない。

■ 死嘞　　séi la(a)k // sei² la(a)k⁸

「死嘞」（しまった）は「死火嘞」séi fó la(a)k // sei² fo² la(a)k⁸ とも言います。似た表現としては、「弊嘞」baih la(a)k // bai⁶ la(a)k⁸（まずい）があります。また、嫌な状況に陥った場合には「好慘」hóu cháam // hou² tsaam² と言います。

你 點 呀？── 好 慘 呀。唔見咗 銀包 喇。
Néih dím a?　── Hóu cháam a. M̀h.gin.jó ngàhn.bàau la. //
Nei⁵ dim² a³?　── Hou² tsaam² a³. M⁴gin³dzo² ngan⁴baau¹ la³.
どうしたの？── もういやだ。財布をなくしちゃった。

■ 台風警報

気象に関しては、会話で多用される表現の他に、専ら報道で用いられる表現があります。例えば、「台風」は会話では「打風」dá fùng // da² fung¹ と言いますが、報道では「熱帶風暴」yiht.daai.fùng.bouh // jit⁹daai³fung¹bou⁶ や「熱帶氣旋」yiht.daai.hei.syùhn // jit⁹daai³hei³syn⁴ と言います。

香港では天文台が気象台の役割を兼ねており、気象注意報・警報の発表も行います。台風に関する警報は、左頁のようになっています。発令されるとテレビやラジオのニュースで報道され、ハリケーン・シグナルがテレビ画面に出ます。レベル8が発表されると水上での活動は停止となり、レベル9が発表されると外出しないよう呼びかけがなされ、商店は閉まります。

ホテルの廊下で従業員と会話

鈴木：早晨 呀！
Jóu.sàhn a! // Dzou²san⁴ a³!

酒店職員：早晨！你 食咗 飯 未 呀？
Jóu.sàhn! Néih sihk.jó faahn meih a? //
Dzou²san⁴! Nei⁵ sik⁹dzo² faan⁶ mei⁶ a³?

鈴木：未 呀。我 就嚟 出去 食 喇。
Meih a. Ngóh jauh.làih chèut.heui sihk la. //
Mei⁶ a³. Ngo⁵ dzau⁶lai⁴ tsoet⁷hoey³ sik⁹ la³.

酒店職員：你 出 街 做 乜嘢 呀？ 你 知唔知 出便 落緊 雨 呀？
Néih chèut gàai jouh màt.yéh a? Jì.m̀h.jì chèut.bihn lohk.gán yúh a? //
Nei⁵ tsoet⁷ gaai¹ dzou⁶ mat⁷je⁵ a³? Dzi¹m⁴dzi¹ tsoet⁷bin⁶ lok⁹gan² jy⁵ a³?

鈴木：落緊 雨 呀？ 係唔係 落緊 大雨 呀？
Lohk.gán yúh àh? Haih.m̀h.haih lohk.gán daaih.yúh a? //
Lok⁹gan² jy⁵ a⁴? Hai⁶m⁴hai⁶ lok⁹gan² daai⁶jy⁵ a³?

酒店職員：係 呀。落得 好 犀利，仲 好 大風 呀。
Haih a. Lohk.dàk hóu sài.leih, juhng hóu daaih.fùng a. //
Hai⁶ a³. Lok⁹dak⁷ hou² sai¹lei⁶, dzung⁶ hou² daai⁶fung¹ a³.

鈴木：咩話!？ 點解 會 噉樣 㗎？
Mè wá*!? Dím.gáai wúih gám.yéung* ga? //
Me¹ wa²*!? Dim²gaai² wui⁵ gam²joeng²* ga³?

酒店職員：因爲 打風 呀。
Yàn.waih dá fùng a. // Jan¹wai⁶ da² fung¹ a³.

天文臺 啱啱 掛咗 九號 風球 喇。
可能 聽日 先 掛完 呀。
Tìn.màhn.tòih àam.àam gwa.jó gáu houh fùng.kàuh la.
Hó.nàhng tìng.yaht sìn gwa.yùhn a. //
Tin¹man⁴toi⁴ aam¹aam¹ gwa³dzo² gau² hou⁶ fung¹kau⁴ la³.
Ho²nang⁴ ting¹jat⁹ sin¹ gwa³jyn⁴ a³.

鈴木：死嘞！ 冇得 出去 食飯 呀。
Séi laak! Móuh.dàk chèut.heui sihk faahn a. //
Sei² laak⁸! Mou⁵dak⁷ tsoet⁷hoey³ sik⁹ faan⁶ a³.

鈴木：おはようございます！
従業員：おはようございます！ご飯は食べましたか？
鈴木：まだです。もうすぐ食べに出かけます。
従業員：外出してどうするのですか？外は雨が降っているのをご存じですか？
鈴木：雨が降っているんですか？強く降っているのですか？
従業員：ええ。降り方が凄いですし、それに強風です。
鈴木：何ですって！？どうしてなんでしょう？
従業員：台風が来てますから。
　　　　気象台が丁度レベル９の台風警報を出したところです。多分明日にならないと警報は解除されないでしょう。
鈴木：しまった！食事をしに外出できない…。

新出語彙

- □ 未　　　meih // mei⁶　　　　　　　［副］文末に置かれ、動作・行為が実現しているか尋ねる
- □ 就嚟　　jauh.làih // dzau⁶lai⁴　　　［副］もうすぐ（jauh.lèih // dzau⁶lei⁴ とも）
- □ 做乜嘢　jouh màt.yéh // dzou⁶ mat⁷je⁵　（～して）どうするの
- □ 係　　　haih // hai⁶　　　　　　　［助動］～なのです（判断を表す）
- □ 大雨　　daaih.yúh // daai⁶jy⁵　　　［名］大雨（である）
- □ 得　　　dàk // dak⁷　　　　　　　動詞の直後に置かれ、動作・行為の行われ方を表現する「様態補語」を導く
- □ 犀利　　sài.leih // sai¹lei⁶　　　　［形］凄い
- □ 仲　　　juhng // dzung⁶　　　　　［副］さらに。加えて
- □ 大風　　daaih.fùng // daai⁶fung¹　　［形］強風である
- □ 咩話　　mè wá* // me¹ wa²*　　　何ですって。何だと
- □ 點解會噉樣㗎　dím.gáai wúih gám.yéung* ga // dim² gaai² wui⁵ gam² joeng²* ga³　　どうしてそうなるのですか？（「點解」は原因を尋ねる）
- □ 打 // 風　dá fùng // da² fung¹　　　台風が来て嵐になる
- □ 天文臺　tìn.màhn.tòih // tin¹man⁴toi⁶　［名］天文台（香港では気象台を兼ねる）
- □ 啱啱　　àam.àam // aam¹aam¹　　　［副］ちょうど（～したところである）
- □ 掛 // 風球　gwa fùng.kàuh // gwa³ fung¹kau⁵　強風警報を出す
- □ 九號　　gáu houh // gau²hou⁶　　　シグナル・レベル９（台風警報）
- □ 先　　　sìn // sin¹　　　　　　　　［副］ようやく。やっと
- □ 完　　　yùhn // jyn⁴　　　　　　　動作・行為の終了を表す
- □ 死嘞　　séi la(a)k // sei² la(a)k⁸　　しまった
- □ 冇得　　móuh.dàk // mou⁵dak⁷　　　［助動］～できない。～のしようがない（動詞の前に置かれ、条件や環境が整っておらず、動作・行為が行えないことを表す）

16-1 もうすぐ

動作・行為がもうすぐ行われる、状況がまもなく現れる「近接未来」は、動詞の前に副詞「就嚟」を置いて表します。新しい状況が出現することを先取りして、文末に語気助詞「喇」を付すこともあります（→①）。

（主語）	jau.lai	動詞	（目的語）	(la)
我	就嚟	出去 食		喇 。

① 佢哋 就嚟 畢 業（喇）。
　Kéuih.deih jauh.làih bàt yihp la. // Koey^{5}dei^6 dzau^{6}lai^4 bat^7 jip^9 la^3.
　彼らはもうすぐ卒業します。

② 我哋 公司 就嚟 要 搬。　呢個 係 新 地址。
　Ngóh.deih gùng.sì jauh.làih yiu bùn. Nì go haih sàn deih.jí. //
　Ngo^{5}dei^6 gung^{1}si^1 dzau^{6}lai^4 jiu^3 bun^1. Ni^1 go^3 hai^6 san^1 dei^{6}dzi^2.
　私たちの会社はもうすぐ引っ越しせねばなりません。これは新しい住所です。

新出語彙

- □ 畢 // 業　　bàt yihp // bat^7 jip^9　　　　卒業する
- □ 公司　　　gùng.sì // gung^{1}si^1　　　　［名］会社
- □ 搬　　　　bùn // bun^1　　　　　　　　　［動］引っ越す
- □ 地址　　　deih.jí // dei^{6}dzi^2　　　　　［名］住所

練習問題　作文

① 彼らはもうすぐ結婚します。（結婚する→結 // 婚 git fàn // git^8 fan^1）

② もうすぐクリスマスです。
　（クリスマス→聖誕節 sing.daan.jit // sing^{3}daan^{3}dzit^8）

16-2 ～してどうする？

連動文の後続する動詞句に「做乜（嘢）」を置くと、動作・行為の目的を問う表現となります。

これに対して、先行する動詞句に「做乜（嘢）」を置くと、動作・行為の理由を問う表現「なぜ～するの」となります。

（主語）	動詞１（＋目的語）	動詞２＋目的語	（語気助詞）	
你	出 街	做 乜嘢	呀	？

◀))
498

① 你咁夜出街做乜嘢呀？
Néih gam yeh chèut gàai jouh màt.yéh a? //
Nei⁵ gam³ je⁶ tsoet⁷ gaai¹ dzou⁶ mat⁷je⁵ a³?
こんなに夜遅く外出してどうするのですか？〔目的を問う〕
（≠你做乜嘢咁夜出街呀？）
（≠あなたはなぜこんなに夜遅く外出するのですか？〔理由を問う〕）

② 你頭先上咗網做乜嘢呀？　—— Check吓 e-mail。
Néih tàuh.sìn séuhng.jó móhng jouh màt.yéh a? —— Chèk.háh yì.mèl. //
Nei⁵ tau⁴sin¹ soeng⁵dzo² mong⁵ dzou⁶ mat⁷je⁵ a³? —— Tsek⁷ha⁵ ji¹meu¹.
先ほどインターネットにアクセスして何をしていたの？　—— ちょっと電子メールをチェックしました。

◀))
499

新出語彙

□ 夜　　　yeh // je⁶　　　　　　　　　　　［形］時間が夜遅い
□ 上 // 網　séuhng móhng // soeng⁵ mong⁵　インターネットに接続する
□ check　chèk // tsek⁷　　　　　　　　　　［動］チェックする
□ e-mail　yì.mèl // ji¹meu¹　　　　　　　　［名］電子メール

練習問題　作文

◀))
500

① 広東語を勉強してどうするの？　—— 香港と澳門に旅行に行きます。
　（香港と澳門に遊びに行く）
② 君たちはここで写真を撮ってどうするのですか？　—— 両親に見せてあげます。　（写真を撮る→影 // 相 yíng séung* // jing² soeng²*、両親→父母 fuh.móuh // fu⁶mou⁵）

◀))
➡ 501

16-3 〜のしかたが…だ

　動作・行為の行われ方は、「得」を動詞の直後に付し、その後に形容詞句を置くことで表されます。この形容詞句は、動作・行為の行われ方に対する評価の言明であり、「様態補語」と呼ばれることがあります。形容詞述語文がそうであったように（→ 10-5）、様態補語も対比を意図しないのであれば、形容詞の前に程度を表す副詞を置くことが普通です。

　「得」の後の形容詞句には目的語を入れることができません。目的語を盛り込みたければ、「動詞＋目的語」を動詞の前に置くか（→①の「講嘢」）、目的語だけを動詞の前に置きます（→②の「WiFi」）。

（主語）	動詞＋dak	形容詞句	
	落得	好 犀利	。

① 佢哋（講 嘢）講得 好 大聲。
　Kéuih.deih (góng yéh) góng.dàk hóu daaih.sèng. //
　Koey⁵dei⁶ (gong² je⁵) gong²dak⁷ hou² daai⁶seng¹.
　彼らは大声で話している。（話し方が大声だ）

② 呢度 Wi-Fi 收得 唔係 幾 好。
　Nì.douh Wàai.fàai sàu.dàk m̀h.haih géi hóu. //
　Ni¹.dou⁶ Waai¹faai¹ sau¹dak⁷ m⁴hai⁶ gei² hou².
　ここは Wi-Fi があまりよくつながらない。（受信状況があまりよくない）

新出語彙

□ 大聲　　　daaih.sèng // daai⁶.seng¹　　[形] 大声である
□ Wi-Fi　　Wàai.fàai // Waai¹faai¹　　　[名] 高速無線インターネット・アクセス・サービス
□ 收　　　　sàu // sau¹　　　　　　　　　[動] 受信する
□ 唔係幾　　m̀h.haih géi // m⁴hai⁶ gei²　あまり〜ない

練習問題 作文

① 陳さんは食べるのが割と早い。（割と→幾 géi // gei²）
② あなたは中国語（広東語）を話すのが上手だ。
　（中国語（広東語）→中文 Jùng.mán* // Dzung¹man²*、上手な→好 hóu // hou²）

16-4 やっと、ようやく

ある動作・行為が、①別の動作・行為、②ある状況、③ある時間、を前提として行われることを表すには、「先」を用います。

前提	sin	動詞（句）
聽日	先	掛完。

① 田中 到 香港 先 換 港幣。
Tìhn.jùng dou Hèung.góng sìn wuhn Góng.baih. //
Tin⁴dzung¹ dou³ Hoeng¹gong² sin¹ wun⁶ Gong²bai⁶.
田中さんは香港に着いてから（ようやく）香港ドルに両替する。

② 要 俾 錢 嘅時候 先 知道 自己 冇 錢。
Yiu béi chín* ge sìh.hauh sìn jì.dou jih.géi móuh chín*. //
Jiu³ bei² tsin²* ge³ si⁴hau⁶ sin¹ dzi¹dou³ dzi⁶gei² mou⁵ tsin²*.
お金を払わねばならないときになってやっと自分がお金を持っていないことに気付いた。

新出語彙

□ 田中　Tìhn.jùng // Tin⁴dzung¹　［名］田中。日本人の姓
□ 知道　jì.dou // dzi¹dou³　［動］知る（この dou // dou³ の本字は「到」）

練習問題　作文

① 私たち何時になったら外出するのですか？
② 彼はまもなく日本に帰るときになって（初めて）まだお土産を買っていないことに気付いた。

→ 508

16-5 ～し終える

　動作・行為が終わっていることは、動詞の直後に「完」を置いて表します。「完」は結果補語を担います。

　終わっていることを否定するには、動詞の前に「未」を置き、「未＋動詞＋完（＋目的語）」で表します。終わっているか尋ねる諾否疑問は、文末に「未」を置いて「動詞＋完（＋目的語）＋未（＋呀）」で表します。諾否疑問に対する答えは、肯定であれば「動詞＋完（＋目的語）」、否定であれば「未＋動詞＋完（＋目的語）」、あるいは簡単に「未（＋呀）」と言います。

① 你 食完 飯 就 出嚟，得唔得？
　　Néih sihk.yùhn faahn jauh chèut.làih, dàk.m̀h.dàk? //
　　Nei⁵ sik⁹jyn⁴ faan⁶ dzau⁶ tsoet⁷lai⁴, dak⁷m⁴dak⁷?
　　食事が終わったら出てきてもらえない？

② 你 嬲完 未 呀？　　　　　　—— 未 呀！未 嬲完 呀！
　　Néih nàu.yùhn meih a?　　—— Meih a! Meih nàu.yùhn a! //
　　Nei⁵ nau¹jyn⁴ mei⁶ a³?　　—— Mei⁶ a³! Mei⁶ nau¹jyn⁴ a³!
　　怒りは収まった？（怒り終わった？）—— まだです！まだ収まっていないって！

新出語彙

□ 就　　jauh // dzau⁶　　［副］〜したら
□ 嬲　　nàu // nau¹　　［動］怒る

練習問題｜作文

① 荷物の整理は終わりましたか？—— 私は終わりました。ですが彼はまだ終わっていません。
② 通話は終わりましたか？（電話で話し終わりましたか）—— まだです。

→ 511

16-6 〜できない

「冇得」は動詞の前に置かれ、条件や環境が整っておらず「〜できない」「〜のしようがない」という意味を表します。

これに対して、「有得」を動詞の前に置くと「〜できる」という意味を表します。「有冇得」を置くと「〜できますか」と尋ねる文になります。

（主語）	yau/mou.dak	動詞（句）	
	冇得	出去 食 飯	。

① 今日 飛機 唔 飛，冇得 嚟 香港。
　Gàm.yaht fèi.gèi m̀h fèi, móuh.dàk làih Hèung.góng. //
　Gam¹jat⁹ fei¹gei¹ m⁴ fei¹, mou⁵dak⁷ lai⁴ Hoeng¹gong².
　今日は飛行機が飛ばないので、香港に来られない。（来る手立てがない）

② 喺 呢間 書局 有冇得 買 英文書 呀？　　── 有得 買。
　Hái nì gàan syù.gúk* yáuh.móuh.dàk máaih Yìng.màhn.syù a? ── Yáuh.dàk máaih. //
　Hai² ni¹ gaan¹ sy¹guk²* jau⁵mou⁵dak⁷ maai⁵ Jing¹man⁴sy¹ a³? ── Jau⁵dak⁷ maai⁵.
　この書店では洋書は買えますか？　　──（洋書を扱っているので）買えます。

新出語彙

- □ 飛機　　fèi.gèi // fei¹gei¹　　［名］飛行機
- □ 飛　　　fèi // fei¹　　［動］飛ぶ
- □ 書局　　syù.gúk* // sy¹guk²*　［名］書店
- □ 有冇得　yáuh.móuh.dàk // jau⁵mou⁵dak⁷　（条件や環境が整っていて）〜できますか？
- □ 英文書　Yìng.màhn.syù // Jing¹man⁴sy¹　［名］英文書籍
- □ 有得　　yáuh.dàk // jau⁵dak⁷　［助動］（条件や環境が整っていて）〜できる

───────────────────────── 練習問題 ｜ 作文 ─────

① この駅にはATMがなく、現金を引き出すことができない。
　（現金を引き出す→攞 // 錢 gahm chín* // gam⁶ chin²*）

② オクトパス・カードはどこでチャージができますか？
　（チャージをする→增 // 值 jàng jihk // dzang¹ dzik⁹）

聞き取りにチャレンジ　発音された語に○を付けましょう。

① 佢哋 做 嘢 做得 好 ☐ 。

| 正經　　求其　　勤力　　嚴格　　投入 |

② 你 買完 ☐ 就 出嚟，得唔得？

| 蔬菜　　生果　　魚　　肉　　餸 |

■ 補充語彙

【形容詞：性質】
- ☐ 正經　　jing.gìng // dzing³ging¹　　真面目である
- ☐ 求其　　kàuh.kèih // kau⁴kei⁴　　いい加減である
- ☐ 勤力　　kàhn.lihk // kan⁴lik⁹　　勤勉である
- ☐ 嚴格　　yìhm.gaak // jim⁴gaak⁸　　厳格である
- ☐ 投入　　tàuh.yahp // tau⁴jap⁹　　熱中している

【食材】
- ☐ 蔬菜　　sò.choi // so¹tsoi³　　野菜
- ☐ 生果　　sàang.gwó // saang¹gwo²　　果物
- ☐ 魚　　　yú* // jy²*　　魚
- ☐ 肉　　　yuhk // juk⁹　　肉
- ☐ 餸　　　sung // sung³　　おかず

第17課 交通機関の乗り方を尋ねる

言えると楽しい！

519 ■ 咩嘢事呀　　mè.e sih a // me¹e³ si⁶ a³

「何ですか」「何事ですか」と尋ねる表現で、「咩嘢 / 乜嘢呀？」とも言います。

　　咩嘢 事 呀？——冇 乜 事。/ 冇 乜嘢。
　　Mè.e sih a?　　——Móuh màt sih / Móuh màt.yéh. //
　　Me¹e³ si⁶ a³?　　——Mou⁵ mat⁷ si⁶ / Mou⁵ mat⁷je⁵,
　　どうしたの？　——何でもない。

520 ■ 記住喇　　gei.jyuh la // gei³dzy⁶ la³

相手に覚えておくよう念を押す表現として用いられます。「忘れてしまいました」は「唔記得喇。」m̀h.gei.dàk la // m⁴gei³dak⁷ la³、「全く忘れてしまいました」は「唔記得晒喇。」m̀h.gei.dàk.saai la // m⁴gei³dak⁷saai³ la³ と言います。

521 ■ 有落　　yáuh lohk // jau⁵ lok⁹

香港で最も便利な交通機関としてミニバスを挙げるのは、決して間違いではないでしょう。マンションと最寄りの地下鉄の駅を結ぶ短距離路線から、香港島と新界を結ぶ長距離路線までありますし、24時間運行している路線もあります。ただ乗降にルールがあるので、旅行者が一人で乗るにはいささか難度が高いでしょうが。頂部が緑のものと赤のものとがあり、前者は路線と停留所が定められていて、原則として停留所でのみ乗降ができます。料金は乗車時に支払います。後者は路線に関して若干融通を利かせてくれ、乗降車禁止区以外では自由に乗降ができます。料金は一般に降車時に支払います。停留所が近づいたら降車する人の有無を、運転手が次のように尋ねてくれることも多いです。降車時の表現の詳細は、本書CD-ROM所収の「常用文例集」を参照してください。

　　中環地鐵 有冇 落 呀？　　—— 有 呀！
　　Jùng.wàahn deih.tit yáuh.móuh lohk a?　——Yáuh a! //
　　Dzung¹waan⁴ dei⁶tit⁸ jau⁵mou⁵ lok⁹ a³?　——Jau⁵ a³!
　　地下鉄セントラル駅で降りる人はいますか？——います！

522 ■ 明喇　　mìhng la // ming⁴ la³

「分かりました」という表現がこれです。「よく分かりません」は「唔係幾明」m̀h.haih géi mìhng // m⁴hai⁶ gei² ming⁴、「何となく分かります」は「明明哋」mìhng.míng*.déi // ming⁴ming²*dei² と言います。

193

鈴木さんはバスやミニバスに乗りたいようです

523 (normal)
524 (slow)

鈴木：喂，傑仔 呀！
Wài, Giht.jái a! // Wai[1], Git[9]dzai[2] a[3]!

Sam：咩嘢 事 呀？
Mè.e sih a? // Me[1]e[3] si[6] a[3]?

鈴木：唔該 你 教 我 點樣 搭 巴士、小巴 吖。
M̀h.gòi néih gaau ngóh dím.yéung* daap bà.sí, síu.bà à. //
M[4]goi[1] nei[5] gaau[3] ngo[5] dim[2]joeng[2]* daap[8] ba[1]si[2], siu[2]ba[1] a[1].

Sam：搭 巴士 好 易。喺 上 車 嘅時候 俾 錢，要 落 嘅時候 撳 鐘 嘅。
Daap bà.sí hóu yih.　Hái séuhng chè ge sìh.hauh béi chín*, yiu lohk ge sìh.hauh gahm jùng ge. //
Daap[8] ba[1]si[2] hou[2] ji[6].　Hai[2] soeng[5] tse[1] ge[3] si[4]hau[6] bei[2] tsin[2]*, jiu[3] lok[9] ge[3] si[4]hau[6] gam[6] dzung[1] ge[3].

鈴木：即係 上 車 時 嘟 八達通 就 得，啱唔啱 呀？
我 好 想 坐喺 樓上 呀。
Jik.haih séuhng chè sìh dùt Baat.daaht.tùng jauh dàk, àam.m̀h.àam a?
Ngóh hóu séung chóh hái làuh.seuhng a. //
Dzik[7]hai[6] soeng[5] tse[1] si[4] dut[7] Baat[8]daat[9]tung[1] dzau[6] dak[7], aam[1]m[4]aam[1] a[3]?
Ngo[5] hou[2] soeng[5] tso[5] hai[2] lau[4]soeng[6] a[3].

Sam：啱 呀。不過 喺 樓上 唔 可以 企，一定 要 坐低。
你 記住 喇。
Àam a. Bàt.gwo hái làuh.seuhng m̀h hó.yíh kéih, yàt.dihng yiu chóh.dài.
Néih gei.jyuh la. //
Aam[1] a[3]. Bat[7]gwo[3] hai[2] lau[4]soeng[6] m[4] ho[2]ji[5] kei[5], jat[7]ding[6] jiu[3] tso[5]dai[1].
Nei[5] gei[3]dzy[6] la[3].

鈴木：好 呀，好 呀。噉，小巴 呢？
Hóu a, hóu a. Gám, síu.bà nè? // Hou[2] a[3], hou[2] a[3]. Gam[2], siu[2]ba[1] ne[1]?

Sam：你 想 搭 綠色小巴 呀，定係 搭 紅色小巴 呀？
Néih séung daap luhk.sìk.síu.bà a, dihng.haih daap hùhng.sìk.síu.bà a? //
Nei[5] soeng[2] daap[8] luk[9]sik[7]siu[2]ba[1] a[3], ding[6]hai[6] daap[8] hung[4]sik[7]siu[2]ba[1] a[3]?

鈴木：想 搭 綠色小巴。
Séung daap luhk.sìk.síu.bà. // Soeng^2 daap^8 luk^{9}sik^{7}siu^{2}ba^1.

Sam：綠色小巴 上 車 同 巴士 一樣。但係 想 落 就 要 同 司機 講「唔該，有落！」。明唔明 呀？
Luhk.sìk.síu.bà séuhng chè tùhng bà.sí yàt.yeuhng. Daahn.haih séung lohk jauh yiu tùhng sì.gèi góng "M̀h.gòi, yáuh.lohk!" Mìhng.m̀h.mìhng a? //
Luk^{9}sik^{1}siu^{2}ba^1 soeng^5 tse^1 tung^4 ba^{1}si^2 jat^{7}joeng^6. Daan^{6}hai^6 soeng^2 lok^9 dzau^6 jiu^3 tung^4 si^{1}gei^1 gong^2 "M^{4}goi^1, jau^{5}lok^9!" Ming^{4}m^{4}ming^4 a^3?

鈴木：明 喇。
Mìhng la. // Ming^4 la^3.

鈴木：ねえ、傑君！
サム：何ですか？
鈴木：すまないけれど、どうやってバスやミニバスに乗るかを教えて。
サム：バスに乗るのは簡単です。乗車する時にお金を払い、降りる時に音の鳴るボタンを押すのです。
鈴木：つまり乗車する時にオクトパス・カードをピッとかざせばいい、ということで正しい？私2階に座りたいなあ。
サム：正しいですよ。でも2階では立ってはいけなくて、必ず着席しないといけません。覚えておいてくださいね。
鈴木：はい、はい。じゃあ、ミニバスは？
サム：頂部が緑色のミニバスに乗りたいですか？それとも頂部が赤色のミニバスに乗りたいですか？
鈴木：頂部が緑色のミニバスに乗りたい。
サム：頂部が緑色のミニバスは乗車がバスと同じです。けれども下りたいならば運転手に「すみません、降ります！」と言わないといけない。分かりますか？
鈴木：分かった。

🔊 525 **新出語彙**

□	喂	wài // wai^1	[感]ねえ。おい（声を掛けるときに用いる）
□	咩嘢事呀	mè.e sih a // me^{1}e^3 si^6 a^3	何ですか。何事ですか
□	教	gaau // gaau^3	[動]教える
□	易	yih // ji^6	[形]簡単な。容易な
□	上 // 車	séuhng chè // soeng^5 tse^1	乗車する
□	落	lohk // lok^9	[動]降車する
□	鐘	jùng // dzung^1	[名]ベル
□	時	sìh // si^4	（〜する）時（「嘅時候」に同じだが、やや硬い表現で用いる）
□	嘟	dùt // dut^7	[動]カード類を感知器にかざす（発音はかざした時に感知器が発する音に由来する。「哔」bit // bit^7 を用いる話者もいる。書面語では「拍」paak // paak^8 が用いられる）
□	就	jauh // dzau^6	[副]〜すれば。〜ならば
□	啱	àam // aam^1	[形]正しい
□	坐	chóh // tso^5	[動]座る
□	喺	hái // hai^2	〜に
□	樓上	làuh.seuhng // lau^{4}soeng^6	[名]上階。ここではダブルデッカー（二階建てバス）の二階を意味する
□	企	kéih // kei^5	[動]立つ
□	一定	yàt.dihng // jat^{7}ding^6	[副]必ず。絶対に
□	坐低	chóh.dài // tso^{5}dai^1	腰を下ろす（「低」は結果補語）
□	記住	gei.jyuh // gei^{3}dzy^6	覚えておく（「住」は結果補語で、動作の対象が固定されることを表す）
□	綠色小巴	luhk.sìk.síu.bà // luk^{9}sik^{7}siu^{2}ba^1	[名]頂部が緑のミニバス。比較的定時運行がなされている
□	紅色小巴	hùhng.sìk.síu.bà // hung^{4}sik^{7}siu^{2}ba^1	[名]頂部が赤のミニバス。定時運行ではない
□	同	tùhng // tung^4	[前]1. 同じ・違う対象を導く、2. 動作行為を行う相手を導く
□	一樣	yàt.yeuhng // jat^{7}joeng^6	[形]同じである
□	司機	sì.gèi // si^{1}gei^1	[名]運転手
□	講	góng // gong^2	[動]言う
□	有落	yáuh.lohk // jau^{5}lok^9	降車します（ミニバスで降車時に言う）
□	明	mìhng // ming^4	[形]分かっている

17-1 〜に…を教える

「教える」「尋ねる」など動作の対象（事柄）が情報である動詞は、相手と対象を目的語として従えることができます。この種の動詞が作る二重目的語構文では、相手（間接目的語）が先、事柄（直接目的語）が後になります。また、動詞句が直接目的語を担うこともあります。（他の二重目的語文→ 08-1、08-2）

（主語）	gaau	間接目的語	直接目的語
你	教	我	點樣 搭 巴士、小巴

① 你 教 我 邊種 語言 呀？ ── 我 教 你 普通話 同 韓文。
Néih gaau ngóh bìn júng yúh.yìhn a? ── Ngóh gaau néih Póu.tùng.wá* tùhng Hòhn.mán* //
Nei⁵ gaau³ ngo⁵ bin¹ dzung² jy⁵jin⁴ a³? ── Ngo⁵ gaau³ nei⁵ Pou²tung¹wa²* tung⁴ Hon⁴man²*.
私にどの言語を教えてくれますか？── 普通話と韓国語をあなたに教えます。

② 你 問咗 職員 二號 登機閘口 喺 邊度 未 呀？
Néih mahn.jó jìk.yùhn yih houh dàng.gèi.jaahp.háu hái bìn.douh meih a? //
Nei⁵ man⁶dzo² dzik⁷jyn⁴ ji⁶ hou⁶ dang¹gei¹dzaap⁹hau² hai² bin¹dou⁶ mei⁶ a³?
職員に2番の搭乗ゲートがどこだか聞きましたか？

新出語彙

- □ 邊種　　bìn júng // bin¹ dzung²　　どの種の。「種」は種類に対して用いる量詞
- □ 語言　　yúh.yìhn // jy⁵jin⁴　　　　［名］言語
- □ 普通話　Póu.tùng.wá* // Pou²tung¹wa²*　［名］中華人民共和国の共通語である普通話（Putonghua）
- □ 韓文　　Hòhn.mán* // Hon⁴man²*　　［名］韓国語
- □ 二號　　yih houh // ji⁶ hou⁶　　　　2番
- □ 登機閘口 dàng.gèi.jaahp.háu // dang¹gei¹dzaap⁹hau²　［名］搭乗ゲート

練習問題　作文

① あなたは誰に日本語を教えるのですか？── フィオナに日本語を教えます。（日本語を話すことを教える）

② すみませんが、香港大学への行き方を教えてちょうだい。（どう行くかを教える）（香港大学→香港大學 Hèung.góng.daaih.hohk // Hoeng¹gong²daai⁶hok⁹）

⇒ 529

17-2 〜すれば…、〜ならば…

前に述べられた内容を受けて結論を導くために、「就」を用いることがあります。仮定の「如果」「嘅話」と相性がよく、共起することが多いです（→①、②）。

命題1	jau	命題2 (結論)
上 車 時 嘟 八達通	就	得 。

① 可唔可以 退 貨 㗎？ —— 如果 呢啲 貨 有 問題，就 可以 退 貨。
Hó.m̀h.hó.yíh teui fo ga? —— Yùh.gwó nì dì fo yáuh mahn.tàih, jauh hó.yíh teui fo. //
Ho²m⁴ho²ji⁵ toey³ fo ga³? —— Jy⁴gwo² ni¹ di¹ fo³ jau⁵ man⁶tai⁴, dzau⁶ ho²ji⁵ toey³ fo³.
返品は可能なのですか？ —— もしこの（複数）品物に問題があれば、返品してもらって構いません。

② 你 覺得 唔舒服 嘅話，就 早啲 休息 啦。
Néih gok.dàk m̀h.syù.fuhk ge wá*, jauh jóu.dì yàu.sìk là. //
Nei⁵ gok⁸dak⁷ m⁴sy¹fuk⁹ ge³ wa²*, dzau⁶ dzou²di¹ jau¹sik⁷ la¹.
気分が悪いのであれば、早めにお休みなさい。

新出語彙

- 退 // 貨　　teui fo // toey³ fo³　　　返品する
- 問題　　　　mahn.tàih // man⁶tai⁴　　[名] 問題

練習問題 作文

① 2時までに来てもらえれば、大丈夫です。 —— 了解しました！
② シティ・ホールへ行くのであれば、タクシーに乗って行くと最もよい。（タクシーに乗れば、最もよい）（シティ・ホール→大會堂 daaih.wuih.tòhng // daai⁶wui⁶tong⁴）

→ 533

17-3 〜に…する

　動作・行為によって事物がある所に位置することを表す「〜に…する」は、動詞の直後に「喺」を置き、その後ろに事物の位置する場所を置きます。「坐喺樓上」は、「座ることで（座った結果）、2階にいる」という理屈になります。
　動作の完了を表す「咗」が必要なら、動詞の直後「喺」の直前に付します（→②）。

（主語）	動詞	hai	移動先	
我	坐	喺	樓上	。

534 07-1 で学んだ「〜で…する」との違いは、次のとおりです。

　喺＋場所＋動詞　動作を行う前提として場所に関する情報が述べられる。「〜で」
　　　　　　　　　「喺＋場所」は前置詞句
　　佢 喺 呢度 玩。　彼はここで遊ぶ。（まず場所としてここを選んで遊ぶ）
　動詞＋喺＋場所　動作の結果として事物がどこに位置するかを述べる。「〜に」
　　　　　　　　　「喺＋場所」は補語
　　佢 坐喺 呢度。　彼はここに座る。（座ることでここにいる）

535 ① 你 個 公事包 可以 放喺 呢度。
　　Néih go gùng.sih.bàau hó.yíh fong.hái nì.douh. // Nei⁵ go³ gung¹si⁶baau¹ ho²ji⁵ fong³hai² ni¹dou⁶.
　　あなたの鞄はここに置いてよいです。
② 垃圾 我 揼咗喺 嗰度。
　　Laahp.saap ngóh dám.jó.hái gó.douh. // Laap⁹saap⁸ ngo⁵ dam²dzo²hai² go²dou⁶.
　　ゴミは僕があそこに捨てました。

536 ■ 新出語彙

□ 公事包　　gùng.sih.bàau // gung¹si⁶baau¹　［名］鞄
□ 放　　　　fong // fong³　　　　　　　　　　［動］置く
□ 垃圾　　　laahp.saap // laap⁹saap⁸　　　　　［名］ゴミ
□ 揼　　　　dám // dam²　　　　　　　　　　［動］捨てる（「抌」と書かれることもある）

① 私は明日日本に帰りますが、彼女はというと香港に留まります。
（留まることで香港にいる）（留まる→留 làuh // lau⁴）

② ここにサインをしました。（サインをした結果、ここにサインが存在する）
（サインをする→簽 chìm // tsim¹）

17-4 ～と同じ

「同じ」や「違う」対象は、前置詞「同」で導きます。そして「同」の後に、「一樣」（同じ）や「唔同」（違う）などを置きます。

（主語）	tung	対象	yat.yeung など	
綠色小巴	同	巴士	一樣	。

① 呢隻 價錢 同 嗰隻 一樣。
Nī jek ga.chìhn tùhng gó jek yàt.yeuhng. //
Ni¹ dzek⁸ ga³tsin⁴ tung⁴ go² dzek⁸ jat⁷joeng⁶.
これは値段はあれと同じです。

② 香港 嘅 地鐵 同 日本 嘅 地鐵 差唔多。
Hèung.góng ge deih.tit tùhng Yaht.bún ge deih.tit chà.m̀h.dò //
Hoeng¹gong² ge³ dei⁶tit⁸ tung⁴ Jat⁹bun² ge³ dei⁶tit⁸ tsa¹m⁴do¹.
香港の地下鉄と日本の地下鉄はだいたい同じです。

新出語彙

□ 價錢　　ga.chìhn // ga³tsin⁴　　［名］値段
□ 嘅　　　ge // ge³　　　　　　　［構造］～の（名詞と名詞の間に置かれ、連体修飾を表す）
□ 差唔多　chà.m̀h.dò // tsa¹m⁴do¹　［形］大体同じである

① 赤いミニバスは降車（の方法）が綠のミニバスと違う。
（降車する→落 // 車 lohk chè // lok⁹ tse¹、違う→唔同 m̀h.tùhng // m⁴tung⁴）

② スーパーで買うのだと、値段がコンビニエンスストアで買うのと違う。

17-5 〜と / に…する

動作・行為の相手は前置詞「同」で導き、動詞の前に置きます。日本語では「〜に」と言う場合でも、動詞によっては「同」を用いることもありますので、注意してください。

（主語）	（助動詞など）	tung	相手	動詞（句）	
	要	同	司機	講「唔該、有落！」	。

543
① 喺 巴士 唔 可以 同 司機 傾 偈。
　Hái bà.sí m̀h hó.yíh tùhng sì.gèi kìng gái*. //
　Hai² ba¹si² m⁴ ho²ji⁵ tung⁴ si¹gei¹ king¹ gai²*.
　バスでは運転手とお喋りをしてはいけない。

② 呢件 事 我 要 同 佢 商量吓。
　Nì gihn sih ngóh yiu tùhng kéuih sèung.lèuhng.háh. //
　Ni¹ gin⁶ si⁶ ngo⁵ jiu³ tung⁴ koey⁵ soeng¹loeng⁴ha⁵.
　この事は私は彼にちょっと相談しないといけない。

544
新出語彙

□ 傾 // 偈　　kìng gái* // king¹ gai²*　　　　お喋りをする
□ 商量　　　sèung.lèuhng // soeng¹loeng⁴　　［動］相談する

━━━━━━━━━━━━━━━━━━━━━━━━━ 練習問題 ┊ 作文 ━━━━

① 私はあなたと値段の交渉をしたい。
② ジェーンは（現にここで）私と四方山話をしているところです。

➡ 545

546
コミュニケーション次の一歩

「咩嘢 / 乜嘢」を使った表現には、他に「何をしているのですか」という意味の「做咩嘢 / 乜嘢呀？」や、「何やらかしているんだ」という意味の「搞咩嘢 / 乜嘢呀？」などがあります。「做」jouh // dzou⁶ は「する」、「搞」gáau // gaau² は「しでかす」という意味の動詞です。「搞」は「攪」と書く人もいます。

聞き取りにチャレンジ　　発音された語に○を付けましょう。

① 你 [a)　] [b)　] 可以 放喺 呢度。

a) | 對　把　把　個　頂 |

b) | 鞋　遮　扇　袋　帽 |

② 呢件 事 我 要 同 [　　] 商量吓。

| 護士　醫生　領隊　律師　經理 |

補充語彙

【身につける物・手に持つ物】
- ☐ 鞋　　hàaih // haai⁴　　　　靴（量詞は「對」）
- ☐ 遮　　jè // dze¹　　　　　　傘（量詞は「把」）
- ☐ 扇　　sin // sin³　　　　　　扇子。うちわ（量詞は「把」）
- ☐ 袋　　dói* // doi²*　　　　　1. バッグ．2. 袋（量詞は「個」）
- ☐ 帽　　móu* // mou²*　　　　帽子（量詞は「頂」déng // deng²）

【職業】
- ☐ 護士　　wuh.sih // wu⁶si⁶　　　　看護士
- ☐ 醫生　　yì.sàng // ji¹sang¹　　　　医者
- ☐ 領隊　　líhng.déui* // ling⁵doey²*　ツアーの添乗員
- ☐ 律師　　leuht.sì // loet⁹si¹　　　　弁護士
- ☐ 經理　　gìng.léih // ging¹lei⁵　　　マネージャー

第18課 電話での話し方

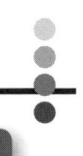

言えると楽しい！

550 ■ 喂，邊位　wái, bīn.wái* // wai² , bin¹wai²*

　電話のかけ方・受け方には決まったパターンがあります。電話を受けた側は、個人であれば「もしもし」に当たる「喂」を言い、「誰」を意味する「邊位」を続けます。「係邊位呀？」（どちら様ですか）と言う話者もいます。機関や組織であれば、「喂，邊位？」とは言わずに、機関・組織名を名乗ります。企業やホテルですと、英語で名乗ることも多いです。

　Good afternoon, ×× hotel.
　こんにちは、××ホテルですが。

　なお、「喂！」wài // wai¹ は人に声をかける場合に用いる感嘆詞です（→第17課）。声調と用法が異なるので注意しましょう。電話を受けながら「喂！」wài // wai¹ と言っている話者がいれば、それは香港ではなく中国本土の人です。

551 ■ 電話で通話する相手を呼んでもらうには…

　電話をかけた側が通話する相手を呼んでもらうには、「唔該，田中小姐吖。」のように言えばよいでしょう。礼儀正しい表現としては「請田中小姐聽電話啦。」（田中さんをお願いいたします）chíng Tìhn.jùng síu.jé tèng dihn.wá* là // tsing² Tin⁴dzung¹ siu²dze² teng¹ din⁶wa²* la¹ がありますが、親しい間柄であれば「唔該，田中。」だけでも構いません。

552 ■ 會唔會阻住你呀　wúih.m̀h.wúih jó.jyuh néih a // wui⁵m⁴wui⁵ dzo²dzy⁶ nei⁵ a³

　電話で相手が出たら、通話しても構わないか尋ねるのが礼儀です。そこで用いるのがこの表現です。「大丈夫です」という返答は、「唔阻。」と言う話者もいます。都合が悪ければ、「（而家）唔係幾方便。」(yìh.gà) m̀h.haih géi fòng.bihn // (ji⁴ga¹) m⁴hai⁶ gei² fong¹bin⁶（今はあまり都合がよくない）と言いましょう。

553 ■ 你都係啦／呀　néih dòu haih la / a // nei⁵ dou¹ hai⁶ la¹ / a³

　ある事柄が相手にも当てはまるときに言う「あなたもね」がこれです。

554 ■ 早唞　jóu.táu // dzou²tau²

　どの広東語教材にも載っているお馴染みの表現「お休みなさい」です。「唞」は「休む」という意味の動詞です。

夜に陳さんから電話がかかってきました

鈴木：喂？邊位呀？
Wái? Bìn.wái* a? // Wai^2? Bin^{1}wai^2* a^3?

陳生：唔該，鈴木小姐吖。
M̀h.gòi, Lìhng.muhk síu.jé à. //
M^{4}goi^1, Ling^{4}muk^9 siu^{2}dze^2 a^1.

鈴木：我係。你係唔係陳生呀？
Ngóh haih. Néih haih.m̀h.haih Chàhn.sàang a? //
Ngo^5 hai^6. Nei^5 hai^{6}m^{4}hai^6 Tsan^{4}saang^1 a^3?

陳生：係呀。而家傾電話會唔會阻住你呀？
Haih a. Yìh.gà kìng dihn.wá* wúih.m̀h.wúih jó.jyuh néih a? //
Hai^6 a^3. Ji^{4}ga^1 king^1 din^{6}wa^2* wui^{5}m^{4}wui^5 dzo^{2}dzy^6 nei^5 a^3?

鈴木：唔會。咩嘢事呀？你講啦。
M̀h wúih. Mè.e sih a? Néih góng là. //
M^4 wui^5. Me^{1}e^3 si^6 a^3? Nei^5 gong^2 la^1.

陳生：我哋約咗聽朝一齊去飲茶，係唔係呀？
Ngóh.deih yeuk.jó tìng.jìu yàt.chàih heui yám chàh, haih.m̀h.haih a? //
Ngo^{5}dei^6 joek^{8}dzo^2 ting^{1}dziu^1 jat^{7}tsai^4 hoey^3 jam^2 tsa^4, hai^{6}m^{4}hai^6 a^3?

鈴木：係呀。
Haih a. // Hai^6 a^3.

陳生：天文臺話聽日可能有狂風雷暴。
Tìn.màhn.tòih wah tìng.yaht hó.nàhng yáuh kwòhng.fùng.lèuih.bouh. //
Tin^{1}man^{4}toi^4 wa^6 ting^{1}jat^9 ho^{2}nang^4 jau^5 kwong^{4}fung^{1}loey^{4}bou^6.

我諗最好聽朝唔好出去。約過第日，好嗎？
Ngóh nám jeui.hóu tìng.jìu m̀h.hóu chèut.heui. Yeuk.gwo daih.yaht, hóu ma? //
Ngo^5 nam^2 dzoey^{3}hou^2 ting^{1}dziu^1 m^{4}hou^2 tsoet^{7}hoey^3. Joek^{8}gwo^3 dai^{6}jat^9, hou^2 ma^3?

鈴木：好呀。噉，下個禮拜日啦。
Hóu a. Gám, hah go láih.baai.yaht là. //
Hou^2 a^3. Gam^2, ha^6 go^3 lai^{5}baai^{3}jat^9 la^1.

陳生：冇問題。　　　你 聽日 千祈 唔好 出 街 呀。
　　　Móuh.mahn.tàih.　　Néih tìng.yaht chìn.kèih m̀h.hóu chèut gàai a. //
　　　Mou⁵man⁶tai⁴.　　Nei⁵ ting¹jat⁹ tsin¹kei⁴ m⁴hou² tsoet⁷ gaai¹ a³.

鈴木：你 有心。　你 都 係 呀。
　　　Néih yáuh.sàm. Néih dòu haih a. //
　　　Nei⁵ jau⁵sam¹.　Nei⁵ dou¹ hai⁶ a³.

陳生：好。 你 買咗 啲 嘢 食 未 呀？
　　　Hóu.　Néih máaih.jó dì yéh sihk meih a? //
　　　Hou².　Nei⁵ maai⁵dzo² di¹ je⁵ sik⁹ mei⁶ a³?

鈴木：我 已經 買晒 喇。
　　　Ngóh yíh.gìng máaih.saai la. // Ngo⁵ ji⁵ging¹ maai⁵saai³ la³.

　　　我 諗住 聽日 喺 酒店 一路 食 呢啲 嘢 一路 睇 書。
　　　Ngóh nám.jyuh tìng.yaht hái jáu.dim yàt.louh sihk nì dì yéh yàt.louh tái syù. //
　　　Ngo⁵ nam²dzy⁶ ting¹jat⁹ hai² dzau²dim³ jat⁷lou⁶ sik⁹ ni¹ di¹ je⁵ jat⁷lou⁶ tai² sy¹.

陳生：好 啦。 噉，早啲 喇。
　　　Hóu là. Gám, jóu.táu la. // Hou² la¹. Gam², dzou²tau² la³.

鈴木：早啲。
　　　Jóu.táu. // Dzou²tau².

鈴木：もしもし、どちら様ですか？
陳さん：すみません、鈴木さんをお願いします。
鈴木：私です。陳さんですか？
陳さん：ええ。今電話でお話ししても構いませんか？
鈴木：構いません。何ですか？どうぞ（言ってください）。
陳さん：明日朝一緒に飲茶をしに行く約束をしていましたよね？
鈴木：ええ。
陳さん：気象台の話では明日は多分雷を伴った暴風雨だそうです。
　　　　明日朝は外に出ないにこしたことはないと思います。別の日に（行くと言うことで）約束し直してもよろしいですか？
鈴木：いいですよ。それじゃ、来週の日曜日ですかね。
陳さん：大丈夫です。明日は決して外出しないように。
鈴木：気を遣ってくれてありがとうございます。お宅もね。
陳さん：了解です。食べ物は買っていますか？
鈴木：すでに買いそろえてあります。明日はホテルでこれらを食べながら読書するつもりです。
陳さん：分かりました。それでは、お休みなさい。
鈴木：お休みなさい。

205

新出語彙 557

☐ 喂	wái // wai²	［感］（電話で相手を確認する）もしもし（wéi // wei² と発音する話者もいる）
☐ 阻住	jó.jyuh // dzo²dzy⁶	邪魔をしてしまう。～の邪魔になる
☐ 約	yeuk // joek⁸	［動］約束する
☐ 聽朝	tìng.jìu // ting¹dziu¹	［名］明日の朝
☐ 一齊	yàt.chàih // jat⁷tsai⁴	［副］一緒に
☐ 狂風雷暴	kwòhng.fùng.lèuih.bouh // kwong⁴fung¹loey⁴bou⁶	［名］雷を伴った暴風雨（天気予報や報道で多用される語）
☐ 最好	jeui.hóu // dzoey³hou²	（動詞句を従え）～するのにこしたことはない
☐ 唔好	m̀h.hóu // m⁴hou²	［助動］1．～しない（「最好」の従える動詞句に用いられる）、2．～しないでください（弱化して móu // mou² で発音されることが多い）
☐ 過	gwo // gwo³	［相］（もう一度）～し直す（経験済みの動作が改めて行われることを表す）
☐ 第日	daih.yaht // dai⁶jat⁶	［名］そのうち
☐ 好嗎	hóu ma // hou² ma³	よろしいですか（相手に賛同を求める表現「好唔好」に同じ（→ p.113）
☐ 下個	hah go // ha⁶ go³	来週（の）（今週は「今個」と言う）
☐ 千祈	chìn.kèih // tsin¹kei⁴	［副］決して
☐ 晒	saai // saai³	すっかり～してしまう。全部～してしまう
☐ 諗住	nám.jyuh // nam²dzy⁶	［助動］～するつもりである
☐ 一路	yàt.louh // jat⁷lou⁶	［副］～しながら（…する）（2つの動詞の前に置いて、2つの動作・行為が同時に進行することを表す）
☐ 睇 // 書	tái syù // tai² sy¹	読書する
☐ 早唞	jóu.táu // dzou²tau²	お休みなさい

18-1 〜ですよね？

　自分の思っている・信じている事柄について聞き手の肯定を求めるには、命題の後に「係唔係（呀）」を加えます。答えは、肯定であれば「係（呀）」、否定であれば「唔係（呀）」と言います。
　なお、相手との会話のキャッチボールをしようという語気を表す語気助詞「呀」を付さない形式では、命題をより確信的なものとして「〜でしょ」「〜だろ」と聞き手に有無を言わせない語感が出ます。そして、末尾の「係」に上昇調のイントネーションが加わります。

命題	hai.m.hai (a)	
我哋 約咗 聽朝 一齊 去 飲茶，	係唔係 呀	？

① 你 學緊 design，係唔係 呀？　　　―― 係 呀。
　　Néih hohk.gán di.sàai, haih.m̀h.haih a?　―― Haih a. //
　　Nei⁵ hok⁹gan² di³saai¹, hai⁶m⁴hai⁶ a³?　―― Hai⁶ a³.
　　あなたはデザインを勉強しているのですよね？――ええ。

② 我哋 check in 嘅時候 俾咗 房租，係唔係？
　　Ngóh.deih chèk.yìn ge sìh.hauh béi.jó fóng*.jòu, haih.m̀h.haih? //
　　Ngo⁵dei⁶ tsek⁷jin¹ ge³ si⁴hau⁶ bei²dzo² fong²*dzou¹, hai⁶m⁴hai⁶?
　　私たちはチェックインする時に部屋代を払っているでしょ？

新出語彙

□ design　　　di.sàai // di³saai¹　　　［名］デザイン
□ check in　　chèk.yìn // tsek⁷jin¹　　［動］チェックインする
□ 房租　　　　fóng*.jòu // fong²*dzou¹　［名］部屋代

練習問題　作文

① あなたは明日日本に戻るのですよね？―― いいえ。
② 私は先ほどお金を払ったでしょ？
③ まっすぐ行って左に曲がると馬券売り場がありますよね？――ええ、ええ。
　（左に曲がる→轉左 jyun jó // dzyn³ dzo²、馬券売り場→投注站 tàuh.jyu.jaahm // tau⁴dzy³dzaam⁶）

⇒ 561

18-2 〜するにこしたことはない

動作・行為や状況が最も望ましい選択肢であることは、「最好」の後ろに動詞（句）を置いて表します。「〜しないにこしたことはない」は、動詞の前に「唔好」を置くことが多いのですが、「唔」を置いても構いません。

jeui.hou	動詞（句）	
最好	聽朝 唔好 出去	。

① 佢哋 聽日 要 搭 早機，最好 今晚 早啲 瞓。
　Kéuih.deih tìng.yaht yiu daap jóu.gèi, jeui.hóu gàm.màan* jóu.dì fan. //
　Koey⁵dei⁶ ting¹jat⁹ jiu³ daap⁸ dzou²gei¹, dzoey³hou² gam¹maan¹* dzou²di¹ fan³.
　彼女たちは明日朝早くの便に乗らないといけないから、今夜は早く寝るにこしたことはない。

② 你 病咗，最好 唔好 出 街，喺 酒店 休息。
　Néih behng.jó, jeui.hóu m̀h.hóu chèut gàai, hái jáu.dim yàu.sìk. //
　Nei⁵ beng⁶dzo², dzoey³hou² m⁴hou² tsoet⁷ gaai¹, hai² dzau²dim³ jau¹sik⁷.
　あなたは風邪をひいているのだから、外出せずに、ホテルで休むにこしたことはない。

新出語彙

□ 早機　jóu.gèi // dzou²gei¹　朝早くの便
□ 病　behng // beng⁶　［動］病気（風邪を含む）を患う
□ 休息　yàu.sìk // jau¹sik⁷　［動］休息を取る

練習問題 作文

① 水道水は飲まないにこしたことはない。
　（水道水→水喉水 séui.hàuh.séui // soey²hau⁴soey²）

② ここ数日は非常に暑いので、外出時には水を多めに飲むにこしたことはない。
　（ここ数日→呢幾日 nì géi yaht // ni¹ gei² jat⁹, 非常に→十分之 sahp.fàn.jì // sap⁹fan¹dzi¹, 水→水 séui // soey²）

18-3 〜しなおす

動作・行為をやり直す、仕切り直して行うことを表すには、動詞の直後に「過」を付します。これは、経験を表す助詞「過」の応用用法です。動詞の前に副詞「再」を加えても構いません。

（主語）	（joi）	動詞 + gwo	（目的語）
	（再）	約過	第日

566
① 已經 好 夜 喇。聽日 再 去過 搵 啦。
Yíh.gìng hóu yeh la. Tìng.yaht joi heui.gwo wán là. //
Ji^{5}ging^1 hou^2 je^6 la^3. Ting^{1}jat^9 dzoi^3 hoey^{3}gwo^3 wan^2 la^1.
もう夜遅いです。明日また探しに行きなさい。

② 呢個 寫得 唔 好，我 寫過 俾 你 睇 啦。
Nì go sé.dàk m̀h hóu, ngóh sé.gwo béi néih tái là. //
Ni^1 go^3 se^{2}dak^7 m^4 hou^2, ngo^5 se^{2}gwo^3 bei^2 nei^5 tai^2 la^1.
これは書き方がよくなかったので、書き直してあなたにお見せしましょう。

567
新出語彙

□ 再　　joi // dzoi^3　　［副］再び。また

568
① 彼は家にいませんでした。私は明朝彼に電話をかけ直します。
② このゲームは面白いので、またやりたい。
　（ゲーム→ game gèm // gem^1、面白い→ 好玩 hóu.wáan // hou^{2}waan^2）

→ 569

18-4 すっかり～してしまう

「晒」は動詞の直後に付されて結果補語を担うと、動作・行為が対象範囲内に行き渡り、余すところなく及ぶことを表します。

（主語）	（副詞）	動詞 + saai	（目的語）	（語気助詞）
我	已經	買晒		喇

① 我 可唔可以 食晒 呢啲 嘢 呀？—— 可以。你 食晒 佢 啦。
Ngóh hó.m̀h.hó.yíh sihk.saai nì dì yéh a? —— Hó.yíh. Néih sihk.saai kéuih là. //
Ngo⁵ ho²m⁴ho²ji⁵ sik⁹saai³ ni¹ di¹ je⁵ a³? —— Ho²ji⁵. Nei⁵ sik⁹saai³ koey⁵ la¹.
これらを全部食べてしまって構いませんか？—— はい。全部食べてしまってください。

② 今日 嘅 報紙 呢？ —— 冇 喇。賣晒 喇。
Gàm.yaht ge bou.jí nè? —— Móuh la. Maaih.saai la. //
Gam¹jat⁹ ge³ bou³dzi² ne¹? —— Mou⁵ la³. Maai⁶saai³ la³.
（店に新聞がないのを見て）今日の新聞は？—— ありません。（ないという状況が起きている）売り切れました。

新出語彙

□ 賣　　　maaih // maai⁶　［動］売る

---- 練習問題　作文 ----

① 私はお金を使い果たしまして、もう全くお金が残っていません。
（お金を使う→用 // 錢 yuhng chín* // jung⁶ tsin²*）

② 私はすでにこれらの雑誌を全て読んでしまいました。
（雑誌→雜誌 jaahp.ji // dzaap⁹dzi³）

18-5 〜するつもり

「〜するつもり」を表すには、助動詞「諗住」を動詞（句）の前に置きます。否定には「唔」を用いることができず、「冇」を用いて「冇諗住」と言います。同じく心づもりを表す語に「打算」dá.syun // da²syn³ があります。

なお、「諗住」には「你成日都諗住佢。」（君はいつも彼女のことばかり考えている）のように別の意味「想い続ける」もありますが、構造が異なるので、ここでは取り上げません。

（主語）	nam.jyu	動詞句	
我	諗住	聽日 喺 酒店 一路 食 呢啲 嘢 一路 睇 書	。

① 你哋 諗住 下晝 去 邊度 玩 呀？—— 諗住 去 觀塘 玩。
　Néih.deih nám.jyuh hah.jau heui bīn.douh wáan a? — Nám.jyuh heui Gwùn.tòhng wáan. //
　Nei⁵dei⁶ nam²dzy⁶ ha⁶dzau³ hoey³ bin¹dou⁶ waan² a³? — Nam²dzy⁶ hoey³ Gwun¹tong⁴ waan².
　君たちは午後どこへ遊びに行くつもりですか？—— クントンに遊びに行くつもりです。

② 佢 冇 諗住 請 你 飲 茶。
　Kéuih móuh nám.jyuh chéng néih yám chàh. //
　Koey⁵ mou⁵ nam²dzy⁶ tseng² nei⁵ jam² tsa⁴.
　彼はあなたに飲茶をおごるつもりがない。

新出語彙

□ 請　chéng // tseng²　［動］ごちそうする。おごる（「請＋人＋動詞（句）」の形式で用いられる。この語義では chíng // tsing² とは発音しない）

練習問題｜作文

① 香港を離れる前に新界へ遊びに行くつもりです。
　（離れる→離開 lèih.hòi // lei⁴hoi¹、新界→新界 Sàn.gaai // San¹gaai³）

② 明日は外出するつもりはありません。ホテルでちょっとまったりしたいです。
　（まったりする→ hea he // he³）

→ 577

18-6 〜しながら…する [同時進行]

2つの動作・行為が同時に進行していることを表すには、副詞「一路」を2つの動詞の前に置きます。14-3で学習した「ある動作を行ったまま（の状態で）別の動作が行われる」との違いは、「片方の動作・行為が、もう片方の動作・行為の様式を表すものではない」という点にあります。

（主語）	（副詞・時間点など）	yat.lou ＋動詞（句）1	yat.lou ＋動詞（句）2	
	聽日 喺 酒店	一路 食 呢啲 嘢	一路 睇 書	。

① 我哋 一路 行 一路 傾，好 嗎？
Ngóh.deih yàt.louh hàahng yàt.louh kìng, hóu ma? //
Ngo⁵dei⁶ jat⁷lou⁶ haang⁴ jat⁷lou⁶ king¹, hou² ma³?
私たち歩きながら喋りましょうか？

② 佢哋 成日 都 一路 飲 嘢 一路 傾 生意。
Kéuih.deih sèhng.yaht dòu yàt.louh yám yéh yàt.louh kìng sàang.yi. //
Koey⁵dei⁶ seng⁴jat⁹ dou¹ jat⁷lou⁶ jam² je⁵ jat⁷lou⁶ king¹ saang¹ji³.
彼らはいつも飲みながら商談をしている。

新出語彙

□ 飲 // 嘢　　　yám yéh // jam² je⁵　　　飲み物を飲む

□ 傾 // 生意　　kìng sàang.yi // king¹ saang¹ji³　商談をする

練習問題 作文

① 私は歩きながら写真を撮るのが好きです。
② 車を運転しながら電話で話すのは危ない。
　（車を運転する→揸 // 車 jà chè // dza¹ tse¹、危ない→危險 ngàih.hím // ngai⁴him²）

聞き取りにチャレンジ

発音された語に○を付けましょう。

① ☐ 呢？―― 冇 喇。賣晒 喇。

| 西瓜 | 白菜 | 薯仔 | 蕃茄 | 蘿蔔 |

② 你哋 諗住 下晝 去 邊度 玩 呀？―― 諗住 去 ☐ 玩。

| 沙田 | 大埔 | 馬鞍山 | 屯門 | 元朗 |

補充語彙

【野菜】
- ☐ 西瓜　　sài.gwà // sai^{1}gwa^1　　　スイカ
- ☐ 白菜　　baahk.choi // baak^{9}tsoi^3　　中国産キャベツ
- ☐ 薯仔　　syùh.jái // sy^{4}dzai^2　　　ジャガイモ
- ☐ 蕃茄　　fàan.ké* // faan^{1}ke^2*　　　トマト
- ☐ 蘿蔔　　lòh.baahk // lo^{4}baak^9　　　大根

【香港の地名：新界】
- ☐ 沙田　　Sà.tìhn // Sa^{1}tin^4　　　シャーティン（Sha Tin）
- ☐ 大埔　　Daaih.bou // Daai^{6}bou^3　　タイポウ（Tai Po）
- ☐ 馬鞍山　Máh.òn.sàan // Ma^{5}on^{1}saan^1　マーオンシャン（Ma On Shan）
- ☐ 屯門　　Tyùhn.mùhn // Tyn^{4}mun^4　　テュンムン（Tuen Mun）
- ☐ 元朗　　Yùhn.lóhng // Jyn^{4}long^5　　ユンロン（Yuen Long）

> **コミュニケーション次の一歩**
>
> 　電話を受けた側が、かけてきた側に対して、誰を呼び出してほしいのか尋ねるには、「(你)搵邊位呀？」(néih) wán bin.wái* a // (nei⁵) wan² bin¹wai²* a³（誰をお捜しですか）と言います。
> 　これに対して、電話を受けた側が自分であることを知らせるには「我係。」を用います。一見これと似ている「係我（呀）。」は電話を受けた側ではなく、電話をかけた側が「僕だよ」と知らせるのに用いるので、混同しないようにしてください。
>
> 係 我 呀。 ── 你 係 邊個？你 打錯。
> Haih ngóh a. ── Néih haih bin.go? Néih dá.cho. //
> Hai⁶ ngo⁵ a³. ── Nei⁵ hai⁶ bin¹go³? Nei⁵ da³tso³.
> （電話をかけた側）僕だよ。 ── あなた誰？かけ間違いです。
>
> ＊「錯」結果補語→ p.176

「固定電話の子機がザーザーしていませんか？」（「喂」→本課）

第19課 謝辞と別れの挨拶

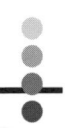

言えると楽しい！

586 ■ 仲有冇呀　　juhng yáuh.móuh a // dzung⁶ jau⁵mou⁵ a³

「他にまだありますか？」と尋ねるときの表現です。食堂やレストランで注文を取るときにも用いられます。なお、食堂やレストランで注文を言う際の「それだけです。以上で」は、「係咁多。」haih gam dò // hai⁶ gam³ do¹ や「冇喇，唔該。」と言います。

587 ■ 幫我同你太太講聲多謝啦
　　bòng ngóh tùhng néih taai.táai* góng sèng dò.jeh là //
　　bong¹ ngo⁵ tung⁴ nei³ taai³taai²* gong² seng¹ do¹dze⁶ la¹

「よろしくお伝えください」にはこの表現が最適です。「幫我問候(吓)你太太啦。」mahn.hauh(.háh) // man⁶hau⁶(.ha⁵) とも言えますが、堅苦しい印象を与えます。

588 ■ 祝你一路順風　　jùk néih yàt.louh seuhn.fùng // dzuk⁷ nei⁵ jat⁷lou⁶ soen⁶fung¹

旅路につく人を見送るときに言う表現です。「祝」は「お祈りする」という意味で、「祝你好運！」jùk néih hóu.wahn // dzuk⁷ nei⁵ hou²wan⁶ だと「幸運をお祈りします」という意味になります。

589 ■ 多謝你哋照顧我　　dò.jeh néih.deih jiu.gwu ngóh // do¹dze⁶ nei⁵dei⁶ dziu³gwu³ ngo⁵

お世話になったことを感謝するときに多用される表現です。

590 ■ 下次見　　hah.chi gin // ha⁶tsi³ gin³

「下次」は「次回」という意味です。「下次日本見！」のように場所を加えても構いません。再び会うことが確実であれば「聽日見！」(また明日)、「遲啲見！」chìh.dì gin // tsi⁴di¹ gin³ (またそのうち、後日！)、「陣間見！」jahn.gàan gin // dzan⁶gaan¹ gin³ (またしばらくした後で！(同日中))、「轉頭見！」jyun.tàuh gin // dzyn³tau⁴ gin³ (またすぐに！(同じ時間帯中))などと言います。

591 ■ 你有機會，再嚟玩啦
　　néih yáuh gèi.wuih, joi làih wáan là // nei⁵ jau⁵ gei¹wui⁶, dzoi³ lai⁴ waan² la¹

客人を見送るときの表現の一つです。類似の表現には、「得閑請再嚟啦。」dàk.hàahn chéng joi làih là // dak⁷haan⁴ tseng² dzoi³ lai⁴ la¹ (時間ができたらまた来てくださいね)や「多啲嚟玩啦。」dò.dì làih wáan là // do¹di¹ lai⁴ waan² la¹ (もっと遊びに来てくださいね) などがあります。

> 香港出発の前日、陳さんとの電話で

🔊 592 (normal)
593 (slow)

陳生：鈴木小姐，你 聽日 要 走，有冇 嘢 可以 幫倒 你 呀？
　　　Lìhng.muhk síu.jé, néih tìng.yaht yiu jáu, yáuh.móuh yéh hó.yíh bòng.dóu néih　a? //
　　　Ling⁴muk⁹ siu²dze², nei⁵ ting¹jat⁹ jiu³ dzau², jau⁵mou⁵ je⁵ ho²ji⁵ bong¹dou² nei⁵ a³?

鈴木：你 知唔知 由 我 住 嘅 酒店 到 機場 點樣 去 最 好 呀？
　　　Néih jì.m̀h.jì yàuh ngóh jyuh ge jáu.dim dou gèi.chèuhng dím.yéung* heui jeui hóu a? //
　　　Nei⁵ dzi¹m⁴dzi¹ jau⁴ ngo⁵ dzy⁶ ge³ dzau²dim³ dou³ gei²tsoeng⁴ dim²joeng²* hoey³ joey³ hou² a³?

陳生：你 等等 呀。 我 幫 你 查一查。……
　　　Néih dáng.dáng a.　Ngóh bòng néih chàh.yàt.chàh. //
　　　Nei⁵ dang²dang² a³.　Ngo⁵ bong¹ nei⁵ tsa⁴jat⁷tsa⁴.

　　　喺 酒店 對出 有 巴士站，喺 嗰度 搭 A 廿一號 巴士 就 得。
　　　Hái jáu.dim deui.chèut yáuh bà.sí.jaahm, hái gó.douh daap èi yah.yàt houh bà.sí jauh dàk. //
　　　Hai² dzau²dim³ deui³tsoet⁷ jau⁵ ba¹si²dzaam⁶, hai² go²dou⁶ daap⁸ ei¹ ja⁶jat⁷ hou⁶ ba¹si² dzau⁶ dak⁷.

鈴木：幾耐 有 一班 車 呀？ 要搭 幾耐 車 呢？
　　　Géi.noih yáuh yàt bàan chè a?　Yiu daap géi.noih chè nè? //
　　　Gei²noi⁶ jau⁵ jat⁷baan¹ tse¹ a³?　Jiu³ daap⁸ gei²noi⁶ tse¹ ne¹?

陳生：兩個 字 有 一班。　搭 一個 鐘頭 就 到。
　　　Léuhng go jih yáuh yàt bàan. Daap yàt go jùng.tàuh jauh dou. //
　　　Loeng⁵ go³ dzi⁶ jau⁵ jat⁷ baan¹. Daap⁸ jat⁷ go³ dzung¹tau⁴ dzau⁶ dou³.

鈴木：嗰架 巴士 可唔可以 用 八達通 俾 錢 呀？
　　　Gó ga bà.sí hó.m̀h.hó.yíh yuhng Baat.daaht.tùng béi chín* a?
　　　Go² ga³ ba¹si² ho²m⁴ho²ji⁵ jung⁶ Baat⁸daat⁹tung¹ bei² tsin²* a³?

陳生：當然 可以。　仲 有冇 呀？
　　　Dòng.yìhn hó.yíh.　Juhng yáuh.móuh a?
　　　Dong¹jin⁴ ho²ji⁵.　Dzung⁶ jau⁵mou⁵ a³?

鈴木：有 喇。唔該 你 幫 我 同 你 太太 講 聲 多謝 啦。
Móuh la. M̀h.gòi néih bòng ngóh tùhng néih taai.táai* góng sèng dò.jeh là. //
Mou⁵ la³. M⁴goi¹ nei⁵ bong¹ ngo⁵ tung⁴ nei⁵ taai³taai²* gong² seng¹ do¹dze⁶ la¹.

陳生：好 呀。我 老婆 都 話 祝 你 一路 順風 呀。
Hóu a. Ngóh lóuh.pòh dòu wah jùk néih yàt.louh seuhn.fùng a. //
Hou² a³. Ngo⁵ lou⁵po⁴ dou¹ wa⁶ dzuk⁷ nei⁵ jat⁷louh⁶ soen⁶fung¹ a³.

鈴木：我 今次 喺 香港，多謝 你哋 照顧 我。　下次 見！
Ngóh gàm.chi hái Hèung.góng, dò.jeh néih.deih jiu.gwu ngóh. Hah.chi gin! //
Ngo⁵ gam¹tsi³ hai² Hoeng¹gong², do¹dze⁶ nei⁵dei⁶ dziu³gwu³ ngo⁵. Ha⁶tsi³ gin³!

陳生：唔使 客氣。你 有 機會，再 嚟 玩 啦。
M̀h.sái haak.hei. Néih yáuh gèi.wuih, joi làih wáan là. //
M⁴sai² haak⁸hei³. Nei⁵ jau⁵ gei¹wui⁶, dzoi³ lai⁴ waan² la¹.

陳さん：鈴木さん、あなたは明日香港を離れないといけないわけですが、何かお手伝いできることはありますか？
鈴木：私が泊まっているホテルから空港へはどうやって行けば最もよいか分かりますか？
陳さん：ちょっと待ってくださいね。あなたのためにちょっと調べますので。…ホテルを出たところにバス停がありますので、そこでA21番のバスに乗ればよいです。
鈴木：どれくらいの割合で1本来ますか？　どれくらいの時間乗っている必要がありますか？
陳さん：10分に1本の割合です。1時間乗れば着きます。
鈴木：そのバスはオクトパス・カードで料金を支払うことができますか？
陳さん：当然できます。他に（質問は）ありますか？
鈴木：ないです。すみませんが、（滞在中はお世話になったので）奥さんにありがとうございましたと一言お伝えください。
陳さん：分かりました。私の妻も道中ご無事でありますようにと申していますよ。
鈴木：今回香港では、お世話になり感謝しています。またお会いしましょう！
陳さん：気を遣わずに、機会があれば、また遊びにいらしてください。

新出語彙

□ 倒	dóu // dou²	動詞の直後に置かれ、動作・行為の目的が達成されることを表す
□ 由	yàuh // jau⁴	[前] ～から
□ 住	jyuh // dzy⁶	[動] 宿泊する
□ 嘅	ge // ge³	[構造] の（動詞句が名詞を修飾するのに用いられる）
□ 到	dou // dou³	[前] ～まで
□ 幫	bòng // bong¹	[前] ～に代わって。～のために
□ 查	chàh // tsa⁴	[動] 調べる
□ 一	yàt // jat⁷	同じ動詞の重複形の間に挿入され、動作が瞬間的に行われることを表す
□ 對出	deui.chèut // doey³tsoet⁷	[位] 出たところ。向かい
□ A	èi // ei¹	[名] A
□ 廿一	yah.yàt // ja⁶jat⁷	「二十一」の口語的表現（20 は「廿」yah // ja⁶ と書かれる）
□ 號	houh // hou⁶	[量] 番。号
□ 幾耐	géi.noih // gei²noi⁶	[代] どのくらい（の時間）
□ 班	bàan // baan¹	[量] 交通機関の本数を数える
□ 兩個字	léuhng go jih // loeng⁵ go³ dzi⁶	10 分間
□ 鐘頭	jùng.tàuh // dzung¹tau⁴	[名]（1）時間
□ 架	ga // ga³	[量] 車両に対して用いる量詞
□ 用	yuhng // jung⁶	[前] ～で（道具・手段を導く）
□ 太太	taai.táai* // taai³taai²*	[名] 奥さん
□ 聲	sèng // seng¹	[量] 言う回数に対して用いる
□ 老婆	lóuh.pòh // lou⁵po⁴	[名] 妻。家内
□ 祝	jùk // dzuk⁷	[動] 願う。祈る
□ 一路順風	yàt.louh seuhn.fùng // jat⁷lou⁶ soen⁶fung¹	道中無事である
□ 多謝	dò.jeh // do¹dze⁶	[動] 感謝する
□ 照顧	jiu.gwu // dziu³gwu³	[動] 面倒をみる
□ 下次見	hah.chi gin // ha⁶tsi³ gin³	またね。またお会いしましょう。また次回
□ 唔使客氣	m̀h.sái haak.hei // m⁴sai² haak⁸hei³	どういたしまして
□ 機會	gèi.wuih // gei¹wui⁶	[名] 機会。チャンス

19-1 〜できる

　15-3で学習した結果補語の一つに「倒」があります。これは動作・行為の目的が達成されることを表し、「搵倒」なら「探す目的を達成する＝探し当てる」、「睇倒」なら「見る目的を達成する＝（見ようと努力して）見える」という意味を表します。結果補語と目的語の位置関係では、結果補語は動詞の直後に置かれ、目的語は結果補語よりも後ろに置かれますので、注意してください。
　「まだ〜できた状態に到っていない」という否定は、動詞の前に「未」を置きます。諾否疑問は文末に「未」を置きます（→②）。
　なお、この「倒」の本字は「到」であり、「到」で書かれることが多いのですが、「到」の発音は dou // dou^3 であるので、本書では同音字である「倒」で記すことにします。

動詞＋dou	（目的語）
幫倒	你

① 喺 呢度 望倒 對面海。
　Hái nì.douh mohng.dóu deui.mihn.hói. // Hai^2 ni^{1}dou^6 mong^{6}dou^2 doey^{3}min^{6}hoi^2.
　ここから海の対岸を眺めることができる。

② 我 寄咗 聖誕咭，你 收倒 未 呀？　　　　—— 未 收倒。
　Ngóh gei.jó sing.daan.kàat, néih sàu.dóu meih a?　　—— Meih sàu.dóu. //
　Ngo^5 gei^{3}dzo^2 sing^{3}daan^{3}kaat^7, nei^5 sau^{1}dou^2 mei^6 a^3?　—— Mei^6 sau^{1}dou^2.
　クリスマスカードを送りましたが、届いていますか？—— まだ届いていません。

新出語彙

- □ 望　　mohng // mong^6　　［動］眺める
- □ 對面海　deui.mihn.hói // doey^{3}min^{6}hoi^2　　［位］海の対岸（「向かいの海」ではない。語構成は「對面」が被修飾成分であり、「海」が修飾成分）
- □ 寄　　gei // gei^3　　［動］郵送する
- □ 聖誕咭　sing.daan.kàat // sing^{3}daan^{3}kaat^7　　［名］クリスマス・カード
- □ 收　　sàu // sau^1　　［動］郵便物を受け取る
- □ 未　　meih // mei^6　　［副］1．動詞の前に置いて、「倒」など結果補語の否定を表す、2．文末に置いて、結果補語の諾否疑問を構成する

① 私はまだその CD を買えていない。
（ＣＤ→CD sì.dì // si¹di¹、ＣＤを数える量詞→隻 jek // dzek⁸）
② 調べて分かりましたか？（調べて目的が達成できましたか）── はい。

19-2 〜から…までは

述部で述べられる命題に対して「〜から…までは」と範囲を定めるには、2つの前置詞「由」「到」を用います。

yau	名詞（句）1	dou	名詞（句）2
由	我 住 嘅 酒店	到	機場

① 我 由 九點 到 五點 要 喺 公司。
Ngóh yàuh gáu dím dou ńgh dím yiu hái gùng.sì. //
Ngo⁵ jau⁴ gau² dim² dou³ ng⁵ dim² jiu³ hai² gung¹si¹.
私は9時から5時まで会社にいなければならない。

② 佢 由 出世 到 而家 一直 都 喺 香港。
Kéuih yàuh chèut sai dou yìh.gà yàt.jihk dòu hái Hèung.góng. //
Koey⁵ jau⁴ tsoet⁷ sai³ dou³ ji⁴ga¹ jat⁷dzik⁹ dou¹ hai² Hoeng¹gong².
彼は生まれてから今までずっと香港にいる。

新出語彙

□ 出 // 世　　chèut sai // tsoet⁷ sai³　　生まれる。誕生する
□ 一直　　　yàt.jihk // jat⁷dzik⁹　　［副］ずっと

① サムソイポーからクーロン・シティまではどうやって行きますか？
② 午後2時から3時半までなら時間があります。

19-3　〜する / した…

　動詞句が名詞に対して連体修飾を行う場合、その手段の一つとして「嘅」を被修飾語の直前に置くことがあります。ただし、これはいかなる場合でも多用されるわけではありません。全てを「嘅」で済ますと、実際の言語現象から乖離した結果を生みます。普通の話し言葉では、「嘅」ではなく、量詞を用いる形式や「指示代名詞＋量詞」を用いる形式の方が多用されています。これに対して、「嘅」は上位文体（→第20課）で用いられる傾向にあります。

動詞句 (修飾語)	ge の	名詞 (被修飾語)
我　住	嘅	酒店

cf. 我　住　間　酒店
　　我　住　嗰間　酒店
　　私が泊まっているホテル

① 我 要 搵 嘅 手信 係 鳳梨酥，唔 係 老婆餅。
　Ngóh yiu wán ge sáu.seun haih fuhng.lèih.sòu, m̀h haih lóuh.pòh.béng. //
　Ngo⁵ jiu³ wan² ge³ sau²soen³ hai⁶ fung⁶lei⁴sou¹, m⁴ hai⁶ lou⁵po⁴beng².
　私が探さないといけないお土産はパイナップル・プチケーキでして、女房クッキーではありません。

② 頭先 你 喺 嗰度 買 嘅 波衫 幾多錢 呀？
　Néih tàuh.sìn hái gó.douh máaih ge bò.sàam géi.dò chin* a? //
　Nei⁵ tau⁴sin¹ hai² go²dou⁶ maai⁵ ge³ bo¹saam¹ gei²do¹ tsin²* a³?
　先ほどあなたがあそこで買ったユニフォームは幾らでしたか？

新出語彙

□ 鳳梨酥　fuhng.lèih.sòu // fung⁶lei⁴sou¹　［名］パイナップル・プチケーキ（台湾が発祥の菓子）
□ 波衫　　bò.sàam // bo¹saam¹　　　　　　［名］ユニフォーム

――――――――――――――――――――――― 練習問題｜作文 ―――

① 明日あなたが乗る飛行機は、何時に離陸しますか？
　（離陸する→起飛 héi.fèi // hei²fei¹）
② あれはどこ行きのフェリーですか？―― あれは長洲島行きのフェリーです。
　（船に対する量詞→隻、長洲島→長洲 Chèuhng.jàu // Tsoeng⁴dzau¹）

→ 605

19-4 ちょっと〜する

動作が瞬間的・短時間で行われることを表すには、同じ動詞を重複させ「動詞＋動詞」で表します。動詞が一文字の場合は、動詞の間に「一」を挿入し、「動詞＋一＋動詞」で表すことも多いです。

（主語）		動詞（＋一）＋動詞	（目的語）	（語気助詞）
我	幫你	查一查		。

① 請問，沈小姐 喺唔喺 度 呀？
　　—— 你 等一等 呀。我 睇一睇 佢 喺唔喺 度。
Chíng.mahn, Sám.síu.jé hái.m̀h.hái douh a? —— Néih dáng.yàt.dáng a. Ngóh tái.yàt.tái kéuih hái.m̀h.hái douh. //
Tsing²man⁶, Sam²siu²dze² hai²m⁴hai² dou⁶ a³? —— Nei⁵ dang²jat⁷dang² a³. Ngo⁵ tai²jat⁷tai² koey⁵ hai²m⁴hai² dou⁶.
すみません、沈さんはいますか？ —— ちょっとお待ちくださいね、いるかちょっと見ますので。

② 唔該 你 喺 呢度 click 一 click。
M̀h.gòi néih hái nì.douh kìk.yàt.kìk. // M⁴goi¹ nei⁵ hai² ni¹dou⁶ kik⁷jat⁷kik⁷.
すみませんが、ちょっとここをクリックしてください。

新出語彙

□ 沈　　Sám // Sam²　　［名］サム（香港人の姓の一つ。Sham、Shum）
□ click　kìk // kik⁷　　［動］クリックする

―― 練習問題 | 作文 ――

① このボタンをちょっと押してください。
② この事については、彼女にちょっと尋ねてもらって構いません。

➡ 608

コミュニケーション次の一歩 ―― 等等呀　　dáng.dáng a // dang²dang² a³

「ちょっと待ってね」と言うときの表現です。似た表現に「等陣吖。」dáng jahn à // dang² dzan⁶ a¹ がありますが、こちらは「しばらく待って」という意味です。

19-5 どのくらい～する

動作・行為の行われる時間の長さ（時間量）は、09-4 で学習した時間の長さを表す語を動詞の後に置いて表します。日本語とは語順が逆になりますので、注意してください。

時間量を尋ねるには、疑問詞「幾耐」や「幾（多）個鐘頭」を動詞の後ろに置きます。

動詞	時間量	（目的語）
搭	幾耐	車

① 豬扒飯 要 等，你 介唔介意 呀？―― 要 等 幾耐 呀？―― 要 等 兩個 字。
Jyù.pá*.faahn yiu dáng, néih gaai.m̀h.gaai.yi a? ―― Yiu dáng géi.noih a? ―― Yiu dáng léuhng go jih. //
Dzy^{1}pa^2*faan^6 jiu^3 dang^2, nei^5 gaai^{3}m^{4}gaai^{3}ji^3 a^3? ―― Jiu^3 dang^2 gei^{2}noi^6 a^3? ―― Jiu^3 dang^2 loeng^5 go^3 dzi^6.
ポークステーキ飯は待たないといけませんが、構いませんか？
―― どのくらい待たないといけませんか？―― 10 分待たないといけません。

② 你 學咗 幾耐 廣東話 呀？　　　　―― 學咗 兩個 月。
Néih hohk.jó géi.noih Gwóng.dùng.wá* a?　―― Hohk.jó léuhng go yuht. //
Nei^5 hok^{9}dzo^2 gei^{2}noi^6 Gwong^{1}dung^{1}wa^2* a^3?　―― Hok^{9}dzo^2 loeng^5 go^3 jyt^9.
あなたはどのくらい広東語を勉強しましたか？―― 2ヶ月勉強しました。

新出語彙

□ 豬扒飯　　jyù.pá*.faahn // dzy^{1}pa^2*faan^6　　［名］ポークステーキ飯
□ 介意　　　gaai.yi // gaai^{3}ji^3　　　　　　　　　　［動］気にする。意に介する
□ 兩個字　　léuhng go jih // loeng^5 go^3 dzi^6　　10 分間
□ 兩個月　　léuhng go yuht // loeng^5 go^3 jyt^9　　2ヶ月間

―――――――――――――――――――― 練習問題 ┊ 作文 ――――――

① 私はもうバスを長い間待っています。（長い間→好耐 hóu.noih // hou^{2}noi^6）
② 香港から東京までだと何時間飛行機に乗らねばなりませんか？―― 4 時間半乗る必要があります。（東京→東京 Dùng.gìng // Dung^{1}ging^1、何時間→幾（多）個鐘頭 géi(.dò) go jùng.tàuh // gei^2(do^1) go^3 dzung^{1}tau^4）

19-6 〜で…する

　動作・行為を行う道具は、前置詞「用」に導かれて、動詞の前に置かれます。これに対して、動作・行為の手段を表す「で」は連動文で済ますことが多いので、「用」は日本語の「で」よりは範囲が狭いと言ってよいでしょう。
　道具を尋ねるには、「用乜嘢」を動詞の前に置きます。

	（助動詞など）	yung＋名詞	動詞	（目的語）	（語気助詞）	
嗰架 巴士	可唔可以	用 八達通	俾	錢	呀	?

① 你 用 乜嘢 俾 錢 呀？　　——　我 用 信用咭 俾 錢。
　Néih yuhng màt.yéh béi chín* a?　——　Ngóh yuhng seun.yuhng.kàat béi chín*. //
　Nei⁵ jung⁶ mat⁷je⁵ bei² tsin²* a³?　——　Ngo⁵ jung⁶ soen³jung⁶kaat⁷ bei² tsin²*.
　あなたは何でお金を払いますか？　——　私はクレジットカードでお金を払います。

② 你 用 乜嘢 剪 蝦殼 呀？　　——　用 鉸剪 剪。
　Néih yuhng màt.yéh jín hà.hohk a?　——　Yuhng gaau.jín jín. //
　Nei⁵ jung⁶ mat⁷je⁵ dzin² ha¹hok⁹ a³?　——　Jung⁶ gaau³dzin² dzin².
　何でエビの甲羅を切りますか？　——　はさみで切ります。

新出語彙

□ 剪　　　jín // dzin²　　　　　　　　［動］（はさみの類で）切る
□ 蝦殼　　hà.hohk // ha¹hok⁹　　　　　［名］エビの甲羅
□ 鉸剪　　gaau.jín // gaau³dzin²　　　［名］はさみ

練習問題｜作文

① この布でテーブルを拭きます。（布→布 bou // bou³、布に対する量詞→塊 faai // faai³、拭く→抹 maat // maat⁸、テーブル→檯 tói* // toi²*）

② 青色のペンでサインをしていいですか？（青色のペン→藍色筆 làahm.sìk.bàt // laam⁴sik⁷bat⁷、サインをする→簽 // 名 chìm méng* // tsim¹ meng²*）

コミュニケーション次の一歩

　「幫我同你太太講聲多謝啦。」の「多謝」を別の語に置き換えると、「幫我同你太太講聲唔好意思啦。」（申し訳ないとお伝えください）、「幫我同你太太講聲打攪晒啦。」（お邪魔しましたとお伝えください）、「幫我同你太太講聲啦。」（一言お伝えください）のような表現を作ることができます。

聞き取りにチャレンジ　　発音された語に○を付けましょう。

① 你哋 [a)] 倒 [b)] 未 呀？—— 佢 [c)] 倒，不過 我 就 未 [d)] 倒。

a) | 買　搵 |

b) | 唇膏　面霜　眼影　睫毛膏　化妝水 |

c) | 買　搵 |

d) | 買　搵 |

② 要 等 幾耐 呀？—— 要 等 [　　]。

| 幾分鐘　十分鐘　幾個鐘頭　幾日 |

補充語彙

【化粧品】
- □ 唇膏　　　sèuhn.gòu // soen⁴gou¹　　　口紅
- □ 面霜　　　mihn.sèung // min⁶soeng¹　　クリーム
- □ 眼影　　　ngáahn.yíng // ngaan⁵jing²　　アイシャドウ
- □ 睫毛膏　　jit.mòuh.gòu // dzit⁸mou⁴gou¹　マスカラ
- □ 化妝水　　fa.jòng.séui // fa³dzong¹soey²　化粧水

【時間量】
- □ 幾分鐘　　géi fàn jùng // gei² fan¹ dzung¹　　　数分間
- □ 十分鐘　　sahp fàn jùng // sap⁹ fan¹ dzung¹　　10分間（「兩個字」に同じ）
- □ 幾個鐘頭　géi go jùng.tàuh // gei² go³ dzung¹tau⁴　数時間
- □ 幾日　　　géi yaht // gei² jat⁹　　　　　　　　数日間

第20課 アナウンスを聴いてみる

本課では香港の交通機関で耳にするアナウンスの中から、比較的簡単なものを選んで紹介します。

　大多数のアナウンスは、次のいずれかのスタイルを採用しています。
①規範的な中国語の語彙のみを使い、漢字を逐一広東語の漢字音で読んでいく。文法機能語についても規範的な中国語の語彙である「是」や「的」が用いられ、それを広東語の漢字音 sih // si⁶ や dìk // dik⁷ で読んでいく。
②「係」や「嘅」といった文法機能語のみ広東語独特のものを使う。それ以外はなるべく規範的な中国語の語彙を使い、逐一広東語の漢字音で読んでいく。

　①②ともに、規範的な中国語とはいえ、香港独特の言い回しや「文言文」màhn.yìhn.mán* // man⁴jin⁴man²* に現れるやや古風な硬い語彙が使用されることがあります。例えば、「勿」は本来「文言文」の語彙です。

　社会言語学では、広東語の文体を上位（より格式のある）や下位（より卑俗な）に区分することがあります。普通の話し言葉の文体を中位（標準的な）だとすると、本課で学ぶアナウンスの文体は、上位文体（Upper Cantonese）の中でも書面語色の強い部類ということになりましょう。

◀))) 622　■ 鉄道：アイランド線（「港島綫」）など

1. 列車 即將 到 站。
    Liht.chè jik.jèung dou jaahm. // Lit⁹tse¹ dzik⁷dzoeng¹ dou³ dzaam⁶.
    まもなく列車が参ります。

2. 往 柴灣（嘅）列車 即將 到達。
    Wóhng Chàaih.wàan (ge) liht.chè jik.jèung dou.daaht. //
    Wong⁵ Tsaai⁴waan¹ (ge³) lit⁹tse¹ dzik⁷dzoeng¹ dou³daat⁹.
    チャイワン行きの列車がまもなく到着いたします。

3. 請 先 讓 車上（嘅）乘客 落 車。
    Chíng sìn yeuhng chè.seuhng (ge) sìhng.haak lohk chè. //
    Tsing² sin¹ joeng⁶ tse¹soeng⁶ (ge³) sing⁴haak⁸ lok⁹ tse¹.
    降りるお客様を先にお通しください。

4. 請勿 靠近 車門 / 月台幕門。
    Chíng.maht kaau.gahn chè.mùhn / yuht.tòih mohk.mùhn. //
    Tsing²mat⁹ kaau²gan⁶ tse¹mun⁴ / jyt⁹toi⁴ mok⁹mun⁴.
    閉まるドア / ホームドアにご注意ください。

5. 請勿 超越 黃綫。
   Chíng.maht chiu.yuht wòhng.sin. // Tsing²mat⁹ tsiu¹jyt⁹ wong⁴sin³.
   黄色い線の内側へお下がりください。

6. 請 小心 列車 與 月台 間 之 空隙。
   Chíng síu.sàm liht.chè yúh yuht.tòih gàan jì hùng.kwìk. //
   Tsing² siu²sam¹ lit⁹tse¹ jy⁵ jyt⁹toi⁴ gaan¹ dzi¹ hung¹kwik⁷.
   列車とホームの間が空いているところがございますので、ご注意ください。

7. 請勿 衝入 車廂。多謝 合作。
   Chíng.maht chùng.yahp chè.sèung. Dò.jeh hahp.jok. //
   Tsing²mat⁹ tsung¹jap⁹ tse¹soeng¹. Do¹dze⁶ hap⁹dzok⁸.
   駆け込み乗車はおやめください。ご協力ありがとうございます。

8. 轉車時 請勿 喺 月台上 奔跑。
   Jyun chè sìh chíng.maht hái yuht.tòih.seuhng bàn.páau. //
   Dzyn³ tse¹ si⁴ tsing²mat⁹ hai² jyt⁹toi⁴soeng⁶ ban¹paau².
   乗り換え時にホームを走るのはおやめください。

9. 入 閘 後 及 車廂內，嚴禁 飲食。
   Yahp jaahp hauh kahp chè.sèung.noih, yìhm.gam yám.sihk. //
   Jap⁹ dzaap⁶ hau⁶ kap⁹ tse¹soeng¹noi⁶, jim⁴gam³ jam²sik⁹.
   改札内および車内は、飲食は厳禁となっております。

10. 乘客 可以 轉乘 荃灣綫。
    Sìhng.haak hó.yíh jyún.sìhng Chyùhn.wàan.sin. //
    Sing⁴haak⁸ ho²ji⁵ dzyn²sing⁴ Tsyn⁴waan¹sin³.
    チュンワン線はお乗り換えです。

新出語彙

※中位文体で多用される同義の語形がある語については、≒の右にそれを記しました。

□ 列車	liht.chè // lit⁹tse¹	[名]	列車
□ 即將	jìk.jèung // dzik⁷dzoeng¹	[副]	まもなく～するだろう ≒ 就嚟
□ 到 // 站	dou jaahm // dou³ dzaam⁶		駅に着く
□ 往	wóhng // wong⁵	[動]	～へ向かう。～へ赴く ≒ 去
□ 柴灣	Chàaih.wàan // Tsaai⁴waan¹	[名]	チャイワン(香港島の地名。Chai Wan)
□ 到達	dou.daaht // dou³daat⁹	[動]	到着する ≒ 到
□ 先	sìn // sin¹	[副]	まず
□ 讓	yeuhng // joeng⁶		「讓 + 名詞 + 動詞句」で「～に…させる」 ≒ 俾

☐ 車上	chè.seuhng // tse¹soeng⁶	列車内
☐ 乘客	sìhng.haak // sing⁴haak⁸	[名] 乘客
☐ 請勿	chíng.maht // tsing²mat⁹	～しないでください　≒　唔好
☐ 靠近	kaau.gahn // kaau³gan⁶	近寄る。寄りかかる
☐ 車門	chè.mùhn // tse¹mun⁴	[名] 列車のドア
☐ 月台幕門	yuht.tòih.mohk.mùhn // jyt⁹toi⁴mok⁹mun⁴	[名] ホームドア
☐ 超越	chìu.yuht // tsiu¹jyt⁹	[動] 越える　≒　過
☐ 黃綫	wòhng.sin // wong⁴sin³	黄色い線
☐ 與	yúh // jy⁵	[接] ～と…　≒　同、同埋
☐ 月台	yuht.tòih // jyt⁹toi⁴	[名] プラットホーム
☐ 間	gàan // gaan¹	[名] 間
☐ 之	jì // dzi¹	[構造] ～の　≒　嘅
☐ 空隙	hùng.kwìk // hung¹kwik⁷	[名] 隙間（「隙」は gwìk // gwik⁷ で発音する話者もいる）
☐ 衝入	chùng.yahp // tsung¹jap⁹	～に駆け込む
☐ 車廂	chè.sèung // tse¹soeng¹	[名] 車両
☐ 合作	hahp.jok // hap⁹dzok⁸	[動] 協力する
☐ 轉 // 車	jyun chè // dzyn³ tse¹	乗り換える
☐ 奔跑	bàn.páau // ban¹paau²	[動] 走る　≒　跑
☐ 入 // 閘	yahp jaahp // jap⁹ dzaap⁹	改札を入る
☐ 及	kahp // kap⁹	[接] および　≒　以及（yíh.kahp // ji⁵kap⁹）
☐ 嚴禁	yìhm.gam // jim⁴gam³	[動] 厳に禁ずる
☐ 飲食	yám.sihk // jam²sik⁹	[名] 飲食
☐ 轉乘	jyún.sìhng // dzyn²sing⁴	[動] 乗り換える（「轉乘」の「轉」は文語音が jyún // dzyn²、口語音が jyun // dzyn³）　≒　轉車
☐ 荃灣綫	Chyùhn.wàan.sin // Tsyn⁴waan¹sin³	[名] チュンワン線（地下鉄の路線名。Tsuen Wan Line）

■ 鉄道：エアポート・エクスプレス（「機場快綫」）

1. 下一班 往 機場 同埋 博覽館 嘅 列車 將 於 兩分鐘 後 到達。
   Hah yàt bàan wóhng gèi.chèuhng tùhng.màaih Bok.láahm.gwún ge liht.chè jèung yù léuhng fàn jùng hauh dou.daaht. //
   Ha⁶ jat⁷ baan¹ wong⁵ gei¹tsoeng⁴ tung⁴maai⁴ Bok⁸laam⁵gwun² ge³ lit⁷tse¹ dzoeng¹ jy¹ loeng⁵ fan¹ dzung¹ hau⁶ dou³daat⁹.

次の空港とアジア・ワールド・エクスポ駅行きの列車は２分後に到着いたします。

2. 歡迎 乘搭 機場快綫。
   Fùn.yìhng sìhng.daap gèi.chèuhng.faai.sin. // Fun^{1}jing^4 sing^{4}daap^8 gei^{1}tsoeng^{4}faai^{1}sin^3.
   エアポート・エクスプレスにご乘車くださり、ありがとうございます。

3. 九龍站 同 香港站 設有 免費 穿梭巴士。
   Gáu.lùhng.jaahm tùhng Hèung.góng.jaahm chit.yáuh míhn.fai chyùn.sò.bà.sí. //
   Gau^{2}lung^{4}dzaam^6 tung^4 Hoeng^{1}gong^{2}dzaam^6 tsit^{8}jau^5 min^{5}fai^3 tsyn^{1}so^{1}ba^{1}si^2.
   クーロン駅と香港駅では無料のリムジンバス・サービスを用意してございます。

4. 下一站 九龍。
   Hah. yàt jaahm Gáu.lùhng. // Ha^6 jat^7 dzaam^6 Gau^{2}lung^4.
   次の駅はクーロンです。

5. 右邊 嘅 車門 將會 打開。
   Yauh.bìn ge chè.mùhn jèung.wúih dá.hòi. // Jau^{6}bin^1 ge^3 tse^{1}mun^4 dzoeng^{1}wui^5 da^{2}hoi^1.
   右側のドアが開きます。

6. 列車 即將 到達 香港國際機場。
   Liht.chè jìk.jèung dou.daaht Hèung.góng.gwok.jai.gèi.chèuhng. //
   Lit^{9}tse^1 dzik^{7}doeng^1 dou^{3}daat^9 Hoeng^{1}gong^{2}gwok^{8}dzai^{3}gei^{1}tsoeng^4.
   列車はまもなく香港国際空港に到着いたします。

7. 一號 客運大樓 位於 左邊，二號 客運大樓 位於 右邊。
   Yàt houh haak.wahn.daaih.làuh waih.yù jó.bìn, yih houh haak.wahn.daaih.làuh waih.yù yauh.bìn. //
   Jat^7 hou^6 haak^{8}wan^{6}daai^{6}lau^4 wai^{6}jy^1 dzo^{2}bin^1, ji^6 hou^6 haak^{8}wan^{6}daai^{6}lau^4 wai^{6}jy^1 jau^{6}bin^1.
   第１旅客ターミナルは左側、第２旅客ターミナルは右側にございます。

8. 往 博覽館 嘅 乘客，請 繼續 留喺 車度。
   Wóhng Bok.láahm.gwún ge sìhng.haak, chíng gai.juhk làuh.hái chè.douh. //
   Wong^5 Bok^{8}laam^{5}gwun^2 ge^3 sing^{4}haak^8, tsing^2 gai^{3}dzuk^9 lau^{4}hai^2 tse^{1}dou^6.
   アジア・ワールド・エクスポ駅へ向かうお客様はこのまま車内にお残りください。

9. 落 車 嘅 乘客，請 記得 帶走 你 嘅 行李。
   Lohk chè ge sìhng.haak, chíng gei.dàk daai.jáu néih ge hàhng.léih. //
   Lok^9 tse^1 ge^3 sing^{4}haak^8, tsing^2 gei^{3}dak^7 daai^{3}dzau^2 nei^5 ge^3 hang^{4}lei^5.
   お降りになるお客様は、ご自分の荷物をお忘れにならないようお願いします。

10. 多謝 選擇 乘搭 機場快綫。
    Dò.jeh syún.jaahk sìhng.daap gèi.chèuhng.faai.sin. //
    Do^{1}dze^6 syn^{2}dzaak^9 sing^{4}daap^8 gei^{1}tsoeng^{4}faai^{1}sin^3.
    エアポート・エクスプレスをご利用くださり、まことにありがとうございました。

新出語彙

□ 下一班	hah yàt bàan // ha⁶ jat⁷ baan¹		次の（列車・バス・船・飛行機）
□ 同埋	tùhng.màaih // tung⁴maai⁴	［接］	～と…
□ 博覽館	Bok.láahm.gwún // Bok⁸laam⁵gwun²	［名］	アジア・ワールド・エキスポ駅
□ 將	jèung // dzoeng¹	［副］	～するだろう ≒ 會
□ 於	yù // jy¹	［前］	～に ≒ 喺
□ 兩分鐘	léuhng fàn jùng // loeng⁵ fan¹ dzung¹		2分間
□ 歡迎	fùn.yìhng // fun¹jing⁴	［動］	歡迎する
□ 乘搭	sìhng.daap // sing⁴daap⁸	［動］	搭乘する。乘車する
□ 機場快綫	gèi.chèuhng.faai.sin // gei¹tsoeng⁴faai³sin³	［名］	エアポート・エクスプレス（香港国際空港とセントラルを結ぶ路線）
□ 九龍站	Gáu.lùhng.jaahm // Gau²lung⁴dzaam⁶	［名］	クーロン駅
□ 香港站	Hèung.góng.jaahm // Hoeng¹gong²dzaam⁶	［名］	ホンコン駅
□ 設有	chit.yáuh // tsit⁸jau⁵	［動］	設けてある ≒ 有
□ 免費	míhn.fai // min⁵fai³	［名］	無料
□ 穿梭巴士	chyùn.sò.bà.sí // tsyn¹so¹ba¹si²	［名］	リムジンバス
□ 將會	jèung.wúih // dzoeng¹wui⁵	［副］	～するだろう ≒ 會
□ 打開	dá.hòi // da²hoi¹	［動］	開く
□ 香港國際機場	Hèung.góng.gwok.jai.gèi.chèuhng // Hoeng¹gong²gwok⁸dzai³gei¹tsoeng⁴	［名］	香港国際空港
□ 一號	yàt houh // jat⁷ hou⁶		第一
□ 客運大樓	haak.wahn.daaih.làuh // haak⁸wan⁶daai⁶lau⁴	［名］	旅客ターミナル
□ 位於	waih.yù // wai⁶jy¹	［動］	～に位置している ≒ 喺
□ 二號	yih houh // ji⁶ hou⁶		第二
□ 繼續	gai.juhk // gai³dzuk⁹	［動］	続ける
□ 車度	chè.douh // tse¹dou⁶		列車内（「度」は「上」と同じく、名詞「車」を場所化する）
□ 記得	gei.dàk // gei³dak⁷	［動］	覚えている
□ 帶走	daai.jáu // daai³dzau²		持ち去る
□ 選擇	syún.jaahk // syn²dzaak⁹	［動］	選擇する ≒ 揀

🔊 ▍空港 ……………………

1. 前往 29 至 70 號 登機閘口 嘅 乘客，請 喺 該 站 落 車。
   Chìhn.wóhng yih.sahp.gáu ji chàt.sahp houh dàng.gèi.jaahp.háu ge sìhng.haak, chíng hái gòi jaahm lohk chè. //
   Tsin⁴wong⁵ ji⁶sap⁹gau² dzi³ tsat⁷sap⁹ hou⁶ dang¹gei¹dzaap⁹hau² ge³ sing⁴haak⁸, tsing² hai² goi¹ dzaam⁶ lok⁹ tse¹.
   29 番から 70 番までの搭乗口へ向かうお客様は、当駅で下車してください。
   (空港内のシャトル・トレインで流れるアナウンス)

2. 乘客 可以 使用 升降機。
   Sìhng.haak hó.yíh sí.yuhng sìng.gong.gèi. // Sing⁴haak⁸ ho²ji⁵ si²jung⁶ sing¹gong³gei¹.
   (当駅では) エレベーターをご使用になれます。(空港内のシャトル・トレインで流れるアナウンス)

3. 乘搭 國泰航空公司 CX500號 班機 前往 東京 羽田 嘅 旅客，請 注意。
   Sìhng.daap Gwok.taai.hòhng.hùng.gùng.sì si iks ńgh.lìhng.lìhng houh bàan.gèi chìhn. wóhng Dùng.gìng Yúh.tìhn ge léuih.haak, chíng jyu.yi. //
   Sing⁴daap⁸ Gwok⁸taai³hong⁴hung¹gung¹si¹ si iks ng⁵ling⁴ling⁴ hou⁶ baan¹gei¹ tsin⁴wong⁵ Dung¹ging¹ Jy⁵tin² ge³ loey⁵haak⁸, tsing² dzy³ji³.
   キャセイパシフィック航空 CX500 便にご搭乗で東京羽田へ向かうお客様に申し上げます。

4. 該 號 班機 現正 進行 登機手續。請 到 20號 閘口 登機。
   Gòi houh bàan.gèi yihn.jing jeun.hàhng dàng.gèi.sáu.juhk. Chíng dou yih.sahp houh jaahp.háu dàng.gèi. //
   Goi¹ hou⁶ baan¹gei¹ jin⁶dzing³ dzoen³hang⁴ dang¹gei¹sau²dzuk⁹. Tsing² dou³ ji⁶sap⁹ hou⁶ zaap⁹hau² dang¹gei¹.
   当機は只今搭乗の手続きを行っております。20番搭乗口にてご搭乗ください。

5. 該 號 班機 嘅 登機閘口 已經 改爲 2號 閘口。
   Gòi houh bàan.gèi ge dàng.gèi.jaahp.háu yíh.gìng gói.wàih yih houh jaahp.háu. //
   Goi¹ hou⁶ baan¹gei¹ ge³ dang¹gei¹dzaap⁹hau² ji⁵ging¹ goi²wai⁴ ji⁶ hou⁶ dzaap⁹hau².
   当機の搭乗口は２番ゲートに変更されております。

6. 該 號 班機 現正 進行 最後 召集。
   Gòi houh bàan.gèi yihn.jing jeun.hàhng jeui.hauh jiuh.jaahp. //
   Goi¹ hou⁶ baan¹gei¹ jin⁶dzing³ dzoen³hang⁴ dzoey³hau⁶ dziu⁶dzaap⁹.
   当機は只今ご搭乗の最終のご案内を行っているところです。

7. 請 即 前往 12號 閘口 登機。
   Chíng jìk chìhn.wóhng sahp.yih houh jaahp.háu dàng.gèi. //
   Tsing² dzik⁷ tsin⁴wong⁵ sap⁹ji⁶ hou⁶ dzaap⁹hau² dang¹gei¹.

直ちに12番搭乗口へ向かいご搭乗ください。

8. 乘客 請 登機 之前 出示 護照 同 登機證。
Sìhng.haak chíng dàng.gèi jì.chìhn chèut.sih wuh.jiu tùhng dàng.gèi.jing. //
Sing^{4}haak^8 tsing^2 dang^{1}gei^1 dzi^{1}tsin^4 tsoet^{7}si^6 wu^{6}dziu^3 tung^4 dang^{1}gei^{1}dzing^3.
ご搭乗のお客様はご搭乗の前にパスポートとボーディング・チケットをお見せください。

9. 該 航班 現已 取消。
Gòi hòhng.bàan yihn.yíh chéui.siu. // Goi^1 hong^{4}baan^1 jin^{6}ji^5 tsoey^{2}siu^1.
当フライトはすでに取り消しとなっております。

10. 請 同 該 航空公司 嘅 職員 或 服務員 聯絡。
Chíng tùhng gòi hòhng.hùng.gùng.sì ge jìk.yùhn waahk fuhk.mouh.yùhn lyùhn.lohk. //
Tsing^2 tung^4 goi^1 hong^{4}hung^{1}gung^{1}si^1 ge^3 dzik^{1}jyn^4 waak^9 fuk^{9}mou^{6}jyn^4 lyn^{4}lok^9.
当航空会社の職員あるいは空港職員までご連絡ください。

新出語彙 627

□ 前往	chìhn.wóhng // tsin^{4}wong^5	[動]	～へ向かう。～へ赴く ≒ 去
□ 至	ji // dzi^3	[前]	～まで ≒ 到
□ 號	houh // hou^6	[量]	番
□ 登機閘口	dàng.gèi.jaahp.háu // dang^{1}gei^{1}dzaap^{9}hau^2	[名]	搭乗口。搭乗ゲート
□ 該	gòi // goi^1	[代]	当 ≒ 呢（個）
□ 使用	sí.yuhng // si^{2}jung^6	[動]	使用する ≒ 用
□ 升降機	sìng.gong.gèi // sing^{1}gong^{3}gei^1	[名]	エレベーター ≒ 䬹（lìp // lip^7）
□ 國泰航空公司	Gwok.taai.hòhng.hùng.gùng.sì // Gwok^{8}taai^{3}hong^{4}hung^{1}gung^{1}si^1	[名]	キャセイパシフィック航空
□ 班機	bàan.gèi // baan^{1}gei^1	[名]	便。定期航空便
□ 羽田	Yúh.tìhn // Jy^{5}tin^4	[名]	羽田（空港）
□ 旅客	léuih.haak // loey^{5}haak^8	[名]	旅客
□ 請注意	chíng jyu.yi // tsing^2 dzy^{3}ji^3		ご注意ください。申し上げます
□ 現正	yihn.jing // jin^{6}dzing^3	[副]	只今 ≒ 而家
□ 進行	jeun.hàhng // dzoen^{3}hang^4	[動]	行う ≒ 做
□ 登機手續	dàng.gèi.sáu.juhk // dang^{1}gei^{1}sau^{2}dzuk^9	[名]	搭乗手続き
□ 到	dou // dou^3	[動]	行く ≒ 去
□ 改為	gói.wàih // goi^{2}wai^4		～に変更する ≒ 轉做、轉為
□ 最後召集	jeui.hauh jiuh.jaahp // dzoey^{3}hau^6 dziu^{6}dzaap^9	[名]	（搭乗のための）最終の呼びかけ。ファイナル・コール

□ 即	jìk // dzik⁷	［副］直ちに ≒ 即刻（jìk.hàak // dzik⁷haak⁷）
□ 閘口	jaahp.háu // dzaap⁹hau²	［名］（搭乗）ゲート
□ 登機	dàng.gèi // dang¹gei¹	［動］飛行機に搭乗する
□ 出示	chèut.sih // tsoet⁷si⁶	［動］出して見せる
□ 護照	wuh.jiu // wu⁶dziu³	［名］パスポート
□ 登機證	dàng.gèi.jing // dang¹gei¹dzing³	［名］ボーディング・チケット
□ 現已	yihn.yíh // jin⁶ji⁵	［副］すでに。もはや ≒ 已經
□ 取消	chéui.sìu // tsoey²siu¹	［動］取り消す
□ 航空公司	hòhng.hùng.gùng.sì // hong⁴hung¹gung¹si¹	［名］航空会社
□ 或	waahk // waak⁹	［接］あるいは ≒ 或者
□ 服務員	fuhk.mouh.yùhn // fuk⁹mou⁶jyn⁴	［名］（ここでは空港の）職員
□ 聯絡	lyùhn.lohk // lyn⁴lok⁹	［動］連絡を取る

🔊 ■ 旅客機
628

1. 多謝 乘搭 國泰航空公司 嘅 客機。
   Dò.jeh sìhng.daap Gwok.taai.hòhng.hùng.gùng.sì ge haak.gèi. //
   Do¹dze⁶ sing⁴daap⁸ Gwok⁸taai³hong⁴hung¹gung¹si¹ ge³ haak⁸gei¹.
   キャセイパシフィック航空にご搭乗くださり、まことにありがとうございます。

2. 打開 行李櫃 時，請 小心 裏面 嘅 物件 唔 會 跌下。
   Dá.hòi hàhng.léih.gwaih sìh, chíng síu.sàm léuih.mihn ge maht.gín* m̀h wúih dit.hah. //
   Da²hoi¹ hang⁴lei⁵gwai⁶ si⁴, tsing² siu²sam¹ loey⁵min⁶ ge³ mat⁹gin²* m⁴ wui⁵ dit⁸ha⁶.
   荷物入れを開けるさいには、中の荷物が落ちることのないようご注意ください。

3. 本 班 航機 係 非吸煙機。
   Bún bàan hòhng.gèi haih fèi.kàp.yìn.gèi. // Bun² baan¹ hong⁴gei¹ hai⁶ fei¹kap⁷jin¹gei¹.
   本機は全席禁煙でございます。

4. 各位 乘客，航機 即將 起飛。
   Gok wái* sìhng.haak, hòhng.gèi jìk.jèung héi.fèi. //
   Gok⁸ wai²* sing⁴haak⁸, hong⁴gei¹ dzik⁷dzoeng¹ hei²fei¹.
   乗客の皆さま、飛行機はまもなく離陸いたします。

5. 根據 安全條例，乘客 必須 留喺 座位，扣上 安全帶。
   Gàn.geui òn.chyùhn.tìuh.laih, sìhng.haak bìt.sèui làuh.hái joh.wái*, kau.séuhng òn.chyùhn.dáai*. //
   Gan¹goey³ on¹tsyun⁴tiu⁴lai⁶, sing⁴haak⁸ bit⁷soey¹ lau⁴hai² dzo⁶wai²*, kau³soeng⁵ on¹tsyun⁴daai²*.
   安全規定に基づき、必ず席にお座りになり、シートベルトをお締めください。

6. 航機 現正 經過 不穩定 嘅 氣流。
   Hòhng.gèi yihn.jing gìng.gwo bàt.wán.dihng ge hei.làuh. //
   Hong⁴gei¹ jin⁶dzing³ ging¹gwo³ bat⁷wan²ding⁶ ge³ hei³lau⁴.
   飛行機は只今気流の悪いところを通過中でございます。

7. 請 返回 座位，扣好 安全帶。
   Chíng fáan.wùih joh.wái*, kau.hóu òn.chyùhn.dáai*. //
   Tsing² faan²wui⁴ dzo⁶wai²*, kau³hou² on¹tsyn⁴daai²*.
   席にお戻りになり、シートベルトをしっかりとお締めください。

8. 暫停 熱水 嘅 供應。
   Jaahm.tìhng yiht.séui ge gùng.ying. // Dzaam⁶ting⁴ jit⁹soey² ge³ gung¹jing³.
   温かいお飲み物のサービスは一時控えさせていただきます。

9. 乘客 有 任何 疑問，請 與 機廂服務員 聯絡。
   Sìhng.haak yáuh yahm.hòh yìh.mahn, chíng yúh gèi.sèung.fuhk.mouh.yùhn lyùhn.lohk. //
   Sing⁴haak⁸ jau⁵ jam⁶ho⁴ ji⁴man⁶, tsing² jy⁵ gei¹soeng¹fuk⁹mou⁶jyn⁴ lyn⁴lok⁹.
   何かご不明な点がございましたら、機内乗務員までお申し出ください。

10. 地上服務員 會 樂意 向 你 提供 協助。
    Deih.seuhng.fuhk.mouh.yùhn wúih lohk.yi heung néih tàih.gùng hip.joh. //
    Dei⁶soeng⁶fuk⁹mou⁶jyn⁴ wui⁵ lok⁹ji³ hoeng³ nei⁵ tai⁴gung¹ hip⁸dzo⁶.
    （補助・乗り継ぎなどでお手伝いの必要なお客様には）地上の係員がよろこんでお手伝いをいたします。（目的地に到着したときに流れるアナウンス）

新出語彙
🔊 629

- ☐ 客機　　　haak.gèi // haak⁸gei¹　　　［名］旅客機
- ☐ 打開　　　dá.hòi // da²hoi¹　　　［動］開く。開ける
- ☐ 行李櫃　　hàhng.léih.gwaih // hang⁴lei⁵gwai⁶　　［名］荷物入れ。荷物棚
- ☐ 裏面　　　léuih.mihn // loey⁵min⁶　　［位］中。内側　≒　入便
- ☐ 物件　　　maht.gín* // mat⁹gin²*　　［名］物　≒　嘢
- ☐ 跌下　　　dit.hah // dit⁸ha⁶　　　落ちる　≒　跌落
- ☐ 本　　　　bún // bun²　　　［代］当。本　≒　呢（個）
- ☐ 航機　　　hòhng.gèi // hong⁴gei¹　　［名］航空機
- ☐ 非吸煙機　fèi.kàp.yìn.gèi // fei¹kap⁷jin¹gei¹　　［名］全席禁煙の飛行機
- ☐ 各位　　　gok wái* // gok⁸ wai²*　　皆さま
- ☐ 乘客　　　sìhng.haak // sing⁴haak⁸　　［名］乗客
- ☐ 起飛　　　héi.fèi // hei²fei¹　　［動］離陸する
- ☐ 根據　　　gàn.geui // gan¹goey³　　［前］～に基づき。～により
- ☐ 安全條例　òn.chyùhn.tìuh.laih // on¹tsyn⁴tiu⁴lai⁶　　［名］安全規定

☐ 必須	bìt.sèui // bit^{7}soey^1	［助動］必ず～せねばならない	≒ 一定要
☐ 座位	joh.wái* // dzo^{6}wai^2*	［名］座席	
☐ 扣上	kau.séuhng // kau^{3}soeng^5	（シートベルトを）締める	
☐ 安全帶	òn.chyùhn.dáai* // on^{1}tsyn^{4}daai^2*	［名］シートベルト	
☐ 經過	gìng.gwo // ging^{1}gwo^3	［動］通過する。よぎる	
☐ 不隱定	bàt.wán.dihng // bat^{7}wan^{2}ding^6	［形］不安定な	≒ 唔隱定
☐ 氣流	hei.làuh // hei^{3}lau^4	［名］気流	
☐ 返回	fáan.wùih // faan^{2}wui^4	戻る（fáan // faan^2 は「返」の読書音）	≒ 返去
☐ 扣好	kau.hóu // kau^{3}hou^2	しっかりと締める	
☐ 暫停	jaahm.tìhng // dzaam^{6}ting^4	［動］しばらく控える。一時見合わせる	≒ 暫時停止
☐ 熱水	yiht.séui // jit^{9}soey^2	［名］湯	
☐ 供應	gùng.ying // gung^{1}jing^3	［名］供給	
☐ 任何	yahm.hòh // jam^{6}ho^4	［形］いかなる。何らかの	≒ 乜嘢/咩嘢
☐ 疑問	yìh.mahn // ji^{4}man^6	［名］疑問。不明な点	
☐ 與	yúh // jy^5	［前］～と	≒ 同
☐ 機廂服務員	gèi.sèung.fuhk.mouh.yùhn // gei^{1}soeng^{1}fuk^{9}mou^{6}jyn^4	［名］客室乗務員	
☐ 地上服務員	deih.seuhng.fuhk.mouh.yùhn // dei^{6}soeng^{6}fuk^{9}mou^{6}jyn^4	［名］地上の係員	≒ 地勤（deih.kàhn // dei^{6}kan^4）
☐ 樂意	lohk.yi // lok^{9}ji^3	［副］喜んで	
☐ 向	heung // hoeng^3	［前］～に対して	
☐ 提供	tàih.gùng // tai^{4}gung^1	［動］提供する	
☐ 協助	hip.joh // hip^{8}dzo^6	［名］協力	

Column 🌲

　初級教材である本書の趣旨に反するかも知れませんが、香港の広東語の発音についてその微細を明らかにすると、次のようになります。これらの大多数は、どの教材にも書かれていないことです。しかし、香港人の発音を注意深く聴いていると、気付くことがあるかも知れません。

　※音声の特徴が CD-ROM で確認できるものについては、そのトラック番号を記しました。

【音節頭子音について】

① j // dz，ch // ts，s は、後続する母音に応じて、調音点が前後に若干ずれます。母音が a の ja // dza や sa では舌の位置が [tʃ] や [ʃ] よりも前寄りの [ts] や [s] になります。ただし、それでも典型的な [ts] や [s] に比べると後寄りです。また話者によってもずれ具合は少し異なります。

② y // j は伝統的に国際音声記号の半母音 [j] であると説明されてきたのですが、後続する母音が i や yu // y だと、少なからざる話者の発音では有声摩擦音 [ʝ] になっています。例えば、「而」や「如」の発音では、冒頭に「ジ」とも「ギ」ともつかぬような摩擦音が聞こえるかと思いますが、これがそれです。
　　　　　　　　　　　　　　　　　　　　　　⇨ ◀)) 033（男声）「二」

③ h は伝統的に国際音声記号の [h] であると説明されてきたのですが、男声の話者が丁寧に発音した場合は、軟口蓋摩擦音 [x] や硬口蓋摩擦音 [ç] になることがあります。　　　　　　　　　　⇨ ◀)) 009（男声）「廈」「賀」

④ ゼロ声母は音韻レベルではいわゆる「子音を立てない」ことを意味するのですが、音声レベルでは声門閉鎖音 [ʔ] が現れることがあります。例えば、「亞」の発音では、冒頭に喉が詰まったような印象を受けるかも知れませんが、それがこれです。話者によりますが、丁寧に発音した場合に聞こえることが多いと思います。　　　　　　　　　　　　　　⇨ ◀)) 015（男女）「矮」

⑤ gw と kw は、後続する母音が o だと、円唇性が失われてそれぞれ g と k に変化していることがあります。例えば、「鄺」kwong が kong、「國」gwok が gok に変化しているのがそれです。中年層以下の話者に時折見られます。

⑥ 文末に現れる語気助詞「吖」à // a¹ や「呀」a // a³、「呀」àh // a⁴ は、直前の音節が n で終わる場合、nà // na¹ や na // na³、nàh // na⁴ で発音されることがあります。　　　　　　　　　　　　　　　　　⇨ ◀)) 081（男女）「吖」

【音節末音について】

⑦ ing と ik では主母音 i（国際音声記号だと [e]）から音節末音 ng と k に移る

過程で舌の位置が少し動き、渡り音のような音が聞こえる話者がいます。特に丁寧に発音した場合に聞こえることが多いと思います。その場合の発音を国際音声記号で記すと [eĭŋ] と [eĭk] になりましょう。

⑧ ung と uk では主母音 u（国際音声記号だと [o]）から音節末音 ng と k に移る過程で舌の位置が少し動き、渡り音のような音が聞こえる話者がいます。特に丁寧に発音した場合に聞こえることが多いと思います。その場合の発音を国際音声記号で記すと [oŭŋ] と [oŭk] になりましょう。

⑨中年層以下には、一部分ですが音節末音 n と ng を区別できない話者が存在しています。当人にとっては、「恨」han と「恒」hang、「辛」san と「生」sang が同音ということになります。そのような話者は、音節末音の t と k も区別できないため、「不」bat と「北」bak が同音ということになります。

【声調について】

⑩6声調式では、9声調式の第7声を第1声に同定します。これは音の高さが第1声と第7声とで近いことが根拠となっているのですが、実は少なからざる話者の発音において、両者は開始点の高さからすでに異なっています。第7声を明らかに第1声よりも高く発音している話者は珍しくありません。

⑪中年層以下には、一部分ですが第2声と第5声を区別できない話者が存在しています。

⑫女性の発音では、第3声と第6声の高さが比較的接近しています。

⇨ 🔊 033（女声）「四」と「二」

⑬第3声に第3声が後続すると、後ろの第3声は前の第3声よりも若干低く発音され、第6声の高さに近くなります。第6声の後ろに第3声や第6声が続くと、やはり似た現象が起きます。これらは、声調言語によく見られる「ダウン・ドリフト」と呼ばれる現象で、他の声調でも起きることがあります。

⇨ 🔊 037（男女）「上晝」「下晝」

⑭文末では、第3声や第6声の末尾がわずかに下降することがあります。

⇨ 🔊 022（男声）「註」、🔊 091（男声）「去」

⑮第4声の最後がわずかに上昇調へと転じることがあります。話者によりますが、丁寧に発音した場合に、時折この現象が見られます。

【音節全体について】

⑯文末に現れる語気助詞の中には、やや軽く発音される傾向にあるものが存在します。命令文の文末に置かれる「吖」à // a¹ や「啦」là // la¹、疑問文の文末に置かれる「呀」a // a³ などがそれです。　⇨ 🔊 078（男声）「啦」と「吖」

⑰中年層以下には、子音だけの韻母 ng を m と発音する話者が多数います。

Column ♠ 「中小學普通話教中文支援計劃」について

　香港と澳門では規範的な中国語の文章を広東語の発音で読んでいくという伝統が堅固に存在しています。この伝統を支えてきたのは、小中学校の「中国語文」という科目（日本の国語に相当）で中国語の文章を広東語の発音で読むという作業でした。大多数の学校では、英語を除き、他の科目でも授業中のやりとりは広東語で行われています。

　ところが、2008年9月の新学期に香港政府は「中小學普通話教中文支援計劃」をスタートさせました。香港には小学校だけで約460校がありますが、初年度でこのプロジェクトに応募した小中学校は合計150校に上りました。このプロジェクトは中国語文を中国語（普通話）で行う学校に援助を行うものです。初年度の小学一年生からが対象となりますが、応募した学校の約半数が全クラスでの実施を表明していたことは、「普通話化」を香港返還の年に予言していた筆者にとってすら衝撃でした（吉川1997c参照）。中国広東・広西では中華人民共和国建国以降、地区によって時期は前後しますが、授業での使用言語は広東語から普通話へと移行しました。これと同じ動きが今の香港で起き始めているわけです。

　この動きが進行し、もし全ての教育機関で中国語文を普通話で教えることが定着してしまうと、広東語の使用は大いに制限を受けることになります。広東語は口語である以外に「文章朗読の言語」という重要な機能を社会的に担ってきました。広東語で読む慣習が存在する限り、書かれた規範的な中国語の語彙は（逆説的ながらも）広東語に取り込まれ、本書第20課で学習したような広東語の書面語層を形成してきたのですが、この文章朗読の言語という側面が消失する危険性があるからです。広東語による文章朗読の習慣が過去の遺物という状況に陥るようなことになれば、香港人の言語観も変質してしまうでしょう。

　「中文」という語があります。これは文字言語（書かれた言語）と音声言語（話された言語）を包括した概念としての中国語を意味する語で、中国本土や台湾でも使われる語です。しかし、中国本土や台湾と異なり、香港人と澳門人の大多数は「音声としては広東語、文字としては繁体字、文体としては標準的な中国語に支えられた体系」と意識しています。香港や澳門で「講中文」と言う場合、広東語であることが暗黙の前提となっているのです。ところが、授業での使用言語の変化が定着してしまうと、この「中文」という語の概念すらも変わってしまうことが予想されます。

　言うまでもなく、中国語文の「普通話化」に対しては、香港で賛否を巡り議論が起きています。そのため、香港人にとって母語とは何か、広東語とは何かが問われている試練の時期に広東語を学ぼうとする読者の方々は、極めて貴重な経験をすることになるのではないでしょうか。

参考文献
吉川雅之（1997a）「「中文」と「広東語」：香港言語生活への試論（一）」、『月刊しにか』7月号、大修館書店／吉川雅之（1997b）「「母語教育」の下の「普通話」：香港言語生活への試論（二）」、『月刊しにか』8月号、大修館書店／吉川雅之（1997c）「香港…守れるか言語的ユニティ」、『月刊言語』10月号、大修館書店

練習問題：作文　　　　　　　　　　　　　　　　解　答　例

🔊 **01-2**
055
①多謝，十二蚊。　②唔該，兩張 八達通！

🔊 **01-4**
060
①兩隻 兩蚊，得唔得？　②聽日 點（樣）呀？—— 冇問題。

🔊 **02-1**
073
①呢隻 幾多錢 呀？—— 兩隻 十二個 半。
②幾多錢 呀？—— 一對 個 二。

🔊 **02-2**
077
①聽日 得唔得？—— 唔 得。—— 後日 呢？—— 得。
②叉燒飯 幾多錢 呀？—— 三十五個 八。—— 三寶飯 呢？—— 三十八個 半。

🔊 **02-3**
081
①唔該，一對 筷子 吖！　②證件 吖，唔該。　③唔該，旺角東站！

🔊 **02-4**
083
①請問，餐牌 呢？—— 呢度。/ 嗰度。　②身份證 呢？—— 呢度。

🔊 **03-2**
097
①佢哋 搭 的士。　②我 食 呢個，佢 食 嗰個。

🔊 **03-3**
101
①你 食 乜嘢 呀？　②你哋 叫 乜嘢 呀？

🔊 **03-4**
107
①佢 係 邊個 呀？—— 佢 係 阿 Sam。
②邊個 係 阿 Sam 呀？　（「阿 Sam 係邊個呀？」だと「サムって誰？」というニュアンスを帯びます。）
③我 係 學生。

🔊 **03-5**
111
①呢度 冇 崇光。　②嗰度 有 巴士站。

🔊 **04-1**
125
①佢 唔 嚟。　②唔 食 三寶飯。

🔊 **04-2**
128
①你 問唔問 佢 呀？—— 我 唔 問 佢。
②（你）識唔識 佢哋 呀？——（我）識。

🔊 **04-3**
133
①我 都 冇 散紙 呀。　②我 唔 食 軟雪糕 呀。

🔊 **04-4**
135
①你哋 有冇 八達通 呀？—— 我哋 冇（八達通）。
②邊個 有 散紙 呀？—— 我 有（散紙）（呀）。

🔊 **04-5**
140
①我 都 唔 上堂。　②藍生 都 唔 識 林生。

🔊 **05-1**
153
①你 睇唔睇 電視 呀？—— 好 呀。　②你 問唔問 佢 呀？—— 唔使 喇。

🔊 **05-2**
157
①你 搭 乜嘢 車 呀？—— 我 搭 巴士。
②你 買 乜嘢 衫 呀？—— 我 買 短袖衫。

239

🔊 **05-3**
163　①冇便 有 遙控器。　②雪櫃 入便 有冇 可樂 呀?——冇 呀。

🔊 **05-4**
166　①我 問 佢 啦。　②我 俾（錢）吖。

🔊 **05-5**
170　①大家 都 去 太古城。　(「みなタイクー・シティにも行きます」は「大家太古城都去。」と言います)
　②尖沙咀、旺角 都 冇 吉之島。　(「チムサーチョイ、モンコックにはジャスコもない」は「尖沙咀、旺角吉之島都冇。」と言います)

🔊 **05-6**
172　①我 唔 做 功課。——你 唔 做 功課 呀?　②我 俾錢。——你 俾 錢 呀?

🔊 **06-2**
188　①你 聽日 幾點鐘 嚟 呀?——兩點 二 嚟。
　②佢 禮拜幾 休息 呀?——禮拜日 休息。

🔊 **06-3**
192　①(我) 而家 要 去 中環。　②使唔使 入 醫院 呀?　③唔使 找 錢。

🔊 **06-4**
196　①因為 你 係 客人，所以 唔使 俾 錢。
　②佢 要 入 醫院，因為 (佢) 要 做 手術。

🔊 **06-5**
201　①商場 喺 邊度 呀?——喺 地庫。——餐廳 呢?——餐廳 就 喺 樓上。
　②我 三點鐘 嚟。阿 Sam 就 三點 三 嚟。

🔊 **06-6**
205　①我 等到 兩點鐘。　②搭 地鐵 搭到 觀塘。

🔊 **07-1**
218　①唔該，喺 前便 停 車 啦。　②喺 九龍 搭 車。

🔊 **07-2**
222　①我哋 (已經) 食咗 宵夜 (喇)。　②陳生 去咗 邊度 呀?——佢 去咗 廁所。
　③今日 (我) 買咗 兩份 報紙 (喇)。

🔊 **07-3**
226　①你 點樣 返 工 呀?——行 路 返 工。
　②點樣 去 旺角 呀?——搭 巴士 去。

🔊 **07-4**
230　①你 搭 乜嘢 去 尖沙咀 呀?　②你哋 去 邊度 食 晏晝飯 呀?

🔊 **07-5**
234　①聽日 你 想 去 邊度 玩 呀?　②我 想 買 呢樣 嘢。

🔊 **07-6**
238　①便利店 喺 出便。——喺 出便 呀?
　②提款機 喺 邊度 呀?——喺 地鐵站 入便。

🔊 **08-1**
252　①我 俾 咭片 大家。　②唔該，俾 隻 碗仔 我 吖。

🔊 **08-2**
256　①我 上個 禮拜 還咗 錢 俾 你 (喇)。　②唔該，擰 張 點心紙 俾 我 吖。

🔊 **08-3**
260　①呢度 有冇 巴士 去 機場 呀?　②Fiona 冇 時間 食 早餐。

08-4
264
① 呢隻 係 翻版，你 唔好 買 啦。
② 我哋 兩點 四 出發。大家 都 唔好 遲到 呀。

08-5
268
① 我 住過 澳門。　② 佢 喺 香港 未 搭過 van仔。

08-6
272
① 佢 去過 美國 讀書 嘅。—— 去過 美國 讀書 喫？（喫 gàh // ga⁴）
② 你 點樣 學 廣東話 喫？—— 自修 喫。（喫 ga // ga³）

09-1
285
① 你 聽日 幾點鐘 會 嚟 呀？/ 你 聽日 會 幾點鐘 嚟 呀？
② 佢 會唔會 買 呀？

09-2
289
① 今晚 之前 唔 會 落 雨。　② 搭 地鐵 之前，要 買 八達通。
③ 我 返(咗) 酒店 之後，沖 涼。

09-3
293
① 落 雨 嘅 時候，要 小心 地 滑。/ 落 雨 嗰陣時，要 小心 地 滑。
② 我 check out 嘅 時候，會 還 鎖匙。/ 我 check out 嗰陣時，會 還 鎖匙。

09-5
300
① 我 想 聽吓 呢首 歌。
② 我哋 行吓 商場。

09-6
304
① 請（你 / 你哋）睇吓 啦。　② 請（你 / 你哋）入嚟。

10-1
320
① 你 俾咗 房費 未 呀？—— 我 俾咗（喇）。但係 佢 仲 未 俾。
② 穿梭巴士 開咗 未 呀？—— 未 呀。/ 未 開（呀）。

10-2
323
① Kethy 二十歲 喇。　② 我哋 唔 上 堂 喇。
③ 你 食咗 晏晝飯 未 呀？—— 食咗 喇。

10-3
326
① 我 唔 去 深圳 喇。—— 你 唔 去 深圳 啩？　② 已經 十二點 半 啩？—— 係 呀。

10-4
329
① 聽日 去 澳門 定係 去 珠海 呀？　② 你 買 定（係）唔 買 呀？

10-5
333
① 你 肚唔肚餓 呀？——（我）（好）肚餓 呀。你 呢？
② 中環 遠唔遠 呀？—— 中環 唔 遠。好 近。

11-1
345
① 呢本 係 最 薄 嘅 辭典。　② 有冇 仲 平（啲）嘅 貨 呀？

11-2
347
① 呢本 係 最 薄 嘅。　② 有冇 仲 平（啲）喫？—— 冇 呀。

11-3
351
① 我 要 買 白色 嗰本。/ 我 想 買 白色 嗰本。　② 左便 嗰件 幾多錢 呀？

11-4
355
① 俾 我 睇吓 右便 嗰隻 / 嗰個 吖。　② 我 屋企人 唔 俾 我 去 旅行。
③ 俾 我 俾 錢 吖！

241

11-5
① 有冇 厚啲 㗎？ ② Amy 同 Cindy，邊個 靚女啲 / 靚啲 呀？

12-1
① 我 話 今日 佢 好 忙。 ② 我 估 佢哋 四點鐘 到 香港。

12-2
① 紅色 嗰隻 靚過 白色 呢隻。 ② 搭 巴士 去 平過 搭 的士 去。

12-3
① T恤 喺 邊度 買（會）最 平 呀？—— 我 諗 喺 女人街 買 會 平啲 啦。
② 有 乜嘢 / 咩嘢 生果 呀？—— 有 芒果、榴槤、木瓜 啦。

12-4
① 左便 呢件 有啲 / 有少少 污糟。 ② 我 有啲 / 有少少 口渴 喇。

12-5
① 東京鐵塔 冇 東京天空樹 咁 高。
② 喺 深圳 買 嘢 冇 喺 香港 買（嘢）咁 貴。

12-6
①（我）俾 人 打咗 荷包（喇）。 ② 嗰個 人 俾 警察 拉咗。

13-1
① 可唔可以 碌 咭 俾 錢 呀？—— 當然 可以。
② 我 今日 可唔可以 早啲 走 呀？—— 唔 可以。

13-2
①（喺）呢度 係唔係 唔 可以 食 煙 呀？—— 係 呀。（喺）呢度 係 唔 可以 食 煙 㗎。
② 我哋 係唔係 六點鐘 要 去 柴灣 呀？—— 係 呀。係 六點鐘 要 去 柴灣 㗎。

13-3
① 我 幫 你 起 肉 吖。 ② 阿 Jane 有 男朋友 幫 佢 做 功課。

13-4
①（你）問 多啲（問題）啦。 ② 你 今晚 食 少啲 嘢 啦。

14-1
① 你 一個人 識唔識 搭 van仔 / 小巴 呀？—— 唔 識（搭）。
② 你 估 佢 識唔識 寫 英文 呀？

14-2
① 銀包 喺 碼頭 嗰度 唔見咗 喇。 ② 你 嗰度 有冇 報紙 呀？ ③ 我哋 喺客務中心 嗰便 等 你 吖。—— 好 呀。

14-3
① 佢 坐住 瞓 覺。 ② 拉住 喼 行 路 好 辛苦。

14-4
① 聽日 會 落 雨 咩？ ② 你 食咗 飯（喇）咩？ ③ 呢度 附近 冇 網吧。—— 係 咩？—— 係 呀。

14-5
① 我 驚 喺 機場 買 嘢 好 貴。 ② 我 驚 唔 夠 錢 呀。

14-6
① 而家 香港 都 應該 有 怪獸家長。—— 係 咩？ ② 喺 呢度 應該 唔 可以 食 煙。

15-1
① 我哋 喺度 等緊 你 㗎 呀。 ② 佢哋 喺 嗰間 舖頭 講緊 價。

15-2
① 買 幾多 盒 呀？——買 兩盒。
②（喺）嗰度 有 幾多 間 餐廳 呀？——有 好多（間）呀。

15-3
① 房間 執好 未 呀？——執好 喇。　② 攞好 行李 未 呀？——未 呀。
③ 房門 鎖好 未 呀？——未 所鎖。

15-4
① 佢 買多咗 麵包（喇）。　② 我 上次 買少咗 兩隻／兩個。
③ 我哋 坐多咗 一個 站（喇）。

15-5
① 而家 嚟 嘅話，仲 趕得切。——真係？
② 你 唔 去 嘅話，我哋 都 唔 去。／如果 你 唔去，我哋 都 唔 去。

15-6
① 你 同 我 解釋 情況，得唔得 呀？／你 同 我 解釋 情況，好唔好 呀？／你　可唔可以 同 我 解釋 情況 呀？　② 我哋 同 你 介紹 幾間 酒店。

16-1
① 佢哋 就嚟 結 婚（喇）。　② 就嚟 聖誕節 喇。

16-2
① 你 學 廣東話 做 乜嘢 呀？——去 香港 同 澳門 玩。
② 你哋 喺（呢）度 影 相 做 乜嘢 呀？——俾 父母 睇。

16-3
① 陳生 食 飯／嘢 食得 幾 快。　② 你（講）中文 講得 好 好。

16-4
① 我哋 幾點（鐘）先 出 街 呀？
② 佢 就嚟（要）返 日本 嘅時候／嗰陣時 先 知道 冇 買 手信。

16-5
① 執完 行李 未 呀？——我 執完（喇）。不過 佢（就）未 執完。
② 你 傾完 電話 未 呀？——未 呀。／未 傾完。

16-6
① 呢個 站 冇 提款機，冇得 撳 錢。　② 八達通 喺 邊度 有得 增 值 呀？

17-1
① 你 教 邊個 講 日文 呀？——我 教 Fiona 講 日文。
② 唔該，教 我 香港大學 點 行 吖。／唔該，教 我 點樣 去 香港大學 吖。

17-2
① 兩點鐘 之前 嚟 就 冇問題。——好 呃！　② 去 大會堂 嘅話，搭 的士 去 就 最 好。

17-3
① 我 聽日 返 日本，佢（就）留喺 香港。　②（我）簽咗喺 呢度（喇）。

17-4
① 紅色小巴 落 車 同 綠色小巴 唔 同。
② 喺 超市 買，價錢 同 喺 便利店 買 唔 同。

17-5
① 我 想 同 你 講 價。　② 阿 Jane 喺度 同 我 吹緊 水。

18-1
① 你 聽日 返 日本，係唔係 呀？——唔 係 呀。　② 我 頭先 俾咗 錢，係唔係？

③直行 轉 左（就）有 投注站，係唔係 呀？—— 係 呀，係 呀。

18-2
① 最好 唔好 飲 水喉水。/ 最好 唔 飲 水喉水。
② 呢幾日 十分之 熱，出 街 嘅時候 / 嗰陣時 最好 飲 多啲 水。

18-3
① 佢 唔 喺 屋企。我 聽朝（再）打過 電話 俾 佢。
② 呢個 game 好 好玩，我 想 再 玩過。

18-4
① 我 用晒 啲 錢，冇晒 錢 喇。 （「錢」に対する量詞は「啲」。「冇晒錢」では、お金が残っておらず、数える必要がないため、量詞「啲」は付さなくてよい）
② 我 已經 睇晒 呢啲 雜誌 喇。

18-5
① 我 諗住 離開 香港 之前 去 新界 玩。
② 聽日（我）冇 諗住 出街，想 喺 酒店 hea 吓。

18-6
① 我 鍾意 一路 行 一路 影 相。 ② 一路 揸 車 一路 傾 電話 好 危險。

19-1
① 我（仲）未 買倒 嗰隻 CD。 ②（你）查倒 未 呀？——（我）查倒（喇）。

19-2
① 由 深水埗 到 九龍城 點樣 行 / 去 呀？
② 由 下晝 兩點（鐘）到 三點 半（鐘）（我）有 時間。

19-3
① 聽日 你（要）搭 嘅 飛機 幾點鐘 起 飛 呀？
② 嗰隻 係 去 邊度 嘅 渡輪 呀？—— 嗰隻 係 去 長洲 嘅 渡輪。

19-4
① 你 搣一搣 呢個 掣 啦。 ② 呢件 事，(你) 可以 問一問 佢。

19-5
① 我 已經 等咗 好耐 巴士 喇。 ② 由 香港 到 東京，要 搭 幾（多）個 鐘頭 飛機 呀？—— 要 搭 四個 半 鐘頭（飛機）。

19-6
①（我）用 呢塊 布 抹 檯。 ② 可唔可以 用 藍色筆 簽 名 呀？

聞き取りにチャレンジ 解答

第1課 062
① 晏啲　② 六十蚊

第2課 085
① 五個半　② a) 瘦肉粥　b) 行街

第3課 113
① a) 佢哋　b) 上環　② a) 喺度　b) 郵政局

第4課 141
① a) 蘿蔔糕　b) 蘿蔔糕　② 牙膏

第5課 175
① 軟糖　② a) 上便　b) 廁紙

第6課 206
① 收工　② 十點三

第7課 239
① 學校　② 電車

第8課 273
① 銀行　② 北京

第9課 306
① 出嚟　② a) 界限街　b) 深水埗

第10課 334
① a) 七點三　b) 食晚飯　② a) 去扒艇　b) 去踢波

第11課 360
① 橙色　② 硬

第12課 392
① 字典機　② a) 我屋企　b) 亂

第13課 417
① a) 果汁　b) 我　② a) 惠康　b) 惠康

第14課 448
① a) 彈　b) 鋼琴　② 放飛機

第15課 484
① a) 吹　b) 水　② 專門店

第16課 516
① 勤力　② 餸

第17課 547
① a) 對　b) 鞋　② 領隊

第18課 582
① 蕃茄　② 大埔

第19課 619
① a) 買　b) 化妝水　c) 買　d) 買　② 幾分鐘

245

語彙帳 ……●ローマ字表記

この語彙帳では、本書で登場した語彙がローマ字表記から検索できるようになっています。ただし、比較的長い文や表現は収めていませんので、それについては「場面別インデックス」で探してください。

掲載情報は、原語・ローマ字表記・登場するページ(括弧内は CD-ROM に録音されているトラック・ナンバー)です。ローマ字表記の排列は6声調式の綴りを基準としていますが、次の点にご注意ください。①ゼロ声母を最初にまとめて掲げてあります、②6声調式は、低い声調(第4、5、6声)を表すために母音直後に h を加えますが、これは声調記号であるため、ローマ字順には反映しません。③声母・韻母が同じ綴りは、第1声、第2声、第3声、...の順に排列してあります。

ゼロ声母

吖 à // a^1 47(069), 50(079)
吖 a // a^1 75(148)
阿爸 a.bàh // a^{3}ba^4 73(144)
阿伯 a.baak // a^{3}baak^8 83(179)
阿傑 a.Giht // a^{3}Git^9 166(435)
阿哥 a.gò // a^{3}go^1 73(144)
阿仔 a.jái // a^{3}dzai^2 73(144)
阿姐 a.jè* // a^{3}dze^1* 63(116)
阿 Jane a.Jèn // a^{3}Dzen^1 55(091)
阿媽 a.màh // a^{3}ma^4 73(144)
阿妹 a.múi* // a^{3}mui^2* 73(144)
阿女 a.néui* // a^{3}noey^2* 73(144)
阿婆 a.pòh // a^{3}po^4 83(179)
阿嬸 a.sám // a^{3}sam^2 83(179)
阿 Sam a.Sèm // a^{3}Sem^1 57(095)
阿叔 a.sùk // a^{3}suk^7 83(179)
呀 àh // a^4 75(148)
挨晚 àai.màan* // aai^{1}maan^1* 34(037)
噯 aai // aai^3 76(151)
呃 àak // aak^7 145(368)
啱 àam // aam^1 173(456)
啱 àam // aam^1 196(525)
啱啱 àam.àam // aam^{1}aam^1 115(282)
啱啱 àam.àam // aam^{1}aam^1 185(493)
晏啲 aan.dì // aan^{3}di^1 44(063)
晏晝 aan.jau // aan^{3}dzau^3 34(037), 132(335)
晏晝飯 aan.jau.faahn // aan^{3}dzau^{3}faan^6 100(229)
uncle àn.kòuh // an^{1}kou^4 145(368)
A èi // ei^1 218(594)
Amy Èi.mìh // Ei^{1}mi^4 140(357)
安全帶 òn.chyùhn.dáai* // on^{1}tsyn^{4}daai^2* 235(629)
安全條例 òn.chyùhn.tìuh.laih // on^{1}tsyn^{4}tiu^{4}lai^6 234(629)
OK òu.kèi // ou^{1}kei^1 155(400)
OK 便利店 Òu.kèi.bihn.leih.dim // Ou^{1}kei^{1}bin^{6}lei^{6}dim^2 160(419)
OK 啦 òu.kèi là // ou^{1}kei^1 la^1 153(395)
澳門 Ou.mún* // Ou^{3}mun^2* 101(232)
屋企人 ùk.kéi*.yàhn // uk^{7}kei^2*jan^4 139(354)

B

巴士 bà.sí // ba^{1}si^2 57(095)
巴士站 bà.sí.jaahm // ba^{1}si^{2}dzaam^6 61(110)
巴士總站 bà.sí júng.jaahm // ba^{1}si^2 dzung^{2}dzaam^6 36(041)
把 bá // ba^2 42(056), 202(-)
拜拜 bàai.baai // baai^{1}baai^3 93(209)
百 baak // baak^8 39(049)
百佳 Baak.gàai // Baak^{8}gaai^1 155(400)
伯母 baak.móuh // baak^{8}mou^5 83(179), 95(214)
百二 baak yih // baak^8 ji^6 135(341)
白 Baahk // Baak^9 32(034)
白菜 baahk.choi // baak^{9}tsoi^3 213(583)
白色 baahk.sìk // baak^{9}sik^7 138(350)
白太 Baahk.táai* // Baak^{9}taai^2* 68(127)
班 bàan // baan^1 218(594)
班機 bàan.gèi // baan^{1}gei^1 232(627)
辦公室 baahn.gùng.sàt // baan^{6}gung^{1}sat^7 102(240)
八 baat // baat^8 39(049)
八達通 Baat.daaht.tùng // Baat^{8}daat^{9}tung^1 38(047)
八號波 baat.houh bò // baat^{8}hou^6 bo^1 182(487)
八號風球 baat.houh fùng.kàuh // baat^{8}hou^6 fung^{1}kau^4 182(487)
八折 baat.jit // baat^{8}jit^8 135(341)
八月 baat.yuht // baat^{8}jyt^9 34(036)
弊喇 baih la(a)k // bai^6 la(a)k^8 183(489)
北京 Bàk.gìng // Bak^{7}ging^1 112(275)
北角 Bàk.gok // Bak^{7}gok^8 62(114)
奔跑 bàn.páau // ban^{1}paau^2 228(623)
筆 bàt // bat^7 42(056)
不便之處 bàt.bihn.jì.chyu // bat^{7}bin^{6}dzi^{1}tsy^3 36(041)
不設找贖 bàt.chit jáau.juhk // bat^{7}tsit^8 dzaau^{2}dzuk^9 36(041)

246

不過　bàt.gwo // bat^{7}gwo^3　115(282)
不准　bàt.jéun // bat^{7}dzoen^2　35(039)
不穩定　bàt.wán.dihng // bat^{7}wan^{2}ding^6　235(629)
畢 // 業　bàt yihp // bat^7 jip^9　186(495)
啤酒　bè.jáu // be^{1}dzau^2　49(072)
俾　béi // bei^2　66(123), 105(248)
俾　béi // bei^2　105(248)
俾　béi // bei^2　135(341)
俾　béi // bei^2　145(368)
餅店　béng.dim // beng^{2}dim^3　153(396)
病　behng // beng^6　208(563)
邊　bìn // bin^1　40(053)
邊　bìn // bin^1　161(420)
邊度　bìn.douh // bin^{1}dou^6　51(082), 59(102)
邊個　bìn.go // bin^{1}go^3　56(093), 59(102)
邊隻　bìn jek // bin^1 dzek^3　58(099)
邊種　bìn júng // bin^1 dzung^2　197(527)
邊位　bìn.wái* // bin^{1}wai^2*　56(093), 59(102)
便利店　bihn.leih.dim // bin^{6}lei^{6}dim^3　101(237)
必須　bit.sèui // bit^{7}soey^1　234(629)
錶　bìu // biu^1　40(051)
波衫　bò.sàam // bo^{1}saam^1　221(603)
博覽館　Bok.láahm.gwún // Bok^{8}laam^{5}gwun^2　230(625)
博物館　bok.maht.gwún // bok^{8}mat^{9}gwun^2　102(240)
薄　bohk // bok^9　136(344)
薄荷　bohk.hòh // bok^{9}ho^4　75(148)
幫　bòng // bong^1　120(298)
幫　bòng // bong^1　155(400), 218(594)
煲　bòu // bou^1　177(466)
布　bou // bou^3　224(616)
報紙　bou.jí // bou^{3}dzi^2　98(221)
報紙檔　bou.jí.dong // bou^{3}dzi^{2}dong^3　153(396)
部　bouh // bou^6　98(220)
部　bouh // bou^6　42(056)
搬　bùn // bun^1　186(495)
本　bún // bun^2　42(056), 234(629)
本埠　bún.fauh // bun^{2}dau^6　35(039)
半　bun // bun^3　46(069)
半　bun // bun^3　85(182)
半個鐘（頭）　bun go jùng(.tàuh) // bun^3 go^3 dzung^1(tau^4)　119(294)
半日　bun yaht // bun^3 jat^9　119(294)
砵蘭街　But.làahn.gàai // But^{8}laan^{4}gaai^1　96(214)

Ch // Ts

差唔多　chà.m̀h.dò // tsa^{1}m^{4}do^1　85(182)
差唔多　chà.m̀h.dò // tsa^{1}m^{4}do^1　200(540)
叉燒飯　chà.sìu.faahn // tsa^{1}siu^{1}faan^1　46(069)
茶　chàh // tsa^4　146(370)
查　chàh // tsa^4　218(594)
茶餐廳　chàh.chàan.tèng // tsa^{4}tsaan^{1}teng^1　90(199)
柴灣　Chàaih.wáan // Tsaai^{4}waan^1　158(407), 227(623)

餐具　chàan.geuih // tsaan^{1}goey^6　40(051)
餐牌　chàan.páai* // tsaan^{1}paai^2*　51(083)
餐廳　chàan.tèng // tsaan^{1}teng^1　91(200)
橙色　cháang*.sìk // tsaang^2*sik^7　141(361)
噚晚　chàhm.máahn // tsam^{4}maan^5　33(035)
噚日　chàhm.yaht // tsam^{4}jat^9　33(035)
親朋戚友　chàn.pàhng.chìk.yáuh // tsan^{1}pang^{4}tsik^{7}jau^5　173(456)
陳太　Chàhn.táai* // Tsan^{4}taai^2*　65(120)
七　chàt // tsat^7　39(049)
七五折　chàt.ńgh jit // tsat^{7}ng^5 dzit^8　140(359)
七十一　Chàt.sahp.yàt // Tsat^{7}sap^{9}jat^7　160(419)
七月　chàt.yuht // tsat^{7}jyt^9　34(036)
車　chè // tse^1　42(056)
車　chè // tse^1　77(155)
車度　chè.douh // tse^{1}dou^6　230(625)
車飛　chè.fèi // tse^{1}fei^1　89(194)
車門　chè.mùhn // tse^{1}mun^4　228(623)
車廂　chè.sèung // tse^{1}soeng^1　228(623)
車上　chè.seuhng // tse^{1}soeng^6　228(623)
check　chèk // tsek^7　187(499)
check out　chèk.àu // tsek^{7}au^1　115(282)
赤柱　Chek.chyúh // Tsek^{8}tsy^5　62(114)
check in　chèk.yìn // tsek^{7}jin^1　207(559)
請　chéng // tseng^2　211(575)
吹　chèui // tsoey^1　170(449)
吹 / 水　chèui séui // tsoey^1 soey^2　181(485)
取消　chéui.sìu // tsoey^{2}siu^1　233(627)
隨便　chèuih.bín* // tsoey^{4}bin^2*　47(069)
隨便啦　chèuih.bín* là // tsoey^{4}bin^2* la^1　123(312)
隨便食啦　chèuih.bín* sihk là // tsoey^{4}bin^2* sik^9 la^1　103(244)
隨便睇（吓）　chèuih.bín* tái(.háh) // tsoey^{4}bin^2* tai^2(ha^5)　133(337)
腸粉　chéung*.fán // tsoeng^2*fan^2　72(142)
長笛　chèuhng.dék* // tsoeng^{4}dek^2*　170(450)
長洲　Chèuhng.jàu // Tsoeng^{4}dzau^1　221(604)
出便　chèut.bihn // tsoet^{7}bin^6　78(159)
出電話　chèut dihn.wá* // tsoet^7 din^{6}wa^2*　126(318)
出發　chèut.faat // tsoet^{7}faat^8　109(263)
出 / 街　chèut gàai // tsoet^7 gaai^1　87(186)
出口　chèut.háu // tsoet^{7}hau^2　96(214)
出去　chèut.heui // tsoet^{7}hoey^3　96(214)
出租　chèut.jòu // tsoet^{7}dzou^1　34(039)
出嚟　chèut.làih // tsoet^{7}lai^4　122(307)
出年　chèut.nín* // tsoet^{7}nin^2*　33(035)
出 / 世　chèut sai // tsoet^7 sai^3　220(600)
出售　chèut.sauh // tsoet^{7}sau^6　35(039)
出示　chèut.sih // tsoet^{7}si^6　233(627)
廁紙　chi.jí // tsi^{3}dzi^2　82(177)
廁所　chi.só // tsi^{3}so^2　98(221)
遲啲見　chìh.dì gin // tsi^{4}di^1 gin^3　215(590)
辭典　chìh.dín // tsi^{4}din^2　136(344)

遲到　chìh.dou // tsi^{4}dou^3　63(117), 109(263)
簽　chìm // tsim^1　199(537)
簽 // 名　chìm méng* // tsim^1 meng^2*　224(616)
潛 // 水　chìhm séui // tsim^4 soey^2　170(451)
千祈　chìn.kèih // tsin^{1}kei^4　206(557)
錢　chín* // tsin^2*　80(165)
前便　chìhn.bihn // tsin^{4}bin^6　78(159)
前晚　chìhn.máahn // tsin^{4}maan^5　33(035)
前年　chìhn.nín* // tsin^{4}nin^2*　33(035)
前往　chìhn.wóhng // tsin^{4}wong^5　232(627)
前日　chìhn.yaht // tsin^{4}jat^9　33(035)
請　chíng // tsing^2　115(282)
請備輔幣　chíng beih fuh.baih // tsing^2 bei^6 fu^{6}bai^6　36(041)
請即打掃　chíng jìk dá.sou // tsing^2 dzik^7 da^{2}sou^3　93(210)
請注意　chíng jyu.yi // tsing^2 dzy^{3}ji^3　232(627)
請問　chíng.mahn // tsing^{2}man^6　45(066), 46(069)
請勿　chíng.maht // tsing^{2}mat^9　35(039), 228(623)
請勿打擾　chíng.maht dá.yíu // tsing^{2}mat^9 da^{2}jiu^2　93(210)
請稍候　chíng sáau.hauh // tsing^2 saau^{2}hau^6　35(040)
請入嚟吖　chíng yahp.làih à. // tsing^2 jap^{9}lai^4 a^1　93(209)
情況　chìhng.fong // tsing^{4}fong^3　180(482)
切雞飯　chit.gài.faahn // tsit^{8}gai^{1}faan^6　52(086)
切勿　chit.maht // tsit^{8}mat^9　35(039)
設有　chit.yáuh // tsit^{8}jau^5　230(625)
超市　chìu.síh // tsiu^{1}si^5　155(400)
超越　chìu.yuht // tsiu^{1}jyt^9　228(623)
坐　chóh // tso^5　196(525)
坐低　chóh.dài // tso^{5}dai^1　196(525)
床　chòhng // tsong^4　42(056), 79(161)
床上　chòhng.seuhng // tsong^{4}soeng^6　166(435)
嘈　chòuh // tsou^4　152(394)
沖 // 涼　chùng lèuhng // tsung^1 loeng^4　92(207)
沖涼房　chùng.lèuhng.fóng* // tsung^{1}loeng^{4}fong^2*　79(161)
衝入　chùng.yahp // tsung^{1}jap^9　228(623)
穿梭巴士　chyùn.sò.bà.sí // tsyn^{1}so^{1}ba^{1}si^2　127(319), 230(625)
全部　chyùhn.bouh // tsyn^{4}bou^6　80(168)
荃灣綫　Chyùhn.wàan.sin // Tsyn^{4}waan^{1}sin^3　228(623)

D

打　dá // da^2　107(254)
打　dá // da^2　151(389)
打　dá // da^2　170(449)
打 // 波　dá bò // da^2 bo^1　132(336)
打 // 風　dá fùng // da^2 fung^1　183(490), 185(493)
打攪晒喇　dá.gáau.saai la // da^{2}gaau^{2}saai^3 la^3　93(210)

打攪晒喇　dá.gáau.saai la // da^{2}gaau^{2}saai^3 la^3　95(214)
打 // 荷包　dá hòh.bàau // da^2 ho^{4}baau^1　151(390)
打開　dá.hòi // da^{2}hoi^1　139(353), 230(625), 234(629)
打 // 牌　dá páai* // da^2 paai^2*　132(336)
戴　Daai // Daai^3　32(034)
帶　daai // daai^3　118(291)
帶走　daai.jáu // daai^{3}dzau^2　230(625)
大　daaih // daai^6　141(362)
大埔　Daaih.bou // Daai^{6}bou^3　213(584)
大風　daaih.fùng // daai^{6}fung^1　185(493)
大家　daaih.gà // daai^{6}ga^1　80(169)
大家好　daaih.gà hóu // daai^{6}ga^1 hou^2　53(088)
大家食飯　daaih.gà sihk faahn // daai^{6}ga^1 sik^9 faan^6　73(145)
大聲　daaih.sèng // daai^{6}seng^1　188(503)
大會堂　daaih.wuih.tòhng // daai^{6}wui^{6}tong^4　198(532)
大雨　daaih.yúh // daai^{6}jy^5　185(493)
擔心　dàam.sàm // daam^{1}sam^1　149(381)
但係　daahn.haih // daan^{6}hai^6　126(318)
搭　daap // daap^8　57(095)
搭 // 車　daap chè // daap^8 tse^1　97(217)
抵港　dái.góng // dai^{2}gong^2　35(039)
第日　daih.yaht // dai^{6}jat^6　206(557)
得　dàk // dak^7　38(047)
得　dàk // dak^7　185(493)
得喇　dàk la // dak^7 la^3　113(278)
得唔得 (呀)　dàk.m̀h.dàk (a) // dak^{7}m^{4}dak^7 (a^3)　43(058)
揼　dám // dam^2　199(536)
登機　dàng.gèi // dang^{1}gei^1　233(627)
登機處　dàng.gèi.chyu // dang^{1}gei^{1}tsy^3　35(040)
登機櫃檯　dàng.gèi gwaih.tói* // dang^{1}gei^1 gwai^{6}toi^2*　36(041)
登機閘口　dàng.gèi.jaahp.háu // dang^{1}gei^{1}dzaap^{9}hau^2　197(527), 232(627)
登機證　dàng.gèi.jing // dang^{1}gei^{1}dzing^3　233(627)
登機手續　dàng.gèi.sáu.juhk // dang^{1}gei^{1}sau^{2}dzuk^9　232(627)
等　dáng // dang^2　92(204)
等等呀　dáng.dáng a // dang^{2}dang^2 a^3　222(609)
等陣吖　dáng jahn à // dang^2 dzan^6 a^1　222(609)
等我嚟吖　dáng ngóh làih à // dang^2 ngo^5 lai^4 a^1　156(405)
鄧　Dahng // Dang^6　32(034)
豆漿　dauh.jèung // dau^{6}dzoeng^1　160(418)
豆奶　dauh.náaih // dau^{6}naai^5　155(400)
爹啲 / 爹哋　dè.dìh // de^{1}di^4　73(144)
地鐵　deih.jí // dei^{6}dzi^2　186(495)
地庫　deih.fu // dei^{6}fu^3　91(200)
地上服務員　deih.seuhng.fuhk.mouh.yùhn //

248

dei⁶soeng⁶fuk⁹mou⁶jyn⁴　235(629)
地鐵　deih.tit // dei⁶tit⁸　77(155), 92(204)
地鐵站　deih.tit.jaahm // dei⁶tit⁸dzaam⁶　101(237)
地圖　deih.tòuh // dei⁶tou⁴　89(194)
地滑　deih.waaht // dei⁶waat⁹　118(292)
頂　déng // deng²　202(-)
對　deui // doey³　40(051), 42(056), 202(-)
對出　deui.chèut // doey³tsoet⁷　218(594)
對唔住　deui.m̀h.jyuh // doey³m⁴dzy⁶　63(117)
對面　deui.mihn // doey³min⁶　78(159)
對面海　deui.mihn.hói // doey³min⁶hoi²　219(596)
啲　dì // di¹　106(250)
啲　dì // di¹　115(282)
啲　dì // di¹　135(341)
DVD 機　dì.wì.dì.gèi // di¹wi¹di¹gei¹　152(393)
delete　di.lìt // di³lit⁷　143(364)
design　di.sàai // di³saai¹　207(559)
的士　dìk.sí // dik⁷si²　57(096)
的士站　dìk.sí.jaahm // dik⁷si²dzaam⁶　61(109)
的士落客處　dìk.sí lohk.haak.chyu // dik⁷si² lok⁹haak⁸tsy³　36(041)
迪士尼樂園　Dìhk.sih.nèih.lohk.yùhn // Dik⁹si⁶nei⁴lok⁹jyn⁴　100(232)
點　dím // dim²　85(182)
點　dím // dim²　96(214)
點吖　dím à // dim² a¹　173(456)
點鐘　dím jùng // dim² dzung¹　85(182)
點解　dím.gáai // dim²gaai²　59(102)
點賣呀　dím.maaih a // dim²maai⁶ a³　45(065)
點心車　dím.sàm.chè // dim² sam¹tse¹　161(420)
點心紙　dím.sàm.jí // dim²sam¹dzi²　107(255)
點算呀　dím.syun a // dim²syn³ a³　70(136)
點算好呀　dím.syun hóu a // dim²syn³ hou² a³　70(136), 105(248)
點樣　dím.yéung* // dim²joeng²*　59(102), 95(214)
點（樣）呀　dím(.yéung*) a // dim²(joeng²*) a³　43(058)
電車　dihn.chè // din⁶tse¹　102(241)
電器舖　dihn.hei.póu* // din⁶hei³pou²*　112(274)
電腦舖　dihn.nóuh.póu* // din⁶nou⁵pou²*　153(396)
電視　dihn.sih // din⁶si⁶　76(152)
電視機　dihn.sih.gèi // din⁶si⁶gei¹　79(161)
電話　dihn.wá* // din⁶wa²*　79(161), 107(254)
電話呀　dihn.wá* a // din⁶wa²* a³　73(144)
定　dihng // ding⁶　125(316)
定係　dihng.haih // ding⁶hai⁶　45(064), 125(316)
跌下　dit.hah // dit⁸ha⁶　234(629)
釣魚　diu yú* // diu³ jy²*　181(485)
多　dò // do¹　105(248)
多次　dò chi // do¹ tsi³　171(452)
多啲　dò.dì // do¹di¹　155(400), 171(452)
多多指教　dò.dò jí.gaau // do¹do¹ dzi²gaau³　53(088)
多個　dò go // do¹ go³　171(452)

多陣　dò jahn // do¹ dzan⁶　171(452)
多謝　dò.jeh // do¹dze⁶　37(043), 38(047), 105(248)
多謝　dò.jeh // do¹dze⁶　218(594)
多隻　dò jek // do¹ dzek⁸　171(452)
多張　dò jèung // do¹ dzoeng¹　171(452)
多一晚　dò yàt.máahn // do¹ jat⁷maan⁵　171(452)
袋　dói* // doi²*　42(056), 202(548)
當然　dòng.yìhn // dong¹jin⁴　156(403)
蕩失／路　dohng.sàt louh // dong⁶sat⁷ lou⁶　163(424)
都　dòu // dou¹　65(120)
都　dòu // dou¹　75(148)
刀　dòu // dou¹　42(056)
都係　dòu.haih // dou¹hai⁶　125(316)
都係噉啦　dòu haih gám là // dou¹ hai⁶ gam² la¹　61(112)
倒　dóu // dou²　218(594)
賭／錢　dóu chín* // dou² tsin²*　101(232)
到　dou // dou³　85(182)
到　dou // dou³　147(371)
到　dou // dou³　218(594)
到　dou // dou³　232(627)
到達　dou.daaht // dou³daat⁹　227(623)
到／站　dou jaahm // dou³ dzaam⁶　227(623)
渡輪　douh.lèuhn // dou⁶loen⁴　102(241)
讀／書　duhk syu // duk⁹ sy¹　111(271)
東京　Dùng.gìng // Dung¹ging¹　223(612)
東京天空樹　Dùng.gìng.tìn.hùng.syuh // Dung¹ging¹tin¹hung¹sy⁶　150(386)
東京鐵塔　Dùng.gìng.tit.taap // Dung¹ging¹tit⁸taap⁸　150(386)
董　Dúng // Dung²　32(034)
凍　dung // dung³　150(385)
嘟　dùt // dut⁷　196(525)
短袖衫　dyún.jauh.sàam // dyn²dzau⁶saam¹　77(156)

F

化學　fa.hohk // fa³hok⁹　145(368)
化妝水　fa.jòng.séui // fa³dzong¹soey²　225(620)
file　fàai.lóu // faai¹lou²　143(364)
塊　faai // faai³　224(616)
快　faai // faai³　147(374)
快啲　faai.dì // faai³di¹　43(058)
筷子　faai.jí // faai³dzi²　40(051)
快船轉駁　faai.syùhn jyún.bok // faai³syn⁴ dzyn²bok⁸　36(041)
快餐店　faai.chàan.dim // faai³tsaan¹dim³　90(199)
返　fàan // faan¹　87(186)
翻版　fàan.báan // faan¹baan²　109(263)
返／大陸　fàan daaih.luhk // faan¹ daai⁶luk⁹　145(368)
番梘　fàan.gáan // faan¹gaan²　72(143)
返／工　fàan gùng // faan¹ gung¹　85(182)
返去　fàan.heui // faan¹hoey³　122(307)

249

返 // 學　fàan hohk // faan^1 hok^9　88(190)
蕃茄　fàan.ké* // faan^{1}ke^2*　213(583)
返嚟　fàan.làih // faan^{1}lai^4　97(216)
返回　fáan.wùih // faan^{2}wui^4　235(629)
發 // 脾氣　faat pèih.hei // faat^8 pei^{4}hei^3　170(451)
瞓　fan // fan^3　166(435)
瞓 // 覺　fan gaau // fan^3 faau^3　85(182)
份　fahn // fan^6　98(221)
啡色　fè.sìk // fe^{1}sik^7　141(361)
飛　fèi // fei^1　136(343)
飛　fèi // fei^1　191(513)
飛機　fèi.gèi // fei^{1}gei^1　191(513)
非吸煙機　fèi.kàp.yìn.gèi // fei^{1}kap^{7}jin^{1}gei^1
　234(629)
Fiona　Fi.òn.nàh // Fi^{3}on^{1}na^4　108(259)
火車　fó.chè // fo^{2}tse^1　102(241)
伙計　fó.gei // fo^{2}gei^3　63(116)
貨　fo // fo^3　136(344)
方法　fòng.faat // fong^{1}faat^8　136(343)
方太　Fòng.táai* // Fong^{1}taai^2*　95(214)
房　fóng* // fong^2*　42(056), 68(127)
房費　fóng*.fai // fong^2*fai^3　127(319)
房租　fóng*.jòu // fong^2*dzou^1　207(559)
房門　fóng*.mùhn // fong^2*mun^4　177(470)
房匙　fóng*.sìh // fong^2*si^4　115(282)
放　fong // fong^3　199(536)
放 // 飛機　fong fèi.gèi // fong^3 fei^{1}gei^1　170(451)
放 // 工　fong gùng // fong^3 gung^1　85(182)
房間　fòhng.gàan // fong^{4}gaan^1　79(161)
褲　fu // fu^3　42(056)
附近　fuh.gahn // fu^{6}gan^6　167(439)
父母　fuh.móuh // fu^{6}mou^5　187(500)
服務員　fuhk.mouh.yùhn // fuk^{9}mou^{6}jyn^4　233(627)
歡迎　fùn.yìhng // fun^{1}jing^4　230(625)
歡迎光臨　fùn.yìhng gwòng.làhm // fun^{1}jing^4
　gwong^{1}lam^4　133(337), 135(341)
歡迎蒞臨　fùn.yìhng leih.làhm // fun^{1}jing^4 lei^{6}lam^4
　133(337)
款式　fún.sìk // fun^{2}sik^7　135(341)
風扇　fùng.sin // fung^{1}sin^3　79(161)
鳳爪　fuhng.jáau // fung^{6}dzaau^2　72(142)
鳳梨酥　fuhng.lèih.sòu // fung^{6}lei^{4}sou^1　221(603)

G

家姐　gà.jè* // ga^{1}dze^1*　73(144)
家居用品　gà.gèui.yuhng.bán // ga^{1}goey^{1}jung^{6}ban^2
　153(397)
架頂　gá*.déng // ga^2*deng^2　153(397)
假貨　gá.fo // ga^{2}fo^3　145(368)
架　ga // ga^3　42(056), 218(594)
㗎　ga // ga^3　105(248)
㗎　ga // ga^3　135(341)
價錢　ga.chìhn // ga^{3}tsin^4　200(540)
街市　gàai.síh // gaai^{1}si^5　62(115)

解釋　gáai.sìk // gaai^{2}sik^7　180(482)
界限街　Gaai.haahn.gàai // Gaai^{3}haan^{6}gaai^1
　122(309)
介紹　gaai.siuh // gaai^{3}siu^6　180(482)
介意　gaai.yi // gaai^{3}ji^3　223(611)
減 // 價　gáam ga // gaam^2 ga^3　155(400)
間　gàan // gaan^1　42(056), 68(127), 180(482)
間　gàan // gaan^1　228(623)
揀　gáan // gaan^2　139(353)
教　gaau // gaau^3　196(525)
鉸剪　gaau.jín // gaau^{3}dzin^2　224(615)
計　gai // gai^3　173(456)
繼續　gai.juhk // gai^{3}dzuk^9　230(625)
今次　gàm.chi // gam^{1}tsi^3　173(456)
今個禮拜　gàm go láih.baai // gam^1 go^3 lai^{5}baai^3
　33(035)
今個月　gàm go yuht // gam^1 go^3 jyt^9　33(035)
今晚　gàm.máahn // gam^{1}maan^5　33(035), 116(284)
今年　gàm.nín* // gam^{1}nin^2*　33(035)
今日　gàm.yaht // gam^{1}jat^9　33(035), 49(075)
噉　gám // gam^2　75(148)
感動　gám.duhng // gam^{2}dung^6　105(248)
噉樣　gám.yéung* // gam^{2}joeng^2*　111(270)
咁　gam // gam^3　105(248), 135(341)
咁早嘅　gam jóu ge // gam^3 dzou^2 ge^3　123(310)
禁區　gam.kèui // gam^{3}koey^1　35(039)
撳　gahm // gam^6　99(224)
撳 // 錢　gahm chín* // gam^6 chin^2*　191(514)
根據　gàn.geui // gan^{1}goey^3　234(629)
緊　gán // gan^2　173(456)
緊握扶手　gán.àak fùh.sáu // gan^{2}aak^7 fu^{4}sau^2
　36(041)
羹　gàng // gang^1　42(056)
梗係　gáng.haih // gang^{2}hai^6　155(400)
急凍食品　gàp.dung.sihk.bán // gap^{7}dung^{3}sik^{9}ban^2
　153(397)
吉之島　Gàt.jì.dóu // Gat^{7}dzi^{1}dou^2　55(091)
九　gáu // gau^2　39(049)
九個字　gáu go jih // gau^2 go^3 dzi^6　119(294)
九號　gáu.houh // gau^{2}hou^6　185(493)
九號波　gáu.houh bō // gau^{2}hou^6 bo^1　182(487)
九號風球　gáu.houh fùng.kàuh // gau^{2}hou^6
　fung^{1}kau^4　182(487)
九折　gáu jit // gau^2 dzit^8　140(359)
九龍　Gáu.lùhng // Gau^{2}lung^4　97(217)
九龍站　Gáu.lùhng.jaahm // Gau^{2}lung^{4}dzaam^6
　230(625)
九龍城　Gáu.lùhng.sìhng // Gau^{2}lung^{4}sing^4
　122(308)
九月　gáu.yuht // gau^{2}jyt^9　34(036)
夠　gau // gau^3　168(442)
究竟　gau.gíng // gau^{3}ging^2　125(316)
舊年　gauh.nín* // gau^{6}nin^2*　33(035)

既　ge // ge³　106(248)
既　ge // ge³　135(341)
既　ge // ge³　200(540)
既　ge // ge³　218(594)
既時候　ge sìh.hauh // ge³ sì⁴hau⁶　115(282)
既話　ge wá* // ge³ wa²*　173(456)
機場　gèi.chèuhng // gei¹tsoeng⁴　108(259)
機場快綫　gèi.chèuhng.faai.sin // gei¹tsoeng⁴sin³　230(625)
機廂服務員　gèi.sèung.fuhk.mouh.yùhn // gei¹soeng¹fuk⁹mou⁶jyn⁴　235(629)
機會　gèi.wuih // gei¹wui⁶　218(594)
幾　géi // gei²　40(051)
幾　géi // gei²　188(504)
幾錢呀　géi.chín* a // gei²tsin²* a³　45(065)
幾點鐘　géi.dím jùng // gei²dim² dzung¹　85(182)
幾點鐘呀　géi.dím jùng a // gei²dim² dzung¹ a³　123(311)
幾多　géi.dò // gei²do¹　59(102), 173(456)
幾多錢呀　géi.dò chín* a // gei²do¹ tsin²* a³　45(065), 46(069)
幾（多）個鐘頭　géi.(dò) go jùng.tàuh // gei²(do¹) go³ dzung¹tau⁴　223(612)
幾多折呀　géi.dò jit a // gei²do¹ dzit⁸ a³　140(359)
幾多位呀　géi.dò wái* a // gei²do¹ wai²* a³　63(116)
幾分鐘　géi fàn jùng // gei² fan¹ dzung¹　225(621)
幾個鐘頭　géi go jùng.tàuh // gei² go³ dzung¹tau⁴　225(621)
幾好呀　géi hóu a // gei²hou² a³　61(112)
幾耐　géi.noih // gei²noi⁶　59(102), 148(377), 218(594)
幾時　géi.sìh // gei²si⁴　59(102), 87(186)
幾日　géi yaht // gei² jat⁹　225(621), 145(368)
寄　gei // gei³　219(596)
記得　gei.dàk // gei³dak⁷　230(625)
記住　gei.jyuh // gei³dzy⁶　196(525)
記住喇　gei.jyuh la // gei³dzy⁶ la³　193(520)
game　gèm // gem¹　209(568)
驚　gèng // geng¹　163(424)
件　gihn // gin⁶　42(056), 135(341), 174(462)
件　gihn // gin⁶　108(258)
經過　gìng.gwo // ging¹gwo²　235(629)
經理　gìng.léih // ging¹lei⁵　202(549)
警察　gíng.chaat // ging²tsaat⁸　151(390)
敬請原諒　ging chíng yùhn.leuhng // ging³ tsing² jyn⁴loeng⁶　36(041)
唸　gìp // gip⁷　166(436)
結 // 婚　git fàn // git⁸ fan¹　186(496)
結他　git.tà // git⁸ta¹　170(450)
叫　giu // giu³　53(088), 57(095)
叫　giu // giu³　58(100)
叫 // 外賣　giu ngoih.maaih // giu³ ngoi⁶maai⁶　125(316)

歌　gò // go¹　120(299)
嗰　gó // go²　40(053)
嗰邊　gó.bìn // go²bin¹　135(341)
嗰便　gó.bihn // go²bin⁶　165(431)
嗰度　gó.douh // go²dou⁶　51(082)
嗰陣時　gó.jahn.sih // go²dzan²si⁴　118(291)
個　go // go³　40(053), 42(056)
個　go // go³　178(474)
個半鐘　go bun jùng // go³ bun³ dzung¹　115(282)
個半鐘（頭）　go bun jùng(.tàuh) // go³ bun³ dzung¹(tau⁴)　119(294)
哥哥　gòh*.gò // go⁴*go¹　73(144)
該　gòi // goi¹　232(627)
改　gói // goi²　180(481)
改為　gói.wàih // goi²wai⁴　232(627)
覺得　gok.dàk // gok⁸dak⁷　145(368)
各位　gok wái* // gok⁸ wai²*　234(629)
乾淨　gòn.jehng // gon¹dzeng⁶　152(394)
趕得切　gón.dàk.chit // gon²dak⁷tsit⁸　179(478)
趕唔切　gón.m̀h.chit // gon²m⁴tsit⁸　179(477)
講　góng // gong²　164(426)
講　góng // gong²　196(525)
港幣　Góng.baih // Gong²bai⁶　118(291)
講 // 價　góng ga // gong² ga³　174(459)
講價還價　góng ga wàahn ga // gong² ga³ waan⁴ ga³　171(453)
講 // 書　góng syù // gong² sy¹　181(485)
鋼琴　gong.kàhm // gong³kam⁴　170(450)
高　gòu // gou¹　130(331)
焗豬扒飯　guhk.jyù.pá*.faahn // guk⁹dzy¹pa²*faan⁶　052(086)
功課　gùng.fo // gung¹fo³　81(172)
恭喜發財　gùng.héi faat.chòih // gung¹hei¹ faat⁸tsoi⁴　112(276)
恭喜，恭喜　gùng.héi, gùng.héi // gung¹hei¹, gung¹hei¹　103(243)
公仔麵　gùng.jái.mihn // gung¹dzai²min⁶　153(397)
公司　gùng.sì // gung¹si¹　186(495)
公事包　gùng.sih.bàau // gung¹si⁶baau¹　199(536)
供應　gùng.ying // gung¹jing³　235(629)
公園　gùng.yún* // gung¹jyn²*　62(115)

Gw

掛 // 風球　gwa fùng.kàuh // gwa³ fung¹kau⁴　185(493)
怪獸家長　gwaai.sau.gà.jéung // gwaai³sau³ga¹dzoeng²　169(446)
關閉　gwàan.bai // gwaan¹bai³　35(039)
貴　gwai // gwai³　135(341)
貴賓室　gwai.bàn.sàt // gwai³ban¹sat⁷　35(040)
果汁　gwó.jàp // gwo²dzap⁷　160(418)
過　gwo // gwo³　98(220)
過　gwo // gwo³　105(248)
過　gwo // gwo³　206(557)

251

過嚛　gwo.làih // gwo³lai⁴　121(302)
國泰航空公司　Gwok.taai.hòhng.hùng.gùng.sì //
　Gwok⁸taai³hong⁴hung¹gung¹si¹　232(627)
廣東話　Gwóng.dùng.wá* // Gwong²dung¹wa²*
　111(271)
廣州　Gwóng.jàu // Gwong²dzau¹　112(275)
鼓　gwú // gwu²　170(450)
估　gwú // gwu²　145(368)
癐　gwuih // gwui⁶　146(370)
觀塘　Gwùn.tòhng // Gwun¹tong⁴　92(204)

H

蝦餃　hà.gáau // ha¹gaau²　72(142)
蝦殼　hà.hohk // ha¹hok⁹　224(615)
hello　hà.lóu // ha¹lou²　53(088), 055(091)
吓　háh // ha⁵　115(282)
下便　hah.bihn // ha⁶bin⁶　78(159)
下次見　hah.chi gin // ha⁶tsi³ gin³ 215(590),218(594)
下個　hah go // ha⁶ go³　206(557)
下個月　hah go yuht // ha⁶ go³ jyt⁹　33(035)
下個禮拜　hah go láih.baai // ha⁶ go³ lai⁵baai³
　33(035)
下晝　hah.jau // ha⁶dzau³　34(037), 108(258)
下午茶　hah.ńgh.chàh // ha⁶ng⁵tsa⁴　132(335)
下一班　hah yàt bàan // ha⁶ jat⁷ baan¹　230(625)
hi　hàai // haai¹　53(088)
鞋　hàaih // haai⁴　42(056), 202(548)
鞋舖　hàaih.póu* // haai⁴pou²*　153(396)
客機　haak.gèi // haak⁸gei¹　234(629)
客氣　haak.hei // haak⁸hei³　106(248)
客務中心　haak.mouh.jùng.sàm //
　haak⁸mou⁶dzung¹sam¹　165(432)
客運大樓　haak.wahn.daaih.làuh //
　haak⁸wan⁶daai⁶lau⁴　230(625)
客人　haak.yàhn // haak⁸jan⁴　89(195)
閒人勿進　hàahn.yàhn maht jeun // haan⁴jan⁴ mat⁹
　dzoen³　36(041)
行　hàahng // haang⁴　96(214)
行　hàahng // haang⁴　115(282)
行 / 街　hàahng gàai // haang⁴ gaai¹　115(282)
行街　hàahng gàai // haang⁴ gaai¹　45(064)
行去　hàahng.heui // haang⁴hoey³　115(282)
行 / 路　hàahng louh // haang⁴ lou⁶　99(225)
呷 / 醋　haap chou // haap⁸ tsou³　170(451)
喺　hái // hai²　75(148)
喺　hái // hai²　95(214)
喺　hái // hai²　95(214)
喺　hái // hai²　196(525)
喺 / 度　hái douh // hai² dou⁶　101(236)
喺度　hái.douh // hai²dou⁶　173(456)
喺度食　hái.douh sihk // hai²dou⁶ sik⁹　45(064),
　50(079)
係　haih // hai⁶　55(091)
係　haih // hai⁶　185(493)

係邊位呀　haih bìn.wai* a // hai⁶ bin¹wai²* a³
　203(550)
係咁多　haih gam dò // hai⁶ gam³ do¹　215(586)
係唔係呀　haih.m̀h.haih a // hai⁶m⁴hai⁶ a³　143(365)
係咩　haih mè // hai⁶ me¹　143(365)
係我呀　haih ngóh a // hai⁶ ngo⁵ a³　214(585)
係應該嘅　haih yìng.gòi ge // hai⁶ jing¹goi¹ ge³
　103(245), 105(248)
行李　hàhng.léih // hang⁴lei⁵　42(056), 58(099)
行李寄存　hàhng.léih gei.chyùhn // hang⁴lei⁵
　gei³tsyn⁴　36(041)
行李櫃　hàhng.léih.gwaih // hang⁴lei⁵gwai⁶
　234(629)
行人道　hàhng.yàhn.douh // hang⁴jan⁴dou⁶
　35(040)
幸會　hahng.wuih // hang⁶wui⁶　53(088)
盒　hahp // hap⁹　174(463)
合作　hahp.jok // hap⁹dzok⁸　228(623)
口渴　háu.hot // hau²hot⁸　150(382)
厚　háuh // hau⁵　140(357)
後便　hauh.bihn // hau⁶bin⁶　78(159)
後晚　hauh.máahn // hau⁶maan⁵　33(035)
後年　hauh.nín* // hau⁶nin²*　33(035)
後日　hauh.yaht // hau⁶jat⁹　33(035), 49(076)
hea　he // he³　211(576)
起　héi // hei²　34(038)
起飛　héi.fèi // hei²fei¹　221(604), 234(629)
起 // 身　héi sàn // hei² san¹　92(207)
起身未呀　héi sàn meih a // hei² san¹ mei⁶ a³
　123(310)
起 // 肉　héi yuhk // hei² juk⁹　159(411)
氣流　hei.làuh // hei³lau⁴　235(629)
汽水　hei.séui // hei³soey²　160(418)
戲院　hei.yún* // hei³jyn²*　62(115)
輕　hèng // heng¹　141(362)
去　heui // hoey³　55(091)
香港　Hèung.góng // Hoeng¹gong²　61(109)
香港大學　Hèung.góng.daaih.hohk //
　Hoeng¹gong²daai⁶hok⁹　197(528)
香港國際機場　Hèung.góng.gwok.jai.gèi.chèuhng
　// Hoeng¹gong²gwok⁸dzai³gei¹tsoeng⁴　230(625)
香港站　Hèung.góng.jaahm // Hoeng¹gong²dzaam⁶
　230(625)
香口膠　hèung.háu.gàau // hoeng¹hau²gaau¹ 82(176)
香片　hèung.pín* // hoeng¹pin²*　63(116)
向　heung // hoeng³　235(629)
協助　hip.joh // hip⁸dzo⁶　235(629)
可能　hó.nàhng // ho²nang⁴　145(368)
可樂　hó.lohk // ho³lok⁹　79(162)
可以　hó.yíh // ho²ji⁵　155(400)
開　hòi // hoi¹　68(127)
開　hòi // hoi¹　127(319)
開飯喇　hòi faahn la // hoi¹ faan⁶ la³　73(145)

開心　hòi.sàm // hoi^{1}sam^1　106(248)
學校　hohk.haauh // hok^{9}haau^6　102(240)
學生　hohk.sàang // hok^{9}saang^1　60(106)
韓文　Hòhn.mán* // Hon^{4}man^2*　197(527)
航機　hòhng.gèi // hong^{4}gei^1　234(629)
航空公司　hòhng.hùng.gùng.si //
　　hong^{4}hung^{1}gung^{1}si^1　233(627)
好　hóu // hou^2　188(504)
好　hóu // hou^2　105(248), 125(316)
好　hóu // hou^2　136(343), 179(477)
好　hóu // hou^2　173(456)
好吖　hóu à // hou^2 a^1　123(313)
好呀　hóu a // hou^2 a^3　75(148)
好呃　hóu a(a)k // hou^2 a(a)k^8　123(313)
好慘呀　hóu cháam a // hou^2 tsaam^2 a^3　183(489)
好對唔住　hóu deui.m̀h.jyuh // hou^2 doey^{3}m^{4}dzy^6
　　63(117)
好多　hóu.dò // hou^{2}do^1　174(463)
好啦　hóu là // hou^2 la^1　93(209), 123(313),
　　125(316)
好唔好呀　hóu.m̀h.hóu a // hou^{2}m^{4}hou^2 a^3
　　113(277), 115(282)
好嗎　hóu ma // hou^2 ma^3　206(557)
好味　hóu.meih // hou^{2}mei^6　173(456)
好耐　hóu.noih // hou^{2}noi^6　223(612)
好耐冇見　hóu.noih móuh.gin // hou^{2}noi^6 mou^{5}gin^3
　　61(112)
好聲行　hóu.sèng hàahng // hou^{2}seng^1 haang^4
　　102(242)
好食　hóu.sihk // hou^{2}sik^9　130(331)
好玩　hóu.wáan // hou^{2}waan^2　209(568)
號　houh // hou^6　218(594), 232(627)
空郵　hùng.yàuh // hung^{1}jau^4　35(039)
空隙　hùng.kwìk // hung^{1}kwik^7　228(623)
紅色　hùhng.sìk // hung^{4}sik^7　135(341)
紅色小巴　hùhng.sìk.síu.bà // hung^{4}sik^{7}siu^{2}ba^1
　　196(525)

J // Dz

揸 // 主意　jà jyú.yi // dza^1 dzy^{2}ji^3　125(316)
揸 // 車　jà chè // dza^1 tse^1　212(580)
站　jaahm // dzaam^6　178(474)
暫停　jaahm.tìhng // dzaam^{6}ting^4　35(039),235(629)
雜貨　jaahp.fo // dzaap^{9}fo^3　153(397)
開口　jaahp.háu // dzaap^{9}hau^2　35(039), 233(627)
雜誌　jaahp.ji // dzaap^{9}dzi^3　210(572)
什扒飯　jaahp.pá*.faahn // dzaap^{9}pa^2*faan^6
　　130(331)
找 // 錢　jáau chín* // dzaau^2 tsin^2*　88(191)
仔　jái // dzai^2　73(144)
掣　jai // dzai^3　99(224)
枕頭　jám.tàuh // dzam^{2}tau^4　82(177)
眞係　jàn.haih // dzan^{1}hai^6　143(365), 145(368)
眞嘢　jàn.yéh // dzan^{1}je^5　143(365)

陣間　jahn.gàan // dzan^{6}gaan^1　125(316)
陣間見　jahn.gàan gin // dzan^{6}gaan^1 gin^3　215(590)
增 // 値　jàng jihk // dzang^1 dzik^9　191(514)
執　jàp // dzap^7　126(318)
走　jáu // dzau^2　120(296)
酒店　jáu.dim // dzau^{2}dim^3　95(214)
走 // 鷄　jáu gài // dzau^2 gai^1　170(451)
就　jauh // dzau^6　85(182), 135(341)
就　jauh // dzau^6　145(368)
就　jauh // dzau^6　190(510)
就　jauh // dzau^6　196(525)
就嚟　jauh.làih // dzau^{6}lai^4　185(493)
遮　jè // dze^1　202(548)
借　je // dze^3　107(254)
借借　je.je // dze^{3}dze^3　37(042)
姐姐　jèh*.jè* // dze^4*dze^1*　73(144)
隻　jek // dzek^8　40(051), 42(056), 106(251)
隻　jek // dzek^8　220(597)
隻　jek // dzek^8　221(604)
鄭　Jehng // Dzeng^6　32(034)
最　jeui // dzoey^3　135(341)
最近點呀　jeui.gahn dím a // dzoey^{3}gan^6 dim^2 a^3
　　61(112)
最後招集　jeui.hauh jiuh.jaahp // dzoey^{3}hau^6
　　dziu^{6}dzaap^9　232(627)
最好　jeui.hóu // dzoey^{3}hou^2　206(557)
著 // 鞋　jeuk hàaih // dzoek^8 haai^4　166(435)
進行　jeun.hàhng // dzoen^{3}hang^4　232(627)
張　jèung // dzoeng^1　38(047), 42(056), 136(343),
　　159(410), 163(424)
將　jèung // dzoeng^1　230(625)
張生　Jèung.sàang // Dzoeng^{1}saang^1　60(105)
將會　jèung.wúih // dzoeng^{1}wui^5　230(625)
蔣　Jéung // Dzoeng^2　32(034)
枝　jì // dzi^1　42(056)
知　jì // dzi^1　173(456)
之　jì // dzi^1　228(623)
之前　ji.chìhn // dzi^{1}tsin^4　115(282)
知道　jì.dou // dzi^{1}dou^3　189(507)
之後　ji.hauh // dzi^{1}hau^6　115(282)
資料　jì.líu* // dzi^{1}liu^2*　96(216)
之類　ji.léui* // dzi^{1}loey^2*　148(377)
紙　jí // dzi^2　42(056)
紙巾　jí.gàn // dzi^{2}gan^1　82(177)
至　ji // dzi^3　232(627)
字典機　jih.dín.gèi // dzi^{6}din^{2}gei^1　152(393)
自動櫃員機　jih.duhng gwaih.yùhn.gèi // dzi^{6}dung^6
　　gwai^{6}jyn^{4}gei^1　36(041)
自己　jih.géi // dzi^{6}gei^2　139(353)
自助餐　jih.joh.chàan // dzi^{6}dzo^{6}tsaan^1　68(127)
自修　jih.sàu // dzi^{6}sau^1　111(271)
即　jik // dzik^7　233(627)
即係　jik.haih // dzik^{7}hai^6　135(341)

即將	jìk.jèung // dzik^{7}dzoeng^1	227(623)
職員	jìk.yùhn // dzik^{7}jyn^4	38(047)
直行	jihk.hàahng // dzik^{9}haang^4	96(214)
尖東	Jìm.dùng // Dzim^{1}dung^1	122(308)
尖沙咀	Jìm.sà.jéui // Dzim^{1}sa^{1}dzoey^2	80(169)
剪	jín // dzin^2	224(615)
蒸餾水	jìng.lauh.séui // dzing^{1}lau^{6}soey^2	160(418)
蒸籠	jìng.lùhng // dzing^{1}lung^4	139(353)
證件	jing.gín* // dzing^{3}gin^2*	51(080)
正經	jing.gìng // dzing^{3}ging^1	192(517)
靜	jihng // dzing^6	152(394)
接機大堂	jip.gèi daaih.tòhng // dzip^{8}gei^1 daai^{6}tong^4	36(041)
接受	jip.sauh // dzip^{8}sau^6	117(287)
睫毛膏	jit.mòuh.gòu // dzit^{8}mou^{4}gou^1	225(620)
朝早	jìu.jóu // dziu^{1}dzou^2	34(037)
照顧	jiu.gwu // dziu^{3}gwu^3	218(594)
咗	jó // dzo^2	95(214)
左便	jó.bihn // dzo^{2}bin^6	78(159)
佐敦道	Jó.dèun.douh // Dzo^{2}doen^{1}dou^6	122(309)
阻住	jó.jyuh // dzo^{2}dzy^6	206(557)
左右	jó.yáu* // dzo^{2}jau^2*	85(182)
座位	joh.wái* // dzo^{6}wai^2*	234(629)
再	joi // dzoi^3	209(567)
再下個月	joi hah go yuht // dzoi^3 ha^6 go^3 jyt^9	33(035)
再下個禮拜	joi hah go laih.baai // dzoi^3 ha^6 go^3 lai^{5}baai^3	33(035)
再平啲吖	joi pèhng.dì à // dzoi^3 peng^{4}di^1 a^1	171(453)
再上個禮拜	joi seuhng go laih.baai // dzoi^3 soeng^6 go^3 lai^{5}baai^3	33(035)
再上個月	joi seuhng go yuht // dzoi^3 soeng^6 go^{3}jyt^9	33(035)
早餐	jóu.chàan // dzou^{2}tsaan^1	108(259)
早啲	jóu.dì // dzou^{2}di^1	44(063)
早機	jóu.gèi // dzou^{2}gei^1	208(563)
早晨	jóu.sàhn // dzou^{2}san^4	123(310), 125(316)
早啩	jóu.táu // dzou^{2}tau^2	203(554), 206(557)
做	jouh // dzou^6	81(172)
做	jouh // dzou^6	173(456)
做乜嘢	jouh màt.yéh // dzou^6 mat^{7}je^5	185(493)
做 // 手術	jouh sáu.seuht // dzou^6 sau^{2}soet^9	89(195)
做 // 嘢	jouh yéh // dzou^6 je^5	85(182), 181(485)
祝	jùk // dzuk^7	218(594)
祝	Jùk // Dzuk^7	32(034)
祝你好運	jùk néih hóu.wahn // dzuk^7 nei^5 hou^{2}wan^6	215(588)
鐘	jùng // dzung^1	196(525)
中間	jùng.gàan // dzung^{1}gaan^1	78(159)
中文	Jùng.mán* // Dzung^{1}man^2*	188(504)
鐘頭	jùng.tàuh // dzung^{1}tau^4	318(594)

中環	Jùng.wàahn // Dzung^{1}waan^4	88(191)
中環地鐵	Jùng.wàahn deih.tit // Dzung^{1}waan^4 dei^{6}tit^8	193(521)
鍾意	jùng.yi // dzung^{1}ji^3	57(095)
仲	juhng // dzung^6	126(318)
仲	juhng // dzung^6	115(282)
仲	juhng // dzung^6	125(316)
仲	juhng // dzung^6	136(343)
仲	juhng // dzung^6	185(493)
仲有呀	juhng yáuh.móuh a // dzung^6 jau^{5}mou^5 a^3	215(586)
朱	Jyù // Dzy^1	32(034)
珠寶行	jyù.bóu.hóng* // dzy^{1}bou^{2}hong^2*	112(274)
朱古力	jyù.gwù.lìk // dzy^{1}gwu^{1}lik^7	75(148)
珠海	Jyù.hói // Dzy^{1}hoi^2	129(328)
豬扒飯	jyù.pá*.faahn // dzy^{1}pa^2*faan^6	223(611)
煮 // 飯	jyú faahn // dzy^2 faan^6	92(207)
住	jyuh // dzy^6	110(267)
住	jyuh // dzy^6	163(424)
住	jyuh // dzy^6	218(594)
專門店	jyùn.mùhn.dim // dzyn^{1}mun^{4}dim^3	181(486)
轉乘	jyún.sìhng // dzyn^{2}sing^4	228(623)
轉 // 車	jyun chè // dzyn^3 tse^1	228(623)
轉機	jyun gèi // dzyn^3 gei^1	35(039)
轉左	jyun jó // dzyn^3 dzo^2	35(039), 207(560)
轉頭見	jyun.tàuh gin // dzyn^{3}tau^1 gin^3	215(590)
轉右	jyun yauh // dzyn^3 jau^6	35(039)

K

咭片	kàat.pín* // kaat^{7}pin^2*	106(251)
靠近	kaau.gahn // kaau^{3}gan^6	228(623)
勤力	kàhn.lihk // kan^{4}lik^9	192(517)
近	káhn // kan^5	131(332)
吸煙室	kàp.yìn.sàt // kap^{1}jin^{1}sat^7	35(040)
及	kahp // kap^9	228(623)
扣好	kau.hóu // kau^{3}hou^2	235(629)
購物中心	kau.maht.jùng.sàm // kau^{3}mat^{9}dzung^{1}sam^1	181(486)
扣上	kau.séuhng // kau^{3}soeng^5	235(629)
求其	kàuh.kèih // kau^{4}kei^4	192(517)
kg	kèi.jì // kei^{1}dzi^1	174(462)
企	kéih // kei^5	196(525)
企理	kéih.léih // kei^{5}lei^5	152(394)
Kathy	Kèt.fìh // Ket^{7}fi^4	57(095)
佢	kéuih // koey^5	56(093)
佢哋	kéuih.deih // koey^{5}dei^6	56(093)
click	kìk // kik^7	222(607)
傾 // 電話	kìng dihn.wá* // king^1 din^{6}wa^2*	174(458)
傾 // 偈	kìng gái* // king^1 gai^2*	201(544)
傾 // 生意	kìng sàang.yi // king^1 saang^{1}ji^3	212(579)
keep	kip // kip^7	115(282)

K w

鄺	Kwong // Kwong^3	32(034)

狂風雷暴　kwòhng.fùng.lèuih.bouh // kwong⁴fung¹loey⁴bou⁶　206(557)

L

啦　là // la¹　50(079)
啦　là // la¹　145(368)
喇　la // la³　125(316)
嚹　làh // la⁴　125(316)
拉　làai // laai¹　151(390)
拉　làai // laai¹　166(436)
拉　làai // laai¹　170(449)
拉　làai // laai¹　34(038)
藍　Làahm // Laam⁴　68(127)
藍色　làahm.sìk // laam⁴sik⁷　141(361)
藍色筆　làahm.sìk.bàt // laam⁴sik⁷bat⁷　224(616)
冷氣　láahng.hei // laang⁵hei³　68(127)
垃圾　laahp.saap // laap⁹saap⁸　199(536)
like　lài.kí // lai¹ki²　143(364)
嚟　làih // lai⁴　80(165)
嚟　làih/lèih // lai⁴/lei⁴　66(124)
禮拜　láih.baai // lai⁵baai³　85(182)
禮拜　láih.baai // lai⁵baai³　86(184)
禮拜幾　láih.baai.géi // lai⁵baai³gei²　87(186)
禮拜六　láih.baai.luhk // lai⁵baai³luk⁹　86(184)
禮拜五　láih.baai.ńgh // lai⁵baai³ng⁵　86(184)
禮拜三　láih.baai.sàam // lai⁵baai³saam¹　86(184)
禮拜四　láih.baai.sei // lai⁵baai³sei³　86(184)
禮拜一　láih.baai.yàt // lai⁵baai³jat⁷　86(184)
禮拜（日）　láih.baai(.yaht) // lai⁵baai³(jat⁹)　86(184)
禮拜二　láih.baai.yih // lai⁵baai³ji⁶　86(184)
禮物　láih.maht // lai⁵mat⁹　105(248)
林　Làhm // Lam⁴　66(123)
劉　Làuh // Lau⁴　32(034)
留　làuh // lau⁴　199(537)
榴槤　làuh.lìhn // lau⁴lin⁴　149(378)
樓上　làuh.seuhng // lau⁴soeng⁶　91(200)
樓上　làuh.seuhng // lau⁴soeng⁶　196(525)
離境　lèih.gíng // lei⁴ging²　35(039)
離開　lèih.hòi // lei⁴hoi¹　211(576)
靚　leng // leng³　135(341)
靚姐　leng.jè* // leng³dze¹*　63(116)
靚女　leng.néuih // leng³noey⁵　140(357)
呂　Léuih // Loey⁵　32(034)
旅客　léuih.haak // loey⁵haak⁸　232(627)
旅行　léuih.hàhng // loey⁵hang⁴　139(354)
旅行社　léuih.hàhng.séh // loey⁵hang⁴se⁵　112(274)
裏面　léuih.mihn // loey⁵min⁶　234(629)
兩　léuhng // loeng⁵　40(051)
兩點鐘　léuhng dím jùng // loeng⁵dim²dzung¹　95(214)
兩分鐘　léuhng fàn jùng // loeng⁵fan¹dzung¹　230(625)
兩個半鐘（頭）　léuhng go bun jùng(.tàuh) // loeng⁵ go³ bun³ dzung¹(tau⁴)　119(294)
兩個字　léuhng go jih // loeng⁵ go³ dzi⁶　119(294), 218(594), 223(611)
兩個鐘（頭）　léuhng go jùng(.tàuh) // loeng⁵ go³ dzung¹(tau⁴)　119(294)
兩個禮拜　léuhng go láih.baai // loeng⁵ go³ lai⁵baai³　119(294)
兩個月　léuhng go yuht // loeng⁵ go³ jyt⁹　119(294), 223(611)
兩折　léuhng jit // loeng⁵ dzit⁸　140(359)
兩年　léuhng nìhn // loeng⁵ nin⁴　119(294)
兩日　léuhng yaht // loeng⁵ jat⁹　119(294)
律師　leuht.sì // loet⁹si¹　202(549)
連卡佛　Lìhn.kà.faht // Lin⁴ka¹fat⁹　163(424)
連鎖店　lìhn.só.dim // lin⁴so²dim³　153(396)
拎走　lìng.jáu // ling¹dzau²　45(064), 46(069)
零　lìhng // ling⁴　65(120)
鈴木　Lìhng.muhk // Ling⁴muk⁹　38(047)
零食　lìhng.sihk // ling⁴sik⁹　153(397)
領隊　líhng.déui* // ling⁵doey²*　202(549)
列車　liht.chè // lit⁹tse¹　227(623)
攞　ló // lo²　47(069)
蘿蔔　lòh.baahk // lo⁴baak⁹　213(583)
蘿蔔糕　lòh.baahk.gòu // lo⁴baak⁹gou¹　72(142)
落　lohk // lok⁹　34(038), 196(525)
落車　lohk chè // lok⁹ tse¹　200(541)
落街　lohk gàai // lok⁹ gaai¹　125(316)
落去　lohk.heui // lok⁹hoey³　155(400)
落嚟　lohk.làih // lok⁹lai⁴　122(307)
樂意　lohk.yi // lok⁹ji³　235(629)
落//雨　lohk yúh // lok⁹ jy⁵　116(284)
朗豪坊　Lóhng.hòuh.fòng // Long⁵hou⁴fong¹　95(214)
老豆　lóuh.dauh // lou⁵dau⁶　73(144)
老公　lóuh.gùng // lou⁵gung¹　73(144), 75(148)
老婆　lóuh.pòh // lou⁵po⁴　73(144), 218(594)
老婆餅　lóuh.pòh.béng // lou⁵po⁴beng²　173(456)
老爺　lóuh.yèh // lou⁵je⁴　83(179)
碌　lùk kàat // luk⁷ kaat⁷　43(058)
六　luhk // luk⁹　39(049)
六號　luhk.houh // luk⁹hou⁶　34(036)
六六折　luhk.luhk jit // luk⁹luk⁹ dzit⁸　140(359)
綠色　luhk.sìk // luk⁹sik⁷　141(361)
綠色小巴　luhk.sìk.síu.bà // luk⁹sik⁷siu²ba¹　196(525)
龍井　lùhng.jéng // lung⁴dzeng²　148(377)
聯絡　lyùhn.lohk // lyn⁴lok⁹　233(627)
亂　lyuhn // lyn⁶　152(394)

M

唔　m̀h // m⁴　65(120)
唔係呀　m̀h haih a // m⁴ hai⁶ a³　95(214)
唔緊要　m̀h.gán.yiu // m⁴gan²jiu³　37(044), 63(117)
唔記得喇　m̀h.gei.dàk la // m⁴gei³dak⁷ la³　193(520)
唔見咗　m̀h.gin.jó // m⁴gin³dzo²　165(432)

255

唔該　m̀h.gòi // m⁴goi¹　37(042), 38(047)
唔該　m̀h.gòi // m⁴goi¹　75(148)
唔該晒　m̀h.gòi.saai // m⁴goi¹saai³　113(278),115(282)
唔係幾　m̀h.haih géi // m⁴hai⁶ gei²　188(503)
唔係幾明　m̀h.haih géi mìhng // m⁴hai⁶ gei² ming⁴　193(522)
唔好　m̀h.hóu // m⁴hou²　106(248)
唔好　m̀h.hóu // m⁴hou²　206(557)
唔好噉講　m̀h.hóu gám góng // m⁴hou² gam² gong²　103(244), 105(248)
唔好客氣　m̀h.hóu haak.hei // m⁴hou² haak⁸hei³　103(244)
唔好意思　m̀h.hóu.yi.sì // m⁴hou²ji³si¹　63(117), 65(120)
唔阻　m̀h jó // m⁴ dzo²　203(552)
唔使　m̀h.sái // m⁴sai²　37(042)
唔使　m̀h.sái // m⁴sai²　85(182)
唔使擔心　m̀h.sái dàam.sàm // m⁴sai² daam¹sam¹　143(363), 145(368)
唔使驚　m̀h sái gèng // m⁴ sai² geng¹　143(363)
唔使客氣　m̀h.sái haak.hei // m⁴sai² haak⁸hei³　103(245), 218(594), 37(043)
唔使喇　m̀h.sái la // m⁴sai² la³　75(148)
唔使唔該　m̀h.sái.m̀h.gòi // m⁴sai²m⁴goi¹　37(042)
唔舒服　m̀h.syù.fuhk // m⁴sy¹fuk⁹　149(381)
唔同　m̀h.tùhng // m⁴tung⁴　200(541)
媽咪　mà.mìh // ma¹mi⁴　73(144)
麻麻哋啦　màh.má*.déi là // ma⁴ma²*dei² la¹　61(112)
馬鞍山　Máh.òn.sàan // Ma⁵on¹saan¹　213(584)
碼頭　máh.tàuh // ma⁵tau⁴　62(115)
埋 // 單　màaih dàan // maai⁴ daan¹　63(116), 65(120)
買　máaih // maai⁵　76(151)
買 // 嘢　máaih yéh // maai⁵ je⁵　150(386)
買二送一　máaih yih sung yàt // maai⁵ ji⁶ sung³ jat⁷　173(456)
賣　maaih // maai⁶　210(571)
晚飯　máahn.faahn // maan⁵faan⁶　85(182)
慢　maahn // maan⁶　34(038)
慢啲　maahn.dì // maan⁶di¹　44(063)
慢慢行　maahn.máan* hàahng // maan⁶maan²* haang⁴　93(211), 96(214)
慢駛　maahn.sái // maan⁶sai²　35(039)
抹　maat // maat⁸　224(616)
麥　Mahk // Mak⁹　32(034)
蚊　màn // man¹　38(047)
問　mahn // man⁶　66(123)
問候　mahn.hauh // man⁶hau⁶　215(587)
問題　mahn.tàih // man⁶tai⁴　159(415)
問題　mahn.tàih // man⁶tai⁴　198(531)
乜嘢　màt.yéh // mat⁷je⁵　55(091), 59(102)
物件　maht.gín* // mat⁹gin²*　234(629)

咩　mè // me¹　163(424)
咩嘢　mè.e // me¹e³　59(102), 75(148)
咩嘢事呀　mè.e sih a // me¹e³ si⁶ a³　193(519), 196(525)
咩嘢話　mè.e wá*? // me¹e³ wa²*　183(488)
咩話　mè wá* // me¹ wa²*　183(488), 185(493)
美國　Méih.gwok // Mei⁵gwok⁸　111(271)
味　meih // mei⁶　75(148)
未　meih // mei⁶　105(248)
未　meih // mei⁶　185(493)
未　meih // mei⁶　219(596)
未呀　meih a // mei⁶ a³　125(316)
免費　míhn.fai // min⁵fai³　230(625)
免税店　míhn.seui.dim // min⁵soey³dim³　181(486)
麵包　mihn.bàau // min⁶baau¹　178(474)
面霜　mihn.sèung // min⁶soeng¹　225(620)
明　mìhng // ming⁴　196(525)
明喇　mìhng la // ming⁴ la³　193(522)
明明地　mìhng.míng*.déi // ming⁴ming²*dei²　193(522)
廟街　Miuh.gàai // Miu⁶gaai¹　115(282)
mon　mòn // mon¹　152(393)
芒果　mòng.gwó // mong¹gwo²　149(378)
忙　mòhng // mong⁴　147(371)
網吧　móhng.bà // mong⁵ba¹　167(439)
望　mohng // mong⁶　219(596)
帽　móu* // mou²*　202(548)
毛巾　mòuh.gàn // mou⁴gan¹　82(177)
冇　móuh // mou⁵　85(091)
冇　móuh // mou⁵　65(120)
冇得　móuh.dàk // mou⁵dak⁷　185(493)
冇喇, 唔該　móuh la, m̀h.gòi // mou⁵ la³, m⁴goi¹　215(586)
冇乜事　móuh màt sih // mou⁵ mat⁷ si⁶　143(363)
冇問題　móuh.mahn.tàih // mou⁵man⁶tai⁴　37(044), 38(047)
冇咩事　móuh mè sih // mou⁵ me¹ si⁶　143(363)
冇事　móuh sih // mou⁵ si⁶　143(363)
冇所謂　móuh.só.waih // mou⁵so²wai⁶　85(182), 123(312)
每日　múih.yaht // mui⁵jat⁹　80(168)
木瓜　muhk.gwà // muk⁹gwa¹　149(378)
門口　mùhn.háu // mun⁴hau²　95(214)
抹茶　muht.chàh // mut⁹tsa⁴　75(148)

N

嗱　nàh // na⁴　161(420)
奶奶　nàaih*.náai* // naai¹*naai³*　83(179)
男朋友　nàahm.pàhng.yáuh // naam⁴pang⁴jau⁵　159(411)
諗　nám // nam²　149(378), 173(456)
諗住　nám.jyuh // nam²dzy⁶　206(557)
嬲　nàu // nau¹　190(510)
呢　nè // ne¹　47(069)

256

呢	né // ne²	161(420)
彌敦道	Nèih.dèun.douh // Nei⁴doen¹dou⁶	122(309)
你	néih // nei⁵	50(079), 56(093)
你打錯	néih dá.cho // nei⁵ da²tso³	214(585)
你哋	néih.deih // nei⁵dei⁶	56(093)
你哋好	néih.deih hóu // nei⁵dei⁶ hou²	53(088)
你都係呀	néih dòu haih a // nei⁵ dou¹ hai⁶ a³	203(553)
你返嚟嚹	néih fàan.làih làh // nei⁵ faan¹lei⁴ la⁴	113(279)
你放心啦	néih fong sàm là // nei⁵ fong³ sam¹ la¹	143(363)
你貴姓呀	néih gwai.sing a // nei⁵ gwai³sing³ a³	45(066)
你好	néih hóu // nei⁵ hou²	53(088)
你好嗎	néih hóu ma // nei⁵ hou² ma³	53(088)
你走嘮	néih jáu làh // nei⁵ dzau² la⁴	93(209)
你鍾意啦	néih jùng.yi là // nei⁵ dzung¹ji³ la¹	113(277)
你因住呀	néih yàn.jyuh a // nei⁵ jan¹dzy⁶ a³	161(420)
你有心	néih yáuh sàm // nei⁵ jau⁵ sam¹	161(421), 163(424)
你（又）嚟嘮	néih (yauh) làih làh // nei⁵ (jau⁶) lai⁴ la⁴	93(209)
女	néui* // noey²*	73(144)
女人街	néuih.yán*.gàai // noey⁵jan²*gaai¹	149(378)
呢	nì // ni¹	40(053)
呢便吖	nì.bihn à // ni¹bin⁶ a¹	63(116)
呢部	nì bouh // ni¹ bou⁶	99(224)
呢本	nì bún // ni¹ bun²	91(203)
呢啲	nì dì // ni¹ di¹	135(341)
呢度	nì.douh // ni¹dou⁶	47(069), 51(082)
呢幾日	nì géi yaht // ni¹ gei² jat⁹	208(564)
呢個	nì go // ni¹ go³	99(224)
呢樣	nì yeuhng // ni¹ joeng⁶	101(233)
搦	nìk // nik⁷	163(424)
搦走	nik.jáu // nik⁷dzau²	45(064)
內地	noih.deih // noi⁶dei⁶	97(216)
內地貨	noih.deih.fo // noi⁶dei⁶fo³	145(368)
notebook	nòt.bùk // not⁷buk⁷	152(393)
農曆新年	nùhng.lihk sàn.nìhn // nung⁴lik⁹ san¹nin⁴	112(276)

N g

五	ńgh // ng⁵	39(049)
五號	ńgh.houh // ng⁵hou⁶	34(036)
五折	ńgh jit // ng⁵ dzit⁸	140(359)
五十	ńgh.sahp // ng⁵sap⁹	38(047)
牙刷	ngàh.cháat* // nga⁴tsaat²*	72(143)
牙膏	ngàh.gòu // nga⁴gou¹	72(143)
眼瞓	ngáahn.fan // ngaan⁵fan³	125(316)
眼影	ngáahn.yíng // ngaan⁵jing²	225(620)
硬	ngaahng // ngaang⁶	141(362)
危險	ngàih.hím // ngai⁴him²	212(580)
危險	ngàih.hím // ngai⁴him²	35(039)
銀包	ngàhn.bàau // ngan⁴baau¹	151(389)
銀行	ngàhn.hòhng // ngan⁴hong⁴	112(274)
牛奶	ngàuh.náaih // ngau⁴naai⁵	160(418)
牛奶糖	ngàu.náaih.tóng* // ngau⁴naai⁵tong²*	82(176)
我	ngóh // ngo⁵	56(093)
我飽喇	ngóh báau la // ngo⁵ baau² la³	82(178)
我哋	ngóh.deih // ngo⁵dei⁶	55(091), 56(093)
我係	ngóh haih // ngo⁵ hai⁶	214(585)
我走喇	ngóh jáu la // ngo⁵ dzau² la³	93(209), 95(214)
我走先	ngóh jáu sìn // ngo⁵ dzau² sin¹	93(209)
我知呀	ngóh jì a // ngo⁵ dzi¹ a³	102(242)
我自己嚟	ngóh jih.géi làih // ngo⁵ dzi⁶gei² lai⁴	156(405)
我想問	ngóh séung mahn // ngo⁵ soeng² man⁶	45(066)
外幣兌換	ngoih.baih jáau.wuhn // ngoi⁶bai⁶ dzaau²wun⁶	36(041)
外父	ngoih.fú* // ngoi⁶fu²*	83(179)
外國貨	ngoih.gwok.fo // ngoi⁶gwok⁸fo³	145(368)
外賣	ngoih.maaih // ngoi⁶maai⁶	45(064)
外母	ngoih.móu* // ngoi⁶mou²*	83(179)

P

扒手	pàh.sáu // pa⁴sau²	115(282)
扒 // 艇	pàh téhng // pa⁴ teng⁵	132(336)
排 // 隊	pàaih déui* // paai⁴ doey²*	88(190)
跑馬地	Páau.máh.déi* // Paau²ma⁵dei²*	62(114)
批發商	pài.faat.sèung // pai¹faat⁸soeng¹	181(486)
噴射船	pan.seh.syùhn // pan³se⁶syn⁴	110(266)
平	pèhng // peng⁴	135(341), 173(456)
平啲	pèhng.dì // peng⁴di¹	171(453)
平幾多呀	pèhng géi.dò a // peng⁴ gei²do¹ a³	171(453)
printer	pìn.tá // pin¹ta²	152(393)
平時	pìhng.sìh // ping⁴si⁴	85(182)
平日	pìhng.yaht // ping⁴jat⁹	85(182)
平郵	pìhng.yàuh // ping⁴jau⁴	35(039)
婆婆	pòh.pòh // po⁴po⁴	83(179)
普洱	póu.néi // pou²nei²	148(377)
普通話	Póu.tùng.wá* // Pou²tung¹wa²*	197(527)
舖頭	pou.táu* // pou³tau²*	42(056), 115(282)
陪	pùih // pui⁴	108(258)
潘	Pùn // Pun¹	32(034)

S

沙田	Sà.tìhn // Sa¹tin⁴	213(584)
晒士	sàai.sí // saai¹si²	143(364)
晒	saai // saai⁶	206(557)
三	sàam // saam¹	39(049)
三	sàam // saam¹	85(182)

257

衫　sàam // saam¹　42(056), 77(155)
三寶飯　sàam.bóu.faahn // saam¹bou²faan⁶　40(053)
三個字　sàam go jih // saam¹ go³ dzi⁶　119(294)
三號　sàam.houh // saam¹hou⁶　34(036)
三號波　sàam.houh bò // saam¹hou⁶ bo¹　182(487)
三號風球　sàam.houh fùng.kàuh // saam¹hou⁶ fung¹kau⁴　182(487)
山頂纜車　sàan.déng.laahm.chè // saan¹deng²laam⁶tse¹　102(241)
散紙　sáan.jí // saan²dzi²　65(120)
生果　sàang.gwó // saang¹gwo²　149(378), 192(518)
生果舖　sàang.gwó.póu* // saang¹gwo²pou²*　153(396)
生日快樂　sàang.yaht faai.lohk // saang¹jat⁹ faai³lok⁹　103(243), 105(248)
西餅　sài.béng // sai¹beng²　82(176)
西瓜　sài.gwà // sai¹gwa¹　213(583)
犀利　sài.leih // sai¹lei⁶　185(493)
洗 // 衫　sái sàam // sai² saam¹　92(207)
洗頭水　sái.tàuh.séui // sai²tau⁴soey²　72(143)
洗衣舖　sái.yì.póu* // sai²ji¹pou²*　153(396)
細　sai // sai³　141(362)
世伯　sai.baak // sai³baak⁸　83(179), 85(182)
細佬　sai.lóu // sai³lou²　73(144)
細碼　sai.máh // sai³ma⁵　143(364)
細妹　sai.múi* // sai³mui²*　73(144)
細聲　sai.sèng // sai³seng¹　180(481)
深圳　Sàm.jan // Sam¹dzan³　129(325)
深水埗　Sàm.séui.bóu* // Sam¹soey²bou²*　122(308)
沈　Sám // Sam²　222(607)
新　sàn // san¹　135(341)
新婚快樂　sàn.fàn faai.lohk // san¹fan¹ faai³lok⁹　103(243)
身份證　sàn.fán*.jing // san¹fan²*dzing³　51(083), 165(431)
辛苦　sàn.fú // san¹fu²　166(436)
新加坡　Sàn.ga.pò // San¹ga³po¹　112(275)
新界　Sàn.gaai // San¹gaai³　211(576)
新年快樂　sàn.nìhn faai.lohk // san¹nin⁴ faai³lok⁹　112(276)
身體好嗎　sàn.tái hóu ma // san¹tai² hou² ma³　161(421)
濕度　sàp.douh // sap⁷dou⁶　130(331)
十　sahp // sap⁹　39(049)
十分鐘　sahp fàn jùng // sap⁹ fan¹ dzung¹　225(621)
十分之　sahp.fàn.jì // sap⁹fan¹dzi¹　208(564)
十號波　sahp.houh bò // sap⁹hou⁶ bo¹　182(487)
十號風球　sahp.houh fùng.kàuh // sap⁹hou⁶ fung¹kau⁴　182(487)
十一月　sahp.yàt.yuht // sap⁹jat⁷jyt⁹　34(036)
十二月　sahp.yih.yuht // sap⁹ji¹⁶jyt⁹　34(036)
十月　sahp.yuht // sap⁹jyt⁹　34(036)
失物認領處　sàt.maht yihng.líhng.chyu // sat⁷mat⁹ jing⁶ling⁵tsy³　36(041)
收　sàu // sau¹　106(248)
收　sàu // sau¹　65(120)
收　sàu // sau¹　188(503)
收　sàu // sau¹　219(596)
收 // 工　sàu gùng // sau¹ gung¹　92(207)
收平啲啦　sàu pèhng.dì là // sau¹ peng⁴di¹ la¹　171(453)
收 // 錢　sàu sin // sau¹ sin³　109(262)
首　sáu // sau²　120(299)
手信　sáu.seun // sau²soen³　105(248)
手提電話　sáu.tàih.dihn.wá* // sau²tai⁴din⁶wa²*　126(318)
瘦肉粥　sau.yuhk.jùk // sau³juk⁹dzuk⁷　52(086)
售罄　sauh.hing // sau⁶hing³　35(039)
售票處　sauh.piu.chyúh // sau⁶piu³tsy⁵　35(040)
share　sè.àh // se¹a⁴　68(127)
寫　sé // se²　164(427)
寫嘢吖　sé yéh à // se² je⁵ a¹　63(116)
死火嘞　séi fó la(a)k // sei² fo² la(a)k⁸　183(489)
死嘞　séi la(a)k // sei² la(a)k⁸　183(489), 185(493)
四　sei // sei³　39(049)
四寶飯　sei.bóu.faahn // sei³bou²faan⁶　52(086)
四號　sei.houh // sei³hou⁶　34(036)
聲　sèng // seng¹　218(594)
成日　sèhng.yaht // seng⁴jat⁹　177(469)
水　séui // soey²　208(564)
水喉水　séui.hàuh.séui // soey²hau⁴soey²　208(564)
水仙　séui.sìn // soey²sin¹　148(377)
歲　seui // soey³　128(322)
隧道　seuih.douh // soey⁶dou⁶　35(039)
詢問處　seun.mahn.chyúh // soen³man⁶tsy⁵　35(040), 102(240)
信用咭　seun.yuhng.kàat // soen³jung⁶kaat⁷　65(120)
唇膏　sèuhn.gòu // soen⁴gou¹　225(620)
順便　seuhn.bín* // soen⁶bin²*　155(400)
順路　seuhn.louh // soen⁶lou⁶　115(282)
商場　sèung.chèuhng // soeng¹tsoeng⁴　91(200)
商量　sèung.lèuhng // soeng¹loeng⁴　201(544)
想　séung // soeng²　95(214)
相機　séung*.gèi // soeng²*gei¹　42(056), 98(220)
上　séuhng // soeng⁵　34(038)
上 // 車　séuhng chè // soeng⁵ tse¹　196(525)
上去　séuhng.heui // soeng⁵hoey³　122(307)
上 // 網　séuhng móhng // soeng⁵ mong⁵　187(499)
上 // 堂　séuhng tòhng // soeng⁵ tong⁴　66(123)
上便　seuhng.bihn // soeng⁶bin⁶　78(159)
上次　seuhng.chi // soeng⁶tsi³　105(248)
上個禮拜　seuhng go láih.baai // soeng⁶ go³ lai⁵baai³　33(035), 107(254)
上個月　seuhng go yuht // soeng⁶ go³ jyt⁹　33(035)
上海　Seuhng.hói // Soeng⁶hoi²　112(275)
上晝　seuhng.jau // soeng⁶dzau³　34(037), 88(190)

上環	Seuhng.wàahn // Soeng⁶waan⁴	62(114)
C	sì // si¹	96(214)
CD	sì.dì // si¹di¹	220(597)
司機	sì.gèi // si¹gei¹	196(525)
私人重地	sì.yàhn.juhng.deih // si¹jan⁴dzung⁶dei⁶	36(041)
使用	sí.yuhng // si²jung⁶	232(627)
試	si // si³	105(248)
試	si // si³	130(331)
時	sìh // si⁴	196(525)
時間	sìh.gaan // si⁴gaan³	106(250)
事	sih // si⁶	90(199)
事	sih // si⁶	108(258)
是但啦	sih.daahn là // si⁶daan⁶ la¹	123(312), 125(316)
士多	sih.dò // si⁶do¹	181(486)
士多啤梨	sih.dò.bè.léi // si⁶do¹be¹lei²	75(148)
侍應	sih.ying // si⁶jing³	63(116), 65(120)
識	sìk // sik⁷	68(127)
識	sìk // sik⁷	163(424)
食	sihk // sik⁹	57(096)
食 // 飯	sihk faahn // sik⁹ faan⁶	98(220)
食飯喇	sihk faahn la // sik⁹ faan⁶ la³	73(145)
食啦	sihk là // sik⁹ la¹	73(145)
食//tea	sihk tì // sik⁹ ti¹	132(335)
食 // 嘢	sihk yéh // sik⁹ je⁵	159(415)
食 // 煙	sihk yìn // sik⁹ jin¹	156(402)
先	sìn // sin¹	185(493)
先	sìn // sin¹	227(623)
Cindy	Sìn.dìh // Sin¹di⁴	140(357)
先生	sìn.sàang // sin¹saang¹	63(116)
先生	sìn.sàang // sin¹saang¹	133(338)
扇	sin // sin³	202(548)
升降機	sìng.gong.gèi // sing¹gong³gei¹	232(627)
星期	sìng.kèih // sing¹kei⁴	86(184)
星期六	sìng.kèih.luhk // sing¹kei⁴luk⁹	86(184)
星期五	sìng.kèih.ńgh // sing¹kei⁴ng⁵	86(184)
星期三	sìng.kèih.sàam // sing¹kei⁴saam¹	86(184)
星期四	sìng.kèih.sei // sing¹kei⁴sei³	86(184)
星期一	sìng.kèih.yàt // sing¹kei⁴jat²	86(184)
星期日	sìng.kèih.yaht // sing¹kei⁴jat⁹	86(184)
星期二	sìng.kèih.yih // sing¹kei⁴ji⁶	86(184)
姓	sing // sing³	45(066)
聖誕快樂	sing.daan faai.lohk // sing³daan³ faai³lok⁹	112(276)
聖誕節	sing.daan jit // sing³daan³ dzit⁸	112(276), 186(496)
聖誕咭	sing.daan.kàat // sing³daan³kaat⁷	219(596)
乘搭	sìhng.daap // sing⁴daap⁸	230(625)
乘搭的士處	sìhng.daap.dik.sí.chyu // sing⁴daap⁸dik⁷si²tsy³	
乘客	sìhng.haak // sing⁴haak⁸	228(623), 234(629)
攝影機	sip.yíng.gèi // sip⁸jing²gei¹	152(393)
薛	Sit // Sit⁸	32(034)
燒鴨飯	sìu.aap.faahnh // siu¹aap⁸faan⁶	52(086)
燒賣	sìu.máai* // siu¹maai²*	72(142)
宵夜	sìu.yé* // siu¹je²*	98(221)
少	síu // siu²	178(473)
小巴	síu.bà // siu²ba¹	102(241)
小巴站	síu.bà.jaahm // siu²ba¹dzaam⁶	101(236)
少啲	síu.dì // siu²di¹	159(414)
小姐	síu.jé // siu²dze²	63(116)
小姐	síu.jé // siu²dze²	68(127)
小姐	síu.jé // siu²dze²	133(338), 135(341)
小心	síu.sàm // siu²sam¹	115(282)
小心地滑	síu.sàm deih waaht // siu²sam¹ dei⁶ waat⁹	35(041)
小心扒手	síu.sàm pàh.sáu // siu²sam¹ pa⁴sau²	113(278)
小心碰頭	síu.sàm pung tàuh // siu²sam¹ pung³ tau⁴	35(041)
小提琴	síu.tàih.kàhm // siu²tai⁴kam⁴	170(450)
蔬菜	sò.choi // so¹tsoi³	192(518)
sorry	sò.wìh // so¹wi⁴	75(148)
鎖	só // so²	177(470)
鎖 // 門	só mùhn // so² mun⁴	163(424)
所以	só.yíh // so²ji⁵	85(182)
shopping	sòp.pìhng // sop⁷ping⁴	108(258)
數	sóu // sou²	173(456)
素色	sou.sìk // sou³sik⁷	135(341)
叔叔	sùk.sùk // suk⁷suk⁷	83(179)
送	sung // sung³	105(248)
餸	sung // sung³	192(518)
送餐服務	sung.chàan.fuhk.mouh // sung³tsaan¹fuk⁹mou⁶	76(151)
崇光	Sùhng.gwòng // Sung⁴gwong¹	55(091)
書	syù // sy¹	42(056), 91(203)
sure	syù.àh // sy¹a⁴	145(368)
書局	syù.gúk* // sy¹guk²*	191(513)
薯仔	syùh.jái // sy⁴dzai²	213(583)
選擇	sýun.jaahk // syn²dzaak⁹	230(625)
船	syùhn // syn⁴	100(228)
雪糕	syut.gòu // syt⁸gou¹	75(148)
雪櫃	syut.gwaih // syt⁸gwai⁶	75(148)

T

太古城	Taai.gwú.sìhng // Taai³gwu²sing⁴	55(091)
太子道	Taai.jí.douh // Taai³dzi²dou⁶	122(309)
太太	taai.táai* // taai³taai²*	133(338)
太太	taai.táai* // taai³taai²*	218(594)
譚	Tàahm // Taam⁴	32(034)
彈	tàahn // taan⁴	170(449)
睇	tái // tai²	76(152)
睇	tái // tai²	91(203)
睇車呀	tái chè a // tai² tse¹ a³	161(420)
睇 // 戲	tái hei // tai² hei³	132(336)

259

睇住，睇住　tái.jyuh, tái.jyuh // tai²dzy⁶, tai²dzy⁶ 161(420)
睇 // 書　tái syù // tai² sy¹　206(557)
提防小手　tàih.fòhng síu.sáu // tai⁴fong⁴ siu²sau²　36(041)
提款機　tàih.fún.gèi // tai⁴fun²gei¹　101(237)
提供　tàih.gùng // tai⁴gung¹　235(629)
偷　tàu // tau¹　151(389)
投注站　tàuh.jyu.jaahm // tau⁴dzy³dzaam⁶　207(560)
頭先　tàuh.sìn // tau⁴sin¹　178(473)
投訴　tàuh.sou // tau⁴sou³　109(262)
投入　tàuh.yahp // tau⁴jap⁹　192(517)
踢 // 波　tek bò // tek⁸ bo¹　132(336)
聽　tèng // teng¹　57(095)
聽 // 書　tèng syù // teng¹ sy¹　181(485)
聽唔倒　tèng.m̀h.dóu // teng¹m⁴dou²　183(488)
聽唔明　tèng.m̀h.mìhng // teng¹m⁴ming⁴　183(488)
艇仔粥　téhng.jái.jùk // teng⁵dzai²dzuk⁷　52(086)
推　tèui // toey¹　34(038)
退 // 飛　teui fèi // toey³ fei¹　117(287)
退 // 貨　teui fo // toey³ fo³　198(531)
T恤　tì.sèut // ti¹soet⁷　77(155)
天橋　tìn.kìuh // tin¹kiu⁴　98(220)
天文臺　tìn.màhn.tòih // tin¹man⁴toi⁴　185(493)
天星小輪　Tìn.sìng.síu.lèuhn // Tin¹sing¹siu²loen⁴ 110(266)
田中　Tìhn.jùng // Tin⁴dzung¹　189(507)
聽朝　tìng.jìu // ting¹dziu¹　206(557)
聽晚　tìng.máahn // ting¹maan⁵　33(035)
聽日　tìng.yaht // ting¹jat⁹　33(035), 43(059)
聽日見　tìng.yaht gin // ting¹jat⁹ gin³　215(590)
停　tìhng // ting⁴　34(038)
停 // 車　tìhng chè // ting⁴ tse¹　97(217)
停用　tìhng.yuhng // ting⁴jung⁶　35(039)
貼士　tìp.sí // tip⁷si²　106(250)
鐵板餐　tit.báan.chàan // tit⁸baan²tsaan¹　85(182)
鐵觀音　tit.gwùn.yàm // tit⁸gwun¹jam¹　146(370)
條　tìuh // tiu⁴　42(056)
調味品　tìuh.meih.bán // tiu⁴mei⁶ban²　153(397)
拖鞋　tò.háai* // to¹haai²*　82(177)
檯　tói* // toi²*　224(616)
台灣　Tòih.wàan // Toi⁴waan¹　112(275)
湯　tòng // tong¹　177(469)
糖　tóng* // tong²*　82(176)
堂食　tòhng.sihk // tong⁴sik⁹　45(064)
套　tou // tou³　40(051)
圖書館　tòuh.syù.gwún // tou⁴sy¹gwun²　102(240)
肚餓　tóuh.ngoh // tou⁵ngo⁶　131(332)
同　tùhng // tung⁴　75(148)
同　tùhng // tung⁴　173(456)
同　tùhng // tung⁴　196(525)
銅鑼灣　Tùhng.lòh.wàan // Tung⁴lo⁴waan¹　62(114)
同埋　tùhng.màaih // tung⁴maai⁴　230(625)

屯門　Tyùhn.mùhn // Tyn⁴mun⁴　213(584)

W

嘩　wa // wa³　103(245), 105(248)
華潤　Wàh.yeuhn // Wa⁴joen⁶　160(419)
話　wah // wa⁶　145(368)
話　wah // wa⁶　155(400)
Wi-Fi　wàai.fàai // waai¹faai¹　188(503)
壞　waaih // waai⁶　145(368)
或　waahk // waak⁹　233(627)
或者　waahk.jé // waak⁹dze²　75(148)
玩　wáan // waan²　101(233)
還　wàahn // waan⁴　107(255)
喂　wài // wai³　53(088), 196(525)
喂，起筷喇　wài, héi faai la // wai¹, hei² faai¹ la³ 73(145)
喂　wái // wai²　206(557)
位　wái* // wai²*　173(456)
喂，邊位呀　wái, bìn.wái* a // wai², bin¹wai²* a³ 203(550)
惠康　Waih.hòng // Wai⁶hong¹　160(419)
位於　waih.yù // wai⁶jy¹　230(625)
搵　wán // wan²　58(099)
搵　wán // wan²　116(284)
搵邊位呀　wán bìn.wái* a // wan² bin¹wai²* a³ 214(585)
尹　Wáhn // Wan⁵　32(034)
雲尼拿　wahn.nèi.lá // wan⁶nei¹la²　75(148)
van仔　wèn.jái // wen¹dzai²　110(267)
VISA咭　Wì.sá.kàat // Wi¹sa²kaat⁷　65(120)
黃色　wòhng.sik // wong⁴sik⁷　141(361)
黃綫　wòhng.sin // wong⁴sin³　228(623)
往　wóhng // wong⁵　227(623)
旺角　Wohng.gok // Wong⁶gok⁸　80(169)
旺角東站　Wohng.gok.dùng.jaahm // Wong⁶gok⁸dung¹dzaam⁶　51(080)
旺角站　Wohng.gok.jaahm // Wong⁶gok⁸dzaam⁶ 95(214)
污糟　wù.jòu // wu¹dzou¹　150(382)
護髮素　wuh.faat.sou // wu⁶faat⁸sou³　72(143)
護照　wuh.jiu // wu⁶dziu³　233(627)
護士　wuh.sih // wu⁶si⁶　202(549)
會　wúih // wui⁵　115(282)
碗仔　wún.jái // wun²dzai²　106(251)
換　wuhn // wun⁶　178(473)

Y // J

廿一　yah.yàt // ja⁶jat⁷　218(594)
音樂　yàm.ngohk // jam¹ngok⁹　57(095)
飲品　yám.bán // jam²ban²　153(397)
飲 // 茶　yám chàh // jam² tsa⁴　169(445)
飲食　yám.sihk // jam²sik⁹　228(623)
飲 // 嘢　yám yéh // jam² je⁵　212(579)
任　yahm // jam⁶　34(038)

260

任何　yahm.hòh // jam⁶ho⁴　235(629)
因住　yàn.jyuh // jan¹dzy⁶　163(424)
因為　yàn.waih // jan¹wai⁶　85(182)
人　yàhn // jan⁴　109(262)
人　yàhn // jan⁴　145(368)
入便　yahp.bihn // jap⁹bin⁶　75(148), 78(159)
入 // 閘　yahp jaahp // jap⁹ dzaap⁹　228(623)
入嚟　yahp.làih // jap⁹lai⁴　121(303)
入 // 醫院　yahp yì.yún* // jap⁹ ji¹jyn²*　88(191)
一　yàt // jat⁷　39(049)
一　yàt // jat⁷　218(594)
一百　yàt.baak // jat⁷baak⁸　38(047)
一半　yàt.bun // jat⁷bun³　91(203)
一齊　yàt.chàih // jat⁷tsai⁴　206(557)
一千　yàt chìn // jat⁷ tsin¹　107(254)
一定　yàt.dihng // jat⁷ding⁶　196(525)
一個字　yàt go jih // jat⁷ go³ dzi⁶　119(294)
一個鐘（頭）　yàt go jùng(.tàuh) // jat⁷ go³ dzung¹(tau⁴)　119(294)
一個禮拜　yàt go láih.baai // jat⁷ go³ lai⁵baai³　119(294)
一個人　yàt.go.yàhn // jat⁷go³jan⁴　163(424)
一個月　yàt go yuht // jat⁷ go³ jyt⁹　119(294)
一號　yàt houh // jat⁷ hou⁶　230(625)
一號　yàt.houh // jat⁷hou⁶　34(036)
一號波　yàt.houh bò // jat⁷hou⁶ bo¹　182(487)
一號風球　yàt.houh fùng.kàuh // jat⁷hou⁶ fung¹kau⁴　182(487)
一直　yàt.jihk // jat⁷dzik⁹　220(600)
一路　yàt.louh // jat⁷lou⁶　206(557)
一路順風　yàt.louh seuhn.fùng // jat⁷lou⁶ soen⁶fung¹　218(594)
一年　yàt nìhn // jat⁷ nin⁴　119(294)
一日　yàt yaht // jat⁷ jat⁹　119(294)
一樣　yàt.yeuhng // jat⁷joeng⁶　196(525)
日本　Yaht.bún // Jat⁹bun²　57(095)
日文　Yaht.mán* // Jat⁹man²*　164(426)
休息　yàu.sìk // jau¹sik⁷　87(187)
休息　yàu.sìk // jau¹sik⁷　208(563)
由　yàuh // jau⁴　218(594)
油漆未乾　yàuh.chàt meih gòn // jau⁴tsat⁷ mei⁶ gon¹　36(041)
遊 // 車河　yàuh chè.hó* // jau⁴ tse¹ho²*　132(336)
郵政局　yàuh.jing.gúk* // jau⁴dzing³guk²*　62(115)
油麻地　Yàuh.màh.déi* // Jau⁴ma⁴dei²*　120(296)
游 // 水　yàuh séui // jau⁴ soey²　164(426)
有　yáuh // jau⁵　55(091)
有　yáuh // jau⁵　65(120)
有得　yáuh.dàk // jau⁵dak⁷　191(513)
有啲　yáuh.dì // jau⁵di¹　145(368)
有 // 驟雨　yáuh jaauh.yúh // jau⁵ dzaau⁶jy⁵　163(424)
有落　yáuh.lohk // jau⁵lok⁹　98(220), 196(525)

有冇得　yáuh.móuh.dàk // jau⁵mou⁵dak⁷　191(513)
有冇折呀　yáuh.móuh jit a // jau⁵mou⁵ dzit⁸ a³　140(359)
有冇落呀　yáuh.móuh lohk a // jau⁵mou⁵ lok⁹ a³　193(521)
有少少　yáuh.síu.síu // jau⁵siu²siu²　149(381)
右便　yauh.bihn // jau⁶bin⁶　78(159)
嘢　yéh // je⁵　100(228)
夜　yeh // je⁶　187(499)
夜晚　yeh.máahn // je⁶maan⁵　34(037), 85(182), 96(216)
約　yeuk // joek⁸　206(557)
約 // 人　yeuk yàhn // joek⁸ jan⁴　95(214)
藥房　yeuhk.fòhng // joek⁹fong⁴　112(274)
讓　yeuhng // joeng⁶　227(623)
讓　yeuhng // joeng⁶　34(038)
依家　yì.gà // ji¹ga¹　145(368)
e-mail　yì.mèl // ji¹meu¹　187(499)
醫生　yì.sàng // ji¹sang¹　202(549)
而家　yih.gà // ji⁴ga¹　88(191)
疑問　yih.mahn // ji⁴man⁶　235(629)
以前　yíh.chìhn // ji⁵tsin⁴　145(368)
已經　yíh.gìng // ji⁵ging¹　98(220)
易　yih // ji⁶　196(525)
二　yih // ji⁶　39(049)
二百　yih.baak // ji⁶baak⁸　43(058)
二號　yih houh // ji⁶ hou⁶　197(527), 230(625)
二號　yih.houh // ji⁶hou⁶　34(036), 117(287)
二月　yih.yuht // ji⁶jyt⁹　117(287)
益力多　Yìk.lihk.dò // Jik⁷lik⁹do¹　155(400)
嚴格　yìhm.gaak // jim⁴gaak⁸　192(517)
嚴禁　yìhm.gam // jim⁴gam³　35(039), 228(623)
延遲　yìhn.chìh // jin⁴tsi⁴　35(039)
現正　yihn.jing // jin⁶dzing³　232(627)
現已　yihn.yíh // jin⁶ji⁵　233(627)
應該　yìng.gòi // jing¹goi¹　163(424)
嬰兒室　yìng.yìh.sàt // jing¹ji¹sat⁷　35(040)
英文　Yìng.mán* // Jing¹man²*　164(427)
英文名　Yìng.màhn.méng* // Jing¹man⁴meng²*　180(481)
英文書　Yìng.màhn.syù // Jing¹man⁴sy¹　191(513)
影　yíng // jing²　99(224)
影 // 相　yíng séung // jing² soeng²　187(500)
認領處　yihng.líhng.chyu // jing⁶ling⁵tsy³　35(040)
熱　yiht // jit⁹　130(331)
熱帶風暴　yiht.daai.fùng.bouh // jit⁹daai³fung¹bou⁶　183(490)
熱帶氣旋　yiht.daai.hei.syùhn // jit⁹daai³hei³syn⁴　183(490)
熱水　yiht.séui // jit⁹soey²　235(629)
要　yiu // jiu³　69(131)
要　yiu // jiu³　85(182)
要　yiu // jiu³　120(296)

261

遙控器	yiuh.hung.hei // jiu⁴hung³hei³	79(161)
肉	yuhk // juk⁹	192(518)
用	yuhng // jung⁶	145(368)
用	yuhng // jung⁶	218(594)
用 // 錢	yuhng chín* // jung⁶ tsin²*	210(572)
於	yù // jy¹	230(625)
魚	yú* // jy²*	192(518)
如果	yùh.gwó // jy⁴gwo²	179(477)
魚生	yùh.sàang // jy⁴saang¹	71(139)
如遇火警	yùh yuh fó.gíng // jy⁴ jy⁶ fo²ging²	36(041)
與	yúh // jy⁵	228(623)
與	yúh // jy⁵	235(629)
羽田	Yúh.tìhn // Jy⁵tin⁴	232(627)

語言	yúh.yìhn // jy⁵jin⁴	197(527)
裕記	Yuh.gei // Jy⁶gei³	160(419)
預航時	yuh.hòhng sìh.gaan // jy⁶hong⁴ si⁴gaan³	36(041)
完	yùhn // jyn⁴	185(493)
元朗	Yùhn.lóhng // Jyn⁴long⁵	213(584)
遠	yúhn // jyn⁵	131(332)
軟	yúhn // jyn⁵	141(362)
軟雪糕	yúhn.syut.gòu // jyn⁵syt⁸gou¹	69(132)
軟糖	yúhn.tóng* // jyn⁵tong²*	82(176)
月台	yuht.tòih // jyt⁹toi⁴	228(623)
月台幕門	yuht.tòih.mohk.mùhn // jyt⁹toi⁴mok⁹mun⁴	228(623)

語彙帳 ……●日本語

　この語彙帳では、本書で登場した語彙が日本語から検索できるようになっています。ただし、比較的長い文や表現は収めていませんので、それについては「場面別インデックス」で探してください。

　掲載情報は、原語・登場するページ（括弧内は CD-ROM に録音されているトラック・ナンバー）・日本語訳です。日本語の排列は五十音順になっています。ただし、地名・施設名・機関企業名、人名、助詞、量詞、数を含む表現は、それぞれまとめて掲げました。

あ

嗰	40(053)	あ（の）。そ（の）
眼影	225(620)	アイシャドウ
雪糕	75(148)	アイスクリーム
中間	78(159)	間
間	228(623)	間
身份證	165(431)	ID カード
藍色	141(361)	青色（の）
藍色筆	224(616)	青色のペン
紅色	135(341)	赤
上去	122(307)	上がっていく
瘦肉粥	52(086)	赤身の肉粥
打開	139(353), 234(629)	開ける
俾	66(123), 105(248)	あげる。くれる
朝早	34(037)	朝
後日	33(035), 49(076)	明後日
後晚	33(035)	明後日の夜
早機	208(563)	朝早くの便
味	75(148)	味。フレーバー

聽日	33(035), 43(059)	明日
聽朝	206(557)	明日の朝
嗰度	51(082)	あそこ
玩	101(233)	遊ぶ
新	135(341)	新しい
嗰便	165(431)	あちら。そちら
嗰邊	135(341)	あちら側
熱	130(331)	暑い
厚	140(357)	厚い
晏啲	44(063)	後で。後ほど。時間を遅らせて
你	50(079), 56(093)	あなた。君。おまえ
你哋	56(093)	あなたたち。君たち
下午茶	132(335)	アフタヌーン・ティー
危險	212(580)	危ない
唔係幾	188(503)	あまり～ない
糖	82(176)	飴。ドロップ
落 // 雨	116(284)	雨が降る
有	55(091)	ある

行去	115(282)	歩いて~へ行く	飲品	153(397)	飲料品
或者	75(148)	あるいは。か			**う**
行//路	99(225)	歩く	小提琴	170(450)	ヴァイオリン
行	115(282)	歩く	上便	78(159)	上
安全條例	234(629)	安全規定	侍應	65(120)	ウェイター
詢問處	35(040)	案内所	接受	117(287)	受け付ける
		い	收	106(248)	受け取る
求其	192(517)	いい加減である	後便	78(159)	後
講	196(525)	言う	薄	136(344)	薄い
話	155(400)	言うには~。~によると	轉右	35(039)	右折
去	55(091)	行く	歌	120(299)	歌
行	96(214)	行く	入便	78(159)	内
幾多	59(102), 173(456)	いくつ。いくら	裏面	234(629)	内側
幾	40(051)	いくつか(の)	靚	135(341)	美しい。綺麗な
之後	115(282)	1.~以後に、2.~する / した後に	投訴	109(262)	(不平、不満を)訴える
			錶	40(051)	腕時計
失物認領處	36(041)	遺失物取扱所	出//世	220(600)	生まれる。誕生する
醫生	202(549)	医者	對面海	219(596)	海の対岸
以前	145(368)	以前	出售	35(039)	売り出し
之前	115(282)	1.~以前に、2.~する前に	賣	210(571)	売る
			嘈	152(394)	うるさい
忙	147(371)	忙しい	開心	106(248)	嬉しい
街市	62(115)	市場	司機	196(525)	運転手
架頂	153(397)	一番上の棚			**え**
幾時	59(102), 87(186)	いつ	嘩	105(248)	え~。わ~
一齊	206(557)	一緒に	空郵	35(039)	エアメール
成日	177(469)	いつも	A	218(594)	A
釣//魚	181(485)	居眠りをする	戲院	62(115)	映画館
依家	145(368)	今	睇//戲	132(336)	映画を見る
而家	88(191)	今。今から	英文	164(427)	英語
門口	95(214)	入り口	提款機	101(237)	ATM
素色	135(341)	色が地味な	英文書	191(513)	英文書籍
英文名	180(481)	イングリッシュ・ネーム	站	178(474)	駅
飲食	228(623)	飲食	到//站	227(623)	駅に着く
叫//外賣	125(316)	飲食の宅配サービスを頼む	細碼	143(364)	Sサイズ
			蝦餃	72(142)	蝦餃子
送餐服務	76(151)	飲食のルームサービス	蝦殻	224(615)	エビの甲羅
網吧	167(439)	インターネット・カフェ	揀	139(353)	選ぶ
上//網	187(499)	インターネットに接続する	升降機	232(627)	エレベーター
					お
詢問處	102(240)	インフォメーション・センター	喂	53(088)	おい
			好食	130(331)	美味しい

263

好味	173(456)	美味しい		外國貨	145(368)	外国製品
大雨	185(493)	大雨（である）		入 // 閘	228(623)	改札を入る
多	105(248)	多い		公司	186(495)	会社
大	141(362)	大きい		出 // 街	87(186)	外出する
大聲	188(503)	大声（である）		落 // 街	125(316)	外出する。街に出る
多啲	155(400)	多めに。もっと		艇仔粥	52(086)	海鮮粥
餸	192(518)	おかず		翻版	109(263)	海賊版
錢	80(165)	お金		買 // 嘢	150(386)	買い物をする
用 // 錢	210(572)	お金を使う		買	76(151)	買う
埋 // 單	63(116)	お勘定をお願いします		還	107(255)	返す
起 // 身	92(207)	起きる		返去	122(307)	帰って行く。戻っていく
放	199(536)	置く		返	87(186)	返る。戻る
太太	218(594)	奥さん		職員	38(047)	係員。店員。職員
八達通	38(047)	オクトパスカード		鎖	177(470)	鍵をかける
禮物	105(248)	贈り物		寫	164(427)	書く
進行	232(627)	行う		sure	145(368)	確信している
嬲	190(510)	怒る		學生	60(106)	学生
教	196(525)	教える		遮	202(548)	傘
uncle	145(368)	伯父さん。叔父さん		出租	34(039)	貸し出し物件
傾 // 偈	201(544)	お喋りをする		零食	153(397)	菓子類
推	34(038)	押す		借	107(254)	貸す
食 //tea	132(335)	お茶をする		數	173(456)	数える
前日	33(035)	一昨日		屋企人	139(354)	家族
前晚	33(035)	一昨日の夜		硬	141(362)	硬い
前年	33(035)	一昨年		夠	168(442)	〜が足りている
肚餓	131(332)	お腹が空いている		學校	102(240)	学校
一樣	196(525)	同じである		返 // 學	88(190)	学校に行く。通学する
辦公室	102(240)	1. オフィス、2. 大学の研究室		家居用品	153(397)	家庭用品
				一定	196(525)	必ず。絶対に
記得	230(625)	覚えている		公事包	199(536)	鞄
記住	196(525)	覚えておく		紙	42(056)	紙
驚	163(424)	思う。心配する		狂風雷暴	206(557)	雷を伴った暴風雨
好玩	209(568)	面白い。楽しい		相機	42(056), 98(220)	カメラ
游 // 水	164(426)	泳ぐ		禮拜二	86(184)	火曜日
落去	155(400)	下りていく		星期二	86(184)	火曜日
落嚟	122(307)	下りてくる		起	34(038)	〜から
橙色	141(361)	オレンジ色（の）		喺	95(214)	〜から
音樂	57(095)	音楽		由	218(594)	〜から
か				款式	135(341)	柄
增 // 值	191(514)	カードにチャージする		輕	141(362)	軽い
嘟	196(525)	カード類を感知器にかざす		佢	56(093)	彼。彼女
外幣找換	36(041)	外貨両替		佢哋	56(093)	彼ら。彼女ら

話 145(368)		考えて思う。確信を持って思う
諗 149(378), 173(456)		考える。思惟を巡らす
揸 // 主意 125(316)		考えを決める
覺得 145(368)		感覚的に思う。感じる
歡迎 230(625)		歓迎する
韓文 197(527)		韓国語
護士 202(549)		看護士
發 // 脾氣 170(451)		かんしゃくを起こす
多謝 218(594)		感謝する
埋 // 單 65(120)		勘定をする
易 196(525)		簡単な。容易な
感動 105(248)		感動する
廣東話 111(271)		広東語

き

黃綫 228(623)		黄色い線
黃色 141(361)		黄色（の）
機會 218(594)		機会
開 68(127)		機器の電源を入れる
聽 57(095)		聴く
危險 35(039)		危険
火車 102(241)		汽車
結他 170(450)		ギター
好 173(456)		きちんと～する。～しあがる
吸煙室 35(040)		喫煙室
車飛 89(194)		切符
售票處 35(040)		切符売り場
認領處 35(040)		機内預け荷物受け取り所
介意 223(611)		気にする。意に介する
噚日 33(035)		昨日
唔舒服 149(381)		気分が悪い。具合が悪い
疑問 235(629)		疑問。不明な点
機廂服務員 235(629)		客室乗務員
牛奶糖 82(176)		キャラメル
賭 // 錢 101(232)		ギャンブルをする
打 // 波 132(336)		球技をする
休息 208(563)		休息を取る
牛奶 160(418)		牛乳
農曆新年 112(276)		旧暦の正月
今日 33(035), 49(075)		今日
供應 235(629)		供給

share 68(127)		共同で使用する。相部屋で泊まる
大風 185(493)		強風（である）
掛 // 風球 185(493)		強風警報を出す
協助 235(629)		協力
合作 228(623)		協力する
舊年 33(035)		去年
氣流 235(629)		気流
客氣 106(248)		気を遣う。遠慮する。仰々しい
小心 115(282)		気をつける
因住 163(424)		気をつける。注意する
銀行 112(274)		銀行
勤力 192(517)		勤勉である
禮拜五 86(184)		金曜日
星期五 86(184)		金曜日

く

機場 108(259)		空港
生果 149(378), 192(518)		果物
生果舖 153(396)		果物屋
唇膏 225(620)		口紅
鞋 42(056), 202(548)		靴
鞋舖 153(396)		靴屋
著 // 鞋 166(435)		靴を履く
軟糖 82(176)		グミ
洗衣舖 153(396)		クリーニング店
面霜 225(620)		クリーム
聖誕節 112(276), 186(496)		クリスマス
聖誕咭 219(596)		クリスマス・カード
click 222(607)		クリックする
鐵板餐 85(182)		グリルの定食
嚟 66(124)		来る
車 42(056)		車
揸 // 車 212(580)		車を運転する
信用咭 65(120)		クレジットカード
碌 // 咭 43(058)		クレジットカードで支払う

け

試 105(248)		経験する
警察 151(390)		警察
計 173(456)		計算する
帶 118(291)		携帯する
手提電話 126(318)		携帯電話

餅店	153(396)	ケーキ屋
閘口	35(039), 233(627)	ゲート
game	209(568)	ゲーム
化妝水	225(620)	化粧水
客人	89(195)	ゲスト
究竟	125(316)	結局。つまるところ
結//婚	186(496)	結婚する
千祈	206(557)	決して
禮拜一	86(184)	月曜日
星期一	86(184)	月曜日
嚴格	192(517)	厳格である
撳//錢	191(514)	現金を引き出す
語言	197(527)	言語
喺//度	101(236)	現にここにいる

こ

呢	40(053)	こ（の）。そ（の）
公園	62(115)	公園
天橋	98(220)	高架橋
航空公司	233(627)	航空会社
航機	234(629)	航空機
落	196(525)	降車する
落//車	200(541)	降車する
Wi-Fi	188(503)	高速無線インターネット・アクセス・サービス
車	77(155)	交通機関
細聲	180(481)	声が小さい
過	98(220)	越える
超越	228(623)	越える
可樂	79(162)	コーラ
問候	215(587)	ご機嫌を伺う
呢度	47(069), 051(082)	ここ
下晝	34(037), 108(258)	午後
坐低	196(525)	腰を下ろす
散紙	65(120)	小銭
上晝	34(037), 88(190)	午前
請	211(575)	ごちそうする。おごる
過嚟	121(302)	こちらへ来る
事	108(258)	事
今年	33(035)	今年
呢本	91(203)	この
呢個	99(224)	この
呢部	99(224)	この

呢樣	101(233)	このような
噉樣	111(270)	このように。そのように。あのように
垃圾	199(536)	ゴミ
sorry	75(148)	ごめん
呢啲	135(341)	これら
壞	145(368)	壊れている
今次	173(456)	今回
今個月	33(035)	今月
今個禮拜	33(035)	今週
咁	105(248)	こんなに。そんなに。あんなに
hello	55(091)	こんにちは。やあ
便利店	101(237)	コンビニエンスストア
今晚	33(035), 116(284)	今夜

さ

最後召集	232(627)	最後の呼びかけ
晒士	143(364)	サイズ
銀包	151(389)	財布
簽	199(537)	サインする
簽//名	224(616)	サインをする
搵	58(099)	探す
魚	192(518)	魚
頭先	178(473)	先ほど
噚晚	33(035)	昨夜
魚生	71(139)	刺身
座位	234(629)	座席
轉左	35(039)	左折
雜貨	153(397)	雑貨
影	99(224)	撮影する
踢//波	132(336)	サッカーをする
士多	181(486)	雑貨店
雜誌	210(572)	雑誌
凍	150(385)	寒い
再下個月	33(035)	再来月
再下個禮拜	33(035)	再来週
後年	33(035)	再来年
仲	185(493)	さらに
走	120(296)	去る。離れる。帰る
小姐	68(127)	〜さん

し

點鐘	85(182)	時

C	96(214)	C		沖//涼	92(207)	シャワーを浴びる
CD	220(597)	CD		洗頭水	72(143)	シャンプー
安全帶	235(629)	シートベルト		禮拜	86(184)	週
噴射船	110(266)	ジェットフォイル		星期	86(184)	週
完	185(493)	～し終わる		地址	186(495)	住所
但係	126(318)	しかし		果汁	160(418)	ジュース
時間	106(250)	時間		燒賣	72(142)	焼売
鐘頭	218(594)	時間		聽//書	181(485)	授業で学生が話を聞く
夜	187(499)	時間が夜遅い		講//書	181(485)	授業で教師が話をする
收//工	92(207)	仕事を終える		上//堂	66(123)	授業に出る
做//嘢	181(485)	仕事をする		功課	081(172)	宿題
静	152(394)	静かな		住	218(594)	宿泊する
下便	78(159)	下		做//手術	89(195)	手術をする
想	95(214)	～したい		收	188(503)	受信する
未	105(248)	（～したことが）ない		返//工	85(182)	出勤する
就	190(510)	～したら		出發	109(263)	出発する
扣好	235(629)	しっかりと締める		預航時間	36(041)	出発予定時刻
知	173(456)	知っている		嬰兒室	35(040)	授乳室
濕度	130(331)	湿度		樓上	91(200)	上階
大會堂	198(532)	シティ・ホール		介紹	180(482)	紹介する
做乜嘢	185(493)	（～して）どうするの		乘客	228(623), 234(629)	乗客
可以	155(400)	～してよい		情況	180(482)	状況
辭典	136(344)	辞典		delete	143(364)	消去する
自動櫃員機	36(041)	自動発券機		搭//車	97(217)	乗車する
貨	136(344)	品		上//車	196(525)	乗車する
唔	65(120)	～しない		好	188(504)	上手な
唔好	206(557)	～しない		使用	232(627)	使用する
唔好	106(248), 206(557)	～しないで		傾//生意	212(579)	商談をする
一路	206(557)	～しながら（…する）		蒸餾水	160(418)	蒸留水
唔使	85(182)	～しなくてよい。～する には及ばない		西餅	82(176)	ショートケーキ
				服務員	233(627)	職員
陣間	125(316)	しばらくして		食//飯	98(220)	食事をする
自己	139(353)	自分		食//嘢	159(415)	食事をする
任	34(038)	～し放題		煮//飯	92(207)	食事を作る
未	185(493)	～しましたか		購物中心	181(486)	ショッピング・センター
定係	125(316)	～しますか、それとも…		商場	91(200)	ショッピング・モール
定	125(316)	～しますか、それとも…		shopping	108(258)	ショッピングをする
扣上	235(629)	締める		書局	191(513)	書店
薯仔	213(583)	ジャガイモ		查	218(594)	調べる
影//相	187(500)	写真を撮る		資料	96(216)	資料
香片	63(116)	ジャスミン・ティー		知道	189(507)	知る
車廂	228(623)	車両		白色	138(350)	白い。白の

擔心	149(381)	心配する
報紙	98(221)	新聞
報紙檔	153(396)	新聞・雑誌売り場
親朋戚友	173(456)	親類や友人

す

西瓜	213(583)	スイカ
水仙	148(377)	水仙茶
估	145(368)	推測する
水喉水	208(564)	水道水
禮拜三	86(184)	水曜日
星期三	86(184)	水曜日
超市	155(400)	スーパーマーケット
湯	177(469)	スープ
like	143(364)	好きである
鍾意	57(095)	好きである。好む
少	178(473)	少ない
少啲	159(414)	少なめに。控えめに
犀利	185(493)	凄い
天星小輪	110(266)	スター・フェリー
晒	206(557)	すっかり〜してしまう。全部〜してしまう
一直	220(600)	ずっと
已經	98(220)	すでに
掟	199(536)	捨てる
士多啤梨	75(148)	ストロベリー
餐具	40(051)	スプーン・フォーク・ナイフのセット
褲	42(056)	ズボン
快啲	43(058)	速やかに。はやく
住	110(267)	住む
扒手	115(282)	スリ
拖鞋	82(177)	スリッパ
做	81(172)	する
打 // 荷包	151(390)	掏る
嚟	80(165)	する。やる
諗住	206(557)	〜するつもりである
時	196(525)	〜する時
嗰陣時	118(291)	〜する時に
啱	173(456)	〜（する）に相応しい
最好	206(557)	〜するのにこしたことはない
就	196(525)	〜すれば。〜ならば
坐	196(525)	座る

せ

乾淨	152(394)	清潔で綺麗である
豆漿	160(418)	成分未加工の豆乳
企理	152(394)	整理されている。秩序だっている
執	126(318)	整理する。片付ける
蒸籠	139(353)	せいろ
番梘	72(143)	石けん
解釋	180(482)	説明する
上次	105(248)	前回
上個月	33(035)	先月
左右	85(182)	〜前後
上個禮拜	33(035), 107(254)	先週
扇	202(548)	扇子。うちわ
非吸煙機	234(629)	全席禁煙の飛行機
再上個月	33(035)	先々月
再上個禮拜	33(035)	先々週
選擇	230(625)	選択する
洗 // 衫	92(207)	洗濯をする
全部	80(168)	全部
風扇	79(161)	扇風機
專門店	181(486)	専門店

そ

化學	145(368)	粗悪で壊れやすい
商量	201(544)	相談する
公仔麵	153(397)	即席麺
畢 // 業	186(495)	卒業する
出便	78(159)	外
第日	206(557)	そのうち
咁	135(341)	そのような。このような。あのような
軟雪糕	69(132)	ソフトクリーム
定係	45(064)	それとも

た

放 // 工	85(182)	退勤する
蘿蔔	213(583)	大根
蘿蔔糕	72(142)	大根餅
茶餐廳	90(199)	大衆食堂
差唔多	200(540)	大体同じである
熱帶風暴	183(490)	台風
熱帶氣旋	183(490)	台風

打 // 風	183(490), 185(493)	台風が来て嵐になる
毛巾	82(177)	タオル
高	130(331)	高い
所以	85(182)	だから
好多	174(463)	沢山（の）
的士	57(096)	タクシー
的士站	61(109)	タクシー乗り場
出示	233(627)	出して見せる
問	66(123)	尋ねる
搵	116(284)	訪ねる
打	170(449)	叩く
啱	196(525)	正しい
禁區	35(039)	立ち入り禁止区域
企	196(525)	立つ
食 // 煙	156(402)	タバコを吸う
可能	145(368)	多分
食	57(096)	食べる
呃	145(368)	騙す
試	130(331)	試す
邊個	56(093), 59(102)	誰
人	145(368)	誰か
會	115(282)	〜だろう
汽水	160(418)	炭酸飲料

ち

細	141(362)	小さい
碗仔	106(251)	小さなお碗
連鎖店	153(396)	チェーン店
check out	115(282)	チェックアウトする
登機處	35(040)	チェックイン・カウンター
登機櫃檯	36(041)	チェックイン・カウンター
check in	207(559)	チェックインする
check	187(499)	チェックする
延遲	35(039)	遅延
地庫	91(200)	地下
近	131(332)	近い
唔同	200(541)	違う。異なる
地鐵	77(155), 92(204)	地下鉄
地鐵站	101(237)	地下鉄の駅
靠近	228(623)	近寄る。寄りかかる
飛	136(343)	チケット
退 // 飛	117(287)	チケットを返却する
遲到	63(117), 109(263)	遅刻する
地上服務員	235(629)	地上の係員
地圖	89(194)	地図
貼士	106(250)	チップ
茶	146(370)	茶
三寶飯	40(053)	チャーシュー、ローストダック、チキンが具のご飯
四寶飯	52(086)	チャーシュー、豚肉のソーセージ、醤油で煮込んだ手羽先、半分に切った塩漬けのゆで卵が具のご飯
叉燒飯	46(069)	チャーシューが具のご飯
焗豬扒飯	52(086)	チャーハンの上にポークステーキを載せ、その上にチーズをかけてオーブンで焼いた料理
啡色	141(361)	茶色（の）
走 // 雞	170(451)	チャンスを逃す
香口膠	82(176)	チューインガム
腸粉	72(142)	中華風クレープ
中文	188(504)	中国語
白菜	213(583)	中国産キャベツ
內地	97(216)	中国本土
內地貨	145(368)	中国本土の製品
返 // 大陸	145(368)	中国本土へ行く
晏晝飯	100(229)	昼食
晏晝	132(335)	昼食
叫	58(100)	注文する
嗌	76(151)	注文する
早餐	108(259)	朝食
啱啱	115(282)	ちょうど
喺度	173(456)	ちょうど
啱啱	185(493)	ちょうど（〜したところ）
紅色小巴	196(525)	頂部が赤のミニバス
綠色小巴	196(525)	頂部が緑のミニバス
調味品	153(397)	調味料
朱古力	75(148)	チョコレート
有啲	145(368)	ちょっと
有少少	149(381)	ちょっと。いささか
一	218(594)	ちょっと〜する
亂	152(394)	散らかっている

つ

領隊	202(549)	ツアーの添乗員
順便	155(400)	ついでに

經過	235(629)	通過する。よぎる		點心紙	107(255)	点心の注文を書き込む用紙
用	145(368)	使う		點心車	161(420)	点心を載せたワゴン
瘡	146(370)	疲れている		堂食	45(064)	店内で食べていく
下一班	230(625)	次の		天文臺	185(493)	天文台。気象台
到	147(371)	着く		電話	107(254)	電話
繼續	230(625)	続ける		電話	79(161)	電話機
老婆	218(594)	妻。家内		傾//電話	174(458)	電話で話す。通話する
即係	135(341)	つまり		打	107(254)	電話をかける
辛苦	166(436)	つらい		收//綫	109(262)	電話を切る
找//錢	88(191)	釣り銭を渡す		出電話	126(318)	電話を購入する

て

用	218(594)	～で
係	55(091)	～である
T恤	77(155)	Tシャツ
DVD機	152(393)	DVDレコーダー
提供	235(629)	提供する
停//車	97(217)	停車する
紙巾	82(177)	ティッシュペーパー
檯	224(616)	テーブル
隨便	47(069)	適当に。随意に
冇得	185(493)	～できない。～のしようがない
有冇得	191(513)	～できますか
識	163(424)	～できる
有得	191(513)	～できる
倒	218(594)	～できる
出口	96(214)	出口
design	207(559)	デザイン
不過	115(282)	ですが。だが
對出	218(594)	出たところ。向かい
鐵觀音	146(370)	鉄観音
幫	120(298)	手伝う
出去	96(214)	出て行く
出嚟	122(307)	出てくる
搦	163(424)	手に提げる
攞	47(069)	手に取る。持つ
噉	75(148)	では。それならば
電視	76(152)	テレビ
電視機	79(161)	テレビ受信機
電器舖	112(274)	電気店。家電量販店
字典機	152(393)	電子辞書
e-mail	187(499)	電子メール

と

同	75(148)	～と…
同	196(525)	～と
同埋	230(625)	～と…
鎖//門	163(424)	ドアに鍵をかける
問題	159(415)	問い
叫	53(088), 57(095)	～という名で呼ばれる
姓	45(066)	～という名前（姓）である
廁所	98(221)	トイレ
廁紙	82(177)	トイレットペーパー
登機閘口	197(527), 232(627)	搭乗口。搭乗ゲート
登機手續	232(627)	搭乗手続き
當然	156(403)	当然
請	115(282)	どうぞ。どうか
接機大堂	36(041)	到着ロビー
冇所謂	85(182), 123(312)	どうでもよい
豆奶	155(400)	豆乳飲料
唔該	75(148)	どうも
點樣	95(214)	どうやって。どのように
點	96(214)	どうやって。どのように
遠	131(332)	遠い
自修	111(271)	独学する
睇//書	206(557)	読書する
邊度	51(082), 59(102)	どこ
邊	161(420)	どこ
圖書館	102(240)	図書館
好	105(248), 125(316)	とても
留	199(537)	留まる
邊位	56(093), 59(102)	どなた
邊	40(053)	ど（の）

幾耐	59(102), 148(377), 218(594)		どのくらいの時間
邊種	197(527)		どの種の
點樣	59(102)		どのように
飛	191(513)		飛ぶ
蕃茄	213(583)		トマト
都	75(148)		ともに。みな
陪	108(258)		供をする
禮拜六	86(184)		土曜日
星期六	86(184)		土曜日
遊//車河	132(336)		ドライブをする
鼓	170(450)		ドラム
喼	166(436)		トランクやスーツケースの総称
轉機	35(039)		トランジット
榴槤	149(378)		ドリアン
取消	233(627)		取り消す
鳳爪	72(142)		鶏の脚。もみじ
邊隻	58(099)		どれ
咩嘢	75(148)		どんな
隧道	35(039)		トンネル
批發商	181(486)		問屋

	な		
冇	55(091)		ない
未	219(596)		～ない
刀	42(056)		ナイフ
入便	75(148)		中。内側
好耐	223(612)		長い間
望	219(596)		眺める
打	151(389)		殴る
點解	59(102)		なぜ
因為	85(182)		なぜならば
改	180(481)		名付ける
之類	148(377)		など
乜嘢	55(091), 59(102)		何
咩嘢	59(102)		何
係	185(493)		～なのです
既話	173(456)		～ならば
排//隊	88(190)		ならぶ
幾點鐘	85(182)		何時
幾(多)個鐘頭	223(612)		何時間
禮拜幾	87(186)		何曜日

	に		
喺	75(148)		～に
喺	196(525)		～に
俾	135(341)		～に（…させる）
俾	145(368)		～に（…される）
俾	105(248)		～に（…する）
喺	95(214)		～にある。～に位置している
樓上	196(525)		二階
衝入	228(623)		～に駆け込む
幫	218(594)		～に代わって。～のために
肉	192(518)		肉
做	173(456)		～にする。～とする
假貨	145(368)		偽物
向	235(629)		～に対して
禮拜	85(182)		日曜日
禮拜（日）	86(184)		日曜日
星期日	86(184)		日曜日
呢	47(069)		～（について）は
日文	164(426)		日本語
行李	42(056), 58(099)		荷物
行李櫃	234(629)		荷物入れ。荷物棚
根據	234(629)		～に基づき。～により
入//醫院	88(191)		入院する
老婆餅	173(456)		女房ビスケット
女人街	149(378)		女人街
煲	177(469)		煮る
有//驟雨	163(424)		にわか雨がある

	ぬ		
偷	151(389)		盗む
布	224(616)		布

	ね		
喂	196(525)		ねえ。おい
祝	218(594)		願う。祈る
貴	135(341)		値が高い
平	135(341)		値が安い
瞓	166(435)		寝転がる
價錢	200(540)		値段
講價還價	171(453)		値段の交渉
講//價	174(459)		値段の交渉をする
投入	192(517)		熱中している

271

要 85(182) 必要がある	～ねばならない。～する	
眼瞓 125(316)	眠たい	
瞓 // 覺 85(182)	眠る	

の

notebook 152(393)	ノート型パソコン
幫 155(400)	～の代わりに
阻住 206(557)	～の邪魔になる
同 173(456)	～のために
口渴 150(382)	喉が渇いた
嘅時候 115(282)	～の時に
飲 // 嘢 212(579)	飲み物を飲む
轉 // 車 228(623)	乗り換える
搭 57(095)	乗る。搭乗する

は

自助餐 68(127)	バイキング
入嚟 121(303)	入ってくる
鳳梨酥 221(603)	パイナップル・プチケーキ
博物館 102(240)	博物館
投注站 207(560)	馬券売り場
鉸剪 224(615)	はさみ
剪 224(615)	はさみで切る
筷子 40(051)	箸
巴士 57(095)	バス
應該 163(424)	～はずだ
巴士總站 36(041)	バスターミナル
巴士站 61(110)	バス停
護照 233(627)	パスポート
電腦舗 153(396)	パソコンショップ
mon 152(393)	パソコンのモニター
做 // 嘢 85(182)	働く
袋 202(548)	バッグ。袋
客務中心 165(432)	発券窓口
開 127(319)	発車する
就 085(182), 135(341)	～はというと
講 164(426)	話す
離開 211(576)	離れる
雲尼拿 75(148)	バニラ
木瓜 149(378)	パパイア
牙刷 72(143)	歯ブラシ
牙膏 72(143)	歯磨き
快 147(374)	速い

早啲 44(063)	早めに
麵包 178(474)	パン
短袖衫 77(156)	半袖
一半 91(203)	半分

ひ

鋼琴 170(450)	ピアノ
山頂纜車 102(241)	ピークトラム
啤酒 49(072)	ビール
潛 // 水 170(451)	引きこもる
拉 34(038)	引く
拉 166(436)	引く
彈 170(449)	弾く
拉 170(449)	弾く
飛機 191(513)	飛行機
登機 233(627)	飛行機に搭乗する
VISA 咭 65(120)	VISA カード。クレジットカード名
十分之 208(564)	非常に
靚女 140(357)	美女である
左便 78(159)	左
轉左 207(560)	左に曲がる
搬 186(495)	引っ越す
攝影機 152(393)	ビデオカメラ
人 109(262)	人
約 // 人 95(214)	人と会う約束をする
一個人 163(424)	一人で
病 208(563)	病気・風邪にかかる
打開 230(625)	開く
晏晝 34(037)	昼
班機 232(627)	便。定期航空便

ふ

快餐店 90(199)	ファーストフード店
file 143(364)	ファイル
普洱 148(377)	プーアル茶
渡輪 102(241)	フェリー
快船轉駁 36(041)	フェリーへの乗り継ぎ
附近 167(439)	付近
衫 42(056), 77(155)	服
吹 170(449)	吹く
抹 224(616)	拭く
袋 42(056)	袋。バッグ
再 209(567)	再び。また

平時	85(182)	普段。平時		差唔多	85(182)	ほとんど
普通話	197(527)	普通話。中華人民共和国の共通語		切雞飯	52(086)	骨付きチキン飯
碼頭	62(115)	埠頭		呢	161(420)	ほら
平郵	35(039)	船便		喋	161(420)	ほら
船	100(228)	船		書	42(056), 91(203)	本
月台	228(623)	プラットホーム		香港大學	197(528)	香港大学
printer	152(393)	プリンター		港幣	118(291)	香港ドル
長笛	170(450)	フルート		眞係	145(368)	本当に
送	105(248)	プレゼントする		眞嘢	143(365)	本物
唔見咗	165(432)	紛失してしまった			**ま**	
	へ			打//牌	132(336)	麻雀をする
關閉	35(039)	閉鎖		每日	80(168)	毎日
平日	85(182)	平日。ウィークデイ		前便	78(159)	前
床	42(056), 79(161)	ベッド		枕頭	82(177)	枕
床上	166(435)	ベッドで		正經	192(517)	真面目である
往	227(623)	〜へ向かう。〜へ赴く		先	227(623)	まず
房	42(056), 68(127)	部屋		睫毛膏	225(620)	マスカラ
房間	79(161)	部屋		仲	125(316)	まだ
房費	127(319)	部屋代		仲	126(318)	まだ（〜していない）
房租	207(559)	部屋代		仲	115(282)	まだ。さらに
房匙	115(282)	部屋の鍵		行//街	115(282)	街を歩く
房門	177(470)	部屋のドア		等	92(204)	待つ
鐘	196(525)	ベル		直行	96(214)	まっすぐ行く。直進する
筆	42(056)	ペン		hea	211(576)	まったりする
讀//書	111(271)	勉強する		抹茶	75(148)	抹茶
律師	202(549)	弁護士		到	218(594)	〜まで
退//貨	198(531)	返品する		到	085(182)	〜まで（…する）
	ほ			趕得切	179(478)	間に合う
帽	202(548)	帽子		趕唔切	179(477)	間に合わない
珠寶行	112(274)	宝石商		經理	202(549)	マネージャー
方法	136(343)	方法		芒果	149(378)	マンゴー
男朋友	159(411)	ボーイフレンド			**み**	
豬扒飯	223(611)	ポークステーキ飯		起//肉	159(411)	身・肉を取る
登機證	233(627)	ボーディング・チケット		右便	78(159)	右
扒//艇	132(336)	ボートを漕ぐ		識	68(127)	見知っている
月台幕門	228(623)	ホーム・ドア		水	208(564)	水
keep	115(282)	保管する		舖頭	42(056), 115(282)	店
掣	99(224)	ボタン。スイッチ		順路	115(282)	道すがら。ついでに
要	69(131)	欲する		蕩失//路	163(424)	道に迷う
酒店	95(214)	ホテル		什扒飯	130(331)	ミックスグリル
行人道	35(040)	歩道		綠色	141(361)	緑色（の）
				大家	80(169)	みな

各位	234(629)	皆さま		最	135(341)	最も
小巴	102(241)	ミニバス		返嚟	97(216)	戻ってくる。帰ってくる
van仔	110(267)	ミニバス		物件	234(629)	物
小巴站	101(236)	ミニバス乗り場		嘢	100(228)	もの。事
身份證	51(083)	身分証		怪獸家長	169(446)	モンスター・ペアレント
證件	51(080)	身分証・パスポート		問題	198(531)	問題
手信	105(248)	土産		OK	155(400)	問題ない

	や	

聽晚	33(035)	明夜		hello	53(088)	やあ
睇	76(152)	見る		hi	53(088)	やあ
薄荷	75(148)	ミント		呷 // 醋	170(451)	焼きもちを焼く

	む			約	206(557)	約束する
對面	78(159)	向かい		放 // 飛機	170(451)	約束をすっぽらかす
免費	230(625)	無料		益力多	155(400)	ヤクルト

	め			蔬菜	192(518)	野菜
咭片	106(251)	名刺		宵夜	98(221)	夜食
餐牌	51(083)	メニュー		平	173(456)	安い
免稅店	181(486)	免税店		減 // 價	155(400)	安売りをする
照顧	218(594)	面倒を見る		平啲	171(453)	安くして

	も			休息	87(187)	休む
都	65(120)	も。また		藥房	112(274)	薬局
就	145(368)	もう。早くも		都係	125(316)	やはり
多次	171(452)	もう一度		飲 // 茶	169(445)	飲茶をする
多陣	171(452)	もう暫く		軟	141(362)	柔らかい

					ゆ	
就嚟	185(493)	もうすぐ		熱水	235(629)	湯
多隻	171(452)	もう一つ		挨晚	34(037)	夕方
多個	171(452)	もう一つ		晚飯	85(182)	夕食
多張	171(452)	もう一つ		寄	219(596)	郵送する
多一晚	171(452)	もう一晩		郵政局	62(115)	郵便局
禮拜四	86(184)	木曜日		收	219(596)	郵便物を受け取る
星期四	86(184)	木曜日		慢啲	44(063)	ゆっくりと。速度を落として
喂	206(557)	もしもし		波衫	221(603)	ユニフォーム
拎走	45(064)	持ち帰る		撳	99(224)	指で押す
搦走	45(064)	持ち帰る			よ	
行街	45(064)	持ち帰る		好	136(343), 179(477)	よい
外賣	45(064)	持ち帰る		事	90(199)	用事
拎走	46(069)	持ち帰る		要	120(296)	要する
帶走	230(625)	持ち去る		得	185(493)	「様態補語」を導く
梗係	155(400)	もちろん		先	185(493)	ようやく。やっと
冇	65(120)	持っていない		沖涼房	79(161)	浴室。シャワー室
有	65(120)	持っている		污糟	150(382)	汚れている
仲	136(343)	もっと				
多啲	171(452)	もっと				

睇	91(203)	読む	
吹 // 水	181(485)	四方山話をする	
夜晚	34(037), 85(182), 96(216)	夜	
樂意	235(629)	喜んで	

ら

下個月	33(035)	来月
下個禮拜	33(035)	来週
下個	206(557)	来週
出年	33(035)	来年
貴賓室	35(040)	ラウンジ

り

穿梭巴士	127(319), 230(625)	リムジンバス
遙控器	79(161)	リモコン
得	38(047)	了解。いいですとも
換	178(473)	両替する
收	65(120)	領収する
父母	187(500)	両親
旅客	232(627)	旅客
客機	234(629)	旅客機
客運大樓	230(625)	旅客ターミナル
旅行	139(354)	旅行する
旅行社	112(274)	旅行代理店
起飛	221(604), 234(629)	離陸する
護髮素	072(143)	リンス

れ

雪櫃	75(148)	冷蔵庫
急凍食品	153(397)	冷凍食品
冷氣	68(127)	冷房。クーラー
餐廳	91(200)	レストラン
列車	227(623)	列車
車上	228(623)	列車内
車度	230(625)	列車内
車門	228(623)	列車のドア
羹	42(056)	れんげ
拉	151(390)	連行する
聯絡	233(627)	連絡を取る

ろ

燒鴨飯	52(086)	ローストダック飯
地滑	118(292)	路面が滑りやすい
電車	102(241)	路面電車。トラム
龍井	148(377)	龍井茶

わ

嘩	103(245)	わぁ
明	196(525)	分かっている
我	56(093)	私、僕
我哋	55(091), 56(093)	私たち。僕たち
幾	188(504)	割と

地名・施設名・機関企業名

博覽館	230(625)	アジア・ワールド・エキスポ駅
美國	111(271)	アメリカ
惠康	160(419)	ウェルカム
機場快綫	230(625)	エアポート・エクスプレス
國泰航空公司	232(627)	キャセイ・パシフィック航空
九龍	97(217)	クーロン
九龍站	230(625)	クーロン駅
九龍城	122(308)	クーロン・シティ
觀塘	92(204)	クントン
廣州	112(275)	広州
銅鑼灣	62(114)	コーズウェイ・ベイ
OK便利店	160(419)	サークルK
深水埗	122(308)	サムソイポー
沙田	213(584)	シャーティン
吉之島	55(091)	ジャスコ
上海	112(275)	上海
珠海	129(328)	珠海
佐敦道	122(309)	ジョーダン・ロード
上環	62(114)	ションワン
新界	211(576)	新界
新加坡	112(275)	シンガポール
深圳	129(325)	深圳
赤柱	62(114)	スタンレー
七十一	160(419)	セブン-イレブン
中環	88(191)	セントラル
崇光	055(091)	そごう
太古城	055(091)	タイクー・シティ
大埔	213(584)	タイポウ
台灣	112(275)	台湾
中環地鐵	193(521)	地下鉄セントラル駅
尖沙咀	80(169)	チムサーチョイ
尖東	122(308)	チムサーチョイ・イースト

柴灣	158(407),227(623)	チャイワン
荃灣綫	228(623)	チュンワン線
長洲	221(604)	長洲島
迪士尼樂園	100(232)	ディズニーランド
屯門	213(584)	テュンムン
廟街	115(282)	テンプル・ストリート
東京	223(612)	東京
東京天空樹	150(386)	東京スカイツリー
東京鐵塔	150(386)	東京タワー
日本	57(095)	日本
彌敦道	122(309)	ネイザン・ロード
北角	62(114)	ノース・ポイント
百佳	155(400)	パークン
界限街	122(309)	バウンダリー・ストリート
跑馬地	62(114)	ハッピー・バレー
羽田	232(627)	羽田（空港）
太子道	122(309)	プリンス・エドワード・ロード
北京	112(275)	北京
砵蘭街	96(214)	ポートランド・ストリート
香港	61(109)	ホンコン
香港站	230(625)	ホンコン駅
華潤	160(419)	香港華潤万家超級市場
香港國際機場	230(625)	香港国際空港
馬鞍山	213(584)	マーオンシャン
澳門	101(232)	マカオ
旺角	80(169)	モンコック
旺角東站	51(080)	モンコック・イースト駅
旺角站	95(214)	モンコック駅
油麻地	120(296)	ヤウマーテイ
裕記	160(419)	裕記食品批發有限公司
元朗	213(584)	ユンロン
朗豪坊	95(214)	ランガム・プレイス
連卡佛	163(424)	レイン・クロフォード

人名		
Amy	140(357)	エイミー
Kathy	57(095)	キャシー
鄺	032(034)	鄺（クォン）
阿傑	166(435)	傑君
阿 Sam	57(095)	サム
沈	222(607)	沈（サム）
阿 Jane	55(091)	ジェーン
薛	32(034)	薛（シット）

Cindy	140(357)	シンディ
鈴木	38(047)	鈴木
戴	32(034)	戴（タイ）
田中	189(507)	田中
譚	32(034)	譚（タム）
鄧	32(034)	鄧（タン）
鄭	32(034)	鄭（チェン）
陳太	65(120)	陳（チャン）さんの奥さん
朱	32(034)	朱（チュー）
祝	32(034)	祝（チョック）
蔣	32(034)	蔣（チョン）
張生	60(105)	張（チョン）さん
董	32(034)	董（トン）
白	32(034)	白（パック）
白太	68(127)	白（パック）さんの奥さん
Fiona	108(259)	フィオナ
方太	95(214)	方（フォン）さんの奥さん
潘	32(034)	潘（プン）
麥	32(034)	麥（マック）
劉	32(034)	劉（ラウ）
藍	68(127)	藍（ラム）
林	66(123)	林（ラム）
呂	32(034)	呂（リョユ）
尹	32(034)	尹（ワン）

助詞		
嘅	200(540)	[構造] ～の
嘅	218(594)	[構造] ～するところの
嘅	135(341)	[構造] ～な（もの）
㗎	135(341)	[構造] ～のもの。～なもの
之	228(623)	[構造] ～の
呢	47(069)	[語気] 問いかけ
呀	75(148)	[語気] 確認
吖	47(069), 50(079)	[語気] 率直さ
吖	75(148)	[語気] 自発
啦	50(079)	[語気] 丁重さ
啦	145(368)	[語気] 推量
咩	163(424)	[語気] 意外
喇	125(316)	[語気] 新しい状況の出現
嚕	125(316)	[語気] 新しい状況の出現に対する確認
嘅	106(248)	[語気] 断定的に説明
㗎	105(248)	[語気] 断定的に説明

住	163(424)		［相］〜したまま	份	98(221)		→部數
緊	173(456)		［相］〜しているところだ	隻	221(604)		→船
過	206(557)		［相］〜し直す	張	38(047), 042(056), 163(424)		→平面のもの
咗	95(214)		［相］〜した	間	42(056), 068(127)		→部屋・家屋
過	105(248)		［相］〜したことがある	頂	202(-)		→帽子
吓	115(282)		［相］ちょっと〜してみる	枝	42(056)		→棒状のもの
	量 詞			啲	135(341)		より〜な
聲	218(594)		→言う回数		**数を含む表現**		
首	120(299)		→歌	一	39(049)	1	
個	178(474)		→駅	一個月	119(294)	1ヶ月間	
啲	106(250)		→数えるに適さないもの	一個鐘（頭）	119(294)	1時間	
間	42(056), 180(482)		→学校・企業・商店	一個禮拜	119(294)	1週間	
部	98(220)		→機器	一日	119(294)	1日間	
kg	174(462)		キログラム	一年	119(294)	1年間	
對	202(-)		→靴	一號風球	182(487)	台風警報レベル1	
位	173(456)		→敬意の対象	一號波	182(487)	台風警報レベル1	
班	218(594)		→交通機関の本数	一號	34(036)	ついたち	
部	42(056)		→小型の機器	一號	230(625)	第一	
件	42(056), 108(258), 174(462)		→事柄	個半鐘（頭）	115(282), 119(294)	1時間半	
歲	128(322)		歲	二	39(049)	2	
點	85(182)		時	二號	34(036), 117(287)	ふつか	
隻	220(597)		→ＣＤ	二號	197(527), 230(625)	2番。第二	
張	159(410)		→写真	二月	117(287)	2月	
架	42(056), 218(594)		→車両・大型の機器	兩	40(051)	2	
件	42(056), 135(341), 174(462)		→上半身に着る衣服	兩點鐘	95(214)	2時	
本	42(056)		→書籍類	兩個月	119(294), 223(611)	2ヶ月間	
套	40(051)		→セットになったもの	兩個鐘（頭）	119(294)	2時間	
條	42(056)		→線状のもの	兩個禮拜	119(294)	2週間	
張	136(343)		→チケット	兩日	119(294)	2日間	
對	40(051), 42(056)		→対になったもの	兩年	119(294)	2年間	
把	42(056), 202(-)		→手に握って使うもの	兩折	140(359)	2掛けの値段	
隻	40(051), 42(056), 106(251)		→動物・果実・物品・対の片方など	兩分鐘	230(625)	2分間	
				兩個半鐘（頭）	119(294)	2時間半	
蚊	38(047)		ドル	買二送一	173(456)	2つ買うと1つプレゼントする	
件	42(056), 174(462)		→荷物	三	39(049)	3	
塊	224(616)		→布	三號	34(036)	みっか	
盒	174(463)		→箱	三號風球	182(487)	台風警報レベル3	
號	218(594), 232(627)		番。号	三號波	182(487)	台風警報レベル3	
個	40(053), 42(056)		→人・物品・料理・抽象的概念など	四	39(049)	4	
				四號	34(036)	よっか	
啲	115(282)		→複数	五	39(049)	5	

277

五號	34(036)	いつか	十分鐘	225(621)	10 分間	
五折	140(359)	5 掛け	兩個字	119(294), 218(594), 223(611)	10 分間	
一個字	119(294)	5 分間	十一月	34(036)	11 月	
六	39(049)	6	十二月	34(036)	12 月	
六號	34(036)	むいか	三	85(182)	15 分	
六六折	140(359)	6.6 掛けの値段	三個字	119(294)	15 分間	
七	39(049)	7	廿一	218(594)	21	
七月	34(036)	7 月	九個字	119(294)	45 分間	
七五折	140(359)	7.5 掛けの値段	五十	38(047)	50	
八	39(049)	8	百	39(049)	100	
八月	34(036)	8 月	一百	38(047)	100	
八折	135(341)	8 掛けの値段	百二	135(341)	120 ドル	
八號風球	182(487)	台風警報レベル 8	二百	43(058)	200	
八號波	182(487)	台風警報レベル 8	一千	107(254)	千	
九	39(049)	9	半	46(069)	半分。1/2 ドル	
九月	34(036)	9 月	半	85(182)	半。30 分	
九折	140(359)	9 掛けの値段	半個鐘（頭）	119(294)	半時間	
九號風球	182(487)	台風警報レベル 9	半日	119(294)	半日	
九號波	182(487)	台風警報レベル 9	零	65(120)	0	
九	185(493)	台風警報レベル 9	幾日	145(368), 225(621)	数日	
十	39(049)	10	呢幾日	208(564)	ここ数日	
十月	34(036)	10 月	幾個鐘頭	225(621)	数時間	
十號風球	182(487)	台風警報レベル 10	幾分鐘	225(621)	数分間	
十號波	182(487)	台風警報レベル 10				

語彙帳 …… ●場面別インデックス

このインデックスは本書で登場した表現を分類したものです。

掲載情報は、原語・登場するページ（括弧内は CD-ROM に録音されているトラック・ナンバー）・日本語訳です。「標識・標示・アナウンス」のグループには、主に発音編と第 20 課で登場した、特に話し言葉では使う機会の少ない書面語的な表現をまとめました。

呼びかけ

先生	133(338)	男性客に対して	靚姐	63(116)	飲食店の従業員に対して	
小姐	133(338), 135(341)	女性客に対して	阿姐	63(116)	飲食店の従業員に対して	
太太	133(338)	女性客に対して	小姐	63(116)	飲食店の従業員に対して	
先生	63(116)	飲食店の従業員に対して	阿伯	83(179)	老年の一般男性に対して	
侍應	63(116)	飲食店の従業員に対して	阿婆	83(179)	老年の一般女性に対して	
伙計	63(116)	飲食店の従業員に対して	婆婆	83(179)	老年の一般女性に対して	
			阿叔	83(179)	中年の一般男性に対して	

叔叔	83(179)	中年の一般男性に対して
阿嬸	83(179)	中年の一般女性に対して
老豆	73(144)	父に対して
爹哋／爹吔	73(144)	父に対して
阿爸	73(144)	父に対して
阿媽	73(144)	母に対して
媽咪	73(144)	母に対して
哥哥	73(144)	兄に対して
阿哥	73(144)	兄に対して
家姐	73(144)	姉に対して
姐姐	73(144)	姉に対して
細	73(144)	弟に対して
細妹	73(144)	妹に対して
阿妹	73(144)	妹に対して
老公	73(144), 75(148)	夫に対して
老爺	83(179)	夫の父に対して
奶奶	83(179)	夫の母に対して
老婆	73(144)	妻に対して
外父	83(179)	妻の父に対して
外母	83(179)	妻の母に対して
世伯	83(179), 85(182)	友人の父に対して
伯母	83(179), 95(214)	友人の母に対して
仔	73(144)	息子に対して
阿仔	73(144)	息子に対して
女	73(144)	娘に対して
阿女	73(144)	娘に対して
請問	45(066), 46(069)	お尋ねしますが。すみませんが
唔該	38(047)	すみません（が）

出会い

你好	53(088)	初めまして
幸會	53(088)	初めまして
多多指教	53(088)	よろしくお願いします
你貴姓呀	45(066)	何というお名前（姓）ですか
你做邊（一）行呀	92(208)	どんな職業についておられますか

あいさつ

你（又）嚟嘑	93(209)	いらっしゃい
好耐冇見	61(112)	お久しぶりです
你好嗎	53(088)	元気ですか
大家好	53(088)	みなさん、こんにちは
你哋好	53(088)	みなさん、こんにちは
食咗飯未呀	53(088)	こんにちは
早晨	123(310), 125(316)	おはようございます
咁早嘅	123(310)	早いですね
你返嚟嘑	113(279)	お帰りなさい
請入嚟啦	93(209)	どうぞお入りください
早唞	203(554), 206(557)	お休みなさい

近況報告

身體好嗎	161(421)	お体は大丈夫ですか
最近點呀	61(112)	最近如何ですか
呢排生意點呀	61(112)	近頃商売はどうですか
幾好	61(112)	まずまずです
都係噉啦	61(112)	相変わらずです
麻麻哋啦	61(112)	あまりぱっとしません

お祝い

恭喜，恭喜	103(243)	おめでとう
大家噉話啦	112(276)	おめでとう
恭喜發財	112(276)	明けましておめでとう
新年快樂	112(276)	明けましておめでとう
聖誕快樂	112(276)	メリークリスマス
新婚快樂	103(243)	ご結婚おめでとう
生日快樂	103(243), 105(248)	誕生日おめでとう
祝你好運	215(588)	幸運をお祈りします

トラブル

聽唔明	183(488)	言っていることが分からない
聽唔倒	183(488)	聞こえない
你放心啦	143(363)	ご安心下さい
唔使驚	143(363)	心配するには及びません
唔使擔心	143(363), 145(358)	心配するには及びません
冇事	143(363)	大丈夫です
冇乜事	143(363)	大丈夫です
冇咩事	143(363)	大丈夫です
死嘞	183(489), 185(493)	しまった
死火嘞	183(489)	しまった
弊嘞	183(489)	しまった
好慘呀	183(489)	もういやだ

気遣い

慢慢行	93(211), 96(214)	気をつけて
好聲行	102(242)	気をつけて
你因住呀	161(420)	気をつけてね
睇車呀	161(420)	車に気をつけてください

小心扒手	161(420)	スリにご注意下さい
玩(得)開心啲	113(278)	楽しんできてください
你都係呀	203(553)	あなたもね

別れ

拜拜	93(209)	バイバイ
轉頭見	215(590)	またすぐに
陣間見	215(590)	またしばらくした後で
聽日見	215(590)	また明日
遲啲見	215(590)	またそのうち。後日
下次見	215(590), 218(594)	また（次回）お会いしましょう
下次日本見	215(590)	今度は日本でお会いしましょう
我走喇	93(209), 95(214)	私帰ります
我走先	93(209)	お先に失礼します
打攪晒喇	93(210), 95(214)	どうもお邪魔しました
你走嚛	93(209)	帰るんだ
你坐多陣吖	93(209)	もっとゆっくりして行きなさいよ
多啲嚟玩啦	215(591)	もっと遊びにいらしてくださいね
你有機會,再嚟玩啦	215(591)	機会があれば、また遊びにいらしてください
得閑請再嚟啦	215(591)	時間ができたら、また来てくださいね
祝你一路順風	215(588)	道中ご無事でありますように
幫我同你太太講聲多謝啦	215(587)	よろしくお伝えください
幫我同你太太講聲打攪晒啦	224(618)	お邪魔しましたとお伝えください

感謝

唔該	37(042)	どうも
唔該晒	113(278), 115(282)	どうもありがとう
多謝	37(043), 38(047), 105(248)	ありがとうございます
好多謝你呀	103(245)	どうもありがとうございます
多謝你哋照顧我	215(589)	お世話になり感謝しています
你有心	161(421), 163(424)	ありがとう
唔使	37(042)	どういたしまして
唔使唔該	37(042)	どういたしまして
唔使客氣	37(043), 103(245), 218(594)	どういたしまして。遠慮なさらずに
唔好噉講	103(244), 105(248)	どういたしまして
唔好客氣	103(244)	遠慮しないで
係應該嘅	103(245), 105(248)	当然（のこと）です

謝罪

唔好意思	63(117), 65(120)	すみません
真係唔好意思	63(117)	誠にすみません
對唔住	63(117)	申し訳ありません
好對唔住	63(117)	どうも申し訳ありません
幫我同你太太講聲唔好意思啦	224(618)	申し訳ないとお伝えください

電話

電話呀	73(144)	電話だよ
喂,邊位呀	203(550)	もしもし、どなた
係邊位呀	203(550)	どちら様ですか
搵,邊位呀	214(585)	誰をお捜しですか
請田中小姐聽電話啦	203(551)	すみません、田中さんをお願いします
我係	214(585)	私です
會唔會阻住你呀	203(552)	電話でお話ししても構いませんか
唔阻	203(552)	大丈夫です
而家唔係幾方便	203(552)	今はあまり都合がよくない
係我呀	214(585)	私ですよ
你打錯	214(585)	かけ間違いです

お願い・依頼・申し出

借借	37(042)	ちょっとどいてください
睇住,睇住	161(420)	どいて、どいて
等等呀	222(609)	ちょっと待ってね
等陣吖	222(609)	しばらく待って
快啲起身啦	123(310)	早く起きなさい
早啲返嚟吖	102(242)	早く帰ってきなさいよ
幫我同你太太講聲啦	224(618)	一言お伝えください
我自己嚟	156(405)	自分でやります
等我嚟吖	156(405)	任せてちょうだい

幫我攞房匙／鎖匙吖	113(279)		部屋の鍵を取ってください
記住喇	193(520)		覚えておいてくださいね
唔記得喇	193(520)		忘れてしまいました
唔記得晒喇	193(520)		全然覚えていません

問いかけ

得唔得（呀）	43(058)		いいですか
好唔好呀	113(277), 115(282)		よろしいですか
好嗎	206(557)		よろしいですか
O唔OK呀	153(395)		OKですか
我想問	45(066)		聞きたいんだけど
點（樣）呀	43(058)		どうですか。いかがですか
點吖	173(456)		どう（よ）
點算呀	70(136)		どうしよう
點算好呀	70(136), 105(248)		どうしたらよいのだろう
點解會噉樣㗎	185(493)		どうしてそうなのだろう
咩話	183(488), 185(493)		何ですって。何だと
咩嘢／乜嘢呀	193(519)		どうしたの
咩嘢事呀	193(519), 196(525)		何事ですか
咩嘢話	183(488)		何
搞咩嘢／乜嘢呀	201(546)		何やらかしているんだ
做咩嘢／乜嘢呀	201(546)		何をしているのですか
做乜嘢	185(493)		（〜して）どうするの
幾點鐘呀	123(311)		何時ですか
眞係	143(365)		本当に
係咩	143(365)		そうですか
係唔係呀	143(365)		そうですか
su唔sure呀	143(364)		それって確かですか
有冇問題呀	37(044)		大丈夫ですか
起咗身未呀	125(316)		起きていますか
起身未呀	123(310)		まだ起きないの

返事

好吖	123(313)		いいでしょう
好啦	093(209), 123(313), 125(316)		分かりました。いいでしょう
好呀	075(148)		いいですとも
好呃	123(313)		よし（そうしよう）
OK啦	153(395)		OKです
你鍾意啦	113(277)		あなたの好きなようにしたら
隨便啦	123(312)		ご自由に
是但啦	123(312), 125(316)		適当にしてください
冇問題	37(044), 38(047)		大丈夫です
唔緊要	37(044), 63(117)		大丈夫です
我知呀	102(242)		分かっています
得喇	113(278)		分かっているって
明喇	193(522)		分かりました
唔係幾明	193(522)		よく分かりません
明明哋	193(522)		何となく分かります
唔係呀	95(214)		いいえ。違います
唔使喇	75(148)		結構です。遠慮しておきます
未呀	125(316)		まだです

ショッピング

歡迎光臨	133(337), 135(341)		いらっしゃいませ
隨便睇（吓）	133(337)		自由にご覧ください
有冇嘢可以幫倒你呀	133(338)		何かお探しでしょうか
幾多錢呀	45(065), 46(069)		金額はいくらですか
幾錢呀	45(065)		金額はいくらですか
點賣呀	45(065)		金額はいくらですか
收平啲啦	171(453)		ちょっとまけてください
再平啲吖	171(453)		もっと安くして
平幾多呀	171(453)		いくら安くしてくれますか
計平俾你吖	171(453)		まけてあげよう
有冇折呀	140(359)		割引対象ですか
幾多折呀	140(359)		何割の値段ですか
得閑再嚟睇過	133(337)		また気軽に見に来てね
下次再嚟睇啦	133(337)		また見にいらしてください

飲食

幾多位呀	63(116)		何名樣ですか
呢便吖	63(116)		こちらへどうぞ
飲咩嘢茶呀	63(116)		何茶になさいますか
寫嘢吖	63(116)		注文を取ってください
仲有冇呀	215(586)		他にまだ有りますか
係咁多	215(586)		それだけです。以上で
冇喇，唔該	215(586)		それだけです。以上で
喺度食	45(064), 50(079)		店内で食べていく
隨便食啦	103(244)		自由に召し上がってください

我請你食飯啦	103(245)	食事をご馳走しましょう
開飯喇	073(145)	ご飯だよ
食飯喇	73(145)	ご飯だよ
食啦	73(145)	食べましょう
大家食飯	73(145)	食べましょう
喂，起筷喇	73(145)	さあ、食べよう
我飽喇	82(178)	お腹いっぱいになりました

交通

有落	98(220), 196(525)	降ります
有冇落呀	193(521)	降りる人はいますか

標識・標示・アナウンス

上	34(038)	乗車
落	34(038)	降車
停	34(038)	止まれ
慢	34(038)	スピードを落として
讓	34(038)	専用車線のため、お譲りください
到	232(627)	行く
該	232(627)	当
本	234(629)	本。当
即	233(627)	直ちに
將	230(625)	～するだろう
與	235(629)	～と
與	228(623)	～と…
於	230(625)	～に
讓	227(623)	～に（…させる）
至	232(627)	～まで
及	228(623)	および
或	233(627)	あるいは
空隙	228(623)	隙間
售罄	35(039)	売り切れ
本埠	35(039)	現地便
離境	35(039)	出発。出国
抵港	35(039)	到着。入国
慢駛	35(039)	徐行
前往	232(627)	～へ向かう。～へ赴く
返回	235(629)	戻る
到達	227(623)	到達する
奔跑	228(623)	走る
轉乘	228(623)	乗り換える
乘搭	230(625)	搭乗する。乗車する
設有	230(625)	設けてある
位於	230(625)	～に位置している
改爲	232(627)	～に変更する
跌下	234(629)	落ちる
停用	35(039)	使用中止
暫停	35(039), 235(629)	一時停止中
不准	35(039)	禁止する
嚴禁	35(039), 228(623)	厳に禁ずる
請勿	35(039), 228(623)	～しないでください
切勿	35(039)	決して～しないでください
必須	234(629)	必ず～せねばならない
將會	230(625)	～するだろう
即將	227(623)	まもなく～するだろう
現已	233(627)	すでに。もはや
現正	232(627)	只今
任何	235(629)	いかなる。何らかの
不隱定	235(629)	不安定な
請注意	232(627)	ご注意下さい。申し上げます
請稍候	35(040)	しばらくお待ちください
歡迎蒞臨	133(337)	ようこそ
請備輔幣	36(041)	小銭をご用意ください
請即打掃	93(210)	すぐに掃除をしてください
請勿打擾	93(210)	ノックしないでください
不設找贖	36(041)	おつりは出ませんのでご容赦ください
不便之處	36(041)	ご迷惑をおかけします
敬請原諒	36(041)	申し訳ございません
緊握扶手	36(041)	手すりにおつかまりください
小心地滑	35(041)	路面が滑りやすくなっていますので、ご注意ください
小心碰頭	35(041)	頭上注意
提防小手	36(041)	スリにご注意ください
油漆未乾	36(041)	ペンキ塗り立て
如遇火警	36(041)	もし火災の場合には
閒人勿進	36(041)	関係者以外立ち入り禁止
私人重地	36(041)	私有地
行李寄存	36(041)	手荷物一時預かり所
的士落客處	36(041)	タクシー降り場
乘搭的士處	36(041)	タクシー乗り場
請排隊上車	36(041)	列を作ってご乗車ください

■著者略歴

吉川雅之

1967 年生まれ
1985 年 京都大学文学部入学
1999 年 京都大学大学院文学研究科博士後期課程満期修了
1999 年 東京大学専任講師を経て、現在 同教授（総合文化研究科 言語情報科学）

博士（文学）
専門は香港・澳門言語学、中国語学

主要著述
「「中文」と「広東語」：香港言語生活への試論（一）」（『月刊しにか』7 月号、1997 年）、『現代漢語基礎』（共著、2003 年）、『「読み・書き」から見た香港の転換期：1960〜70 年代のメディアと社会』（編著、2009 年）、『香港を知るための 60 章』（共編、2016 年）、『ミエン・ヤオの歌謡と儀礼』（共著、2016 年）など

ホームページ
http://www.ac.cyberhome.ne.jp/~hongkong-macao/index.html

広東語初級教材　香港粤語［基礎会話］　CD-ROM 付

2012 年 4 月 5 日　初版発行
2019 年 11 月 15 日　第 5 刷発行

著　者　吉川雅之
発行者　佐藤康夫
発行所　白帝社
　　　　〒171-0014 東京都豊島区池袋 2-65-1
　　　　TEL 03-3986-3271
　　　　FAX 03-3986-3272（営）／03-3986-8892（編）
　　　　http://www.hakuteisha.co.jp

組版／トミタ制作室　印刷／倉敷印刷（株）　製本／（株）ティーケー出版印刷
Printed in Japan ISBN978-4-86398-094-5
Ⓒ Masayuki Yoshikawa　＊定価はカバーに表示してあります。
　　　　　　　　　　　落丁本・乱丁本はお取り替えいたします。

香港路線図

『香港粤語』シリーズにおける本書の位置付け

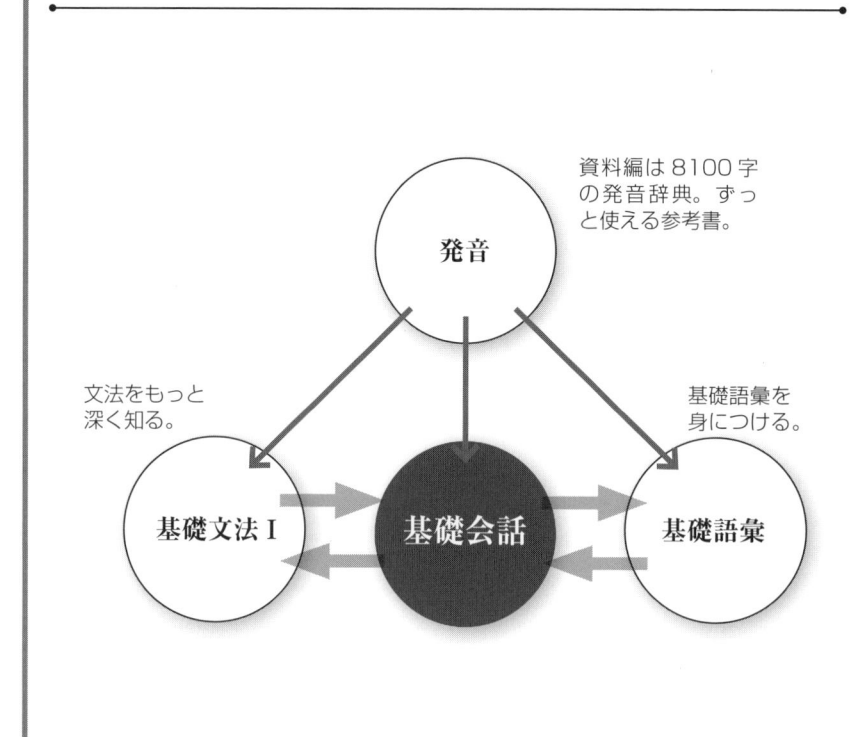

```
            発音
         (資料編は8100字
          の発音辞典。ずっ
          と使える参考書。)
           ／｜＼
          ／ ｜ ＼
         ／  ｜  ＼
        ↙   ↓   ↘
   基礎文法I ⇄ 基礎会話 ⇄ 基礎語彙
  (文法をもっと              (基礎語彙を
   深く知る。)               身につける。)
```

好評既刊

吉川雅之著

発音表記はすべて
6声調式と
9声調式 双方に対応！

※［基礎文法Ⅰ］と［応用会話］は広東語文ローマ字の一部が白帝社のホームページ（http://www.hakuteisha.co.jp）から無料ダウンロードできます。

広東語入門教材

香港粤語［発音］　（品切れ）

◆本邦初の本格的発音集中訓練用教材。
◆対象を「現代の香港で使われている広東語に厳密に絞った。前半は丁寧な発音の解説、後半は漢字8100字の発音辞典。部首・音訓からの検字表付き。香港研究に必携の1冊！
■予備知識+実践12課+資料編
■B5判・446頁・CD 1枚・本体3600円+税

広東語初級教材

香港粤語［基礎文法Ⅰ］

◆広東語の学校文法、ここに登場！　基本に徹した1冊。されど最強の1冊。
◆基礎文法を豊富な図解で分かりやすく解説。さらに各課に「もっと知りたい！」コーナーを設け、既習者や極めたい学習者にも対応。
■旅行に、滞在に使える実用表現を重視。
■全17課+付録（量詞と名詞の関係、代表的な離合詞など…）+語彙索引2種（ローマ字、日本語）
■B5判・202頁・CD 2枚・本体3200円+税

広東語初級教材

香港粤語［基礎語彙］

◆知っておきたい基本語1300を厳選。これから始める人にも、初級から一歩踏み出したい人にも役立つ語彙集。
◆語句には熟語・コロケーション・例文付き。
◆名詞には原則として、量詞の情報を付記。
◆付属CD-ROMには見出し語とともに、熟語や例文も収録。
■巻末に語彙帳（ローマ字、日本語）付き。
■A5判・230頁・CD-ROM 1枚・本体2500円+税

広東語初級問題集

ワークブック
香港粤語［基礎文法Ⅰ］　（品切れ）

◆本邦初のCD付き総合問題集。『香港粤語［基礎文法Ⅰ］』に準拠。
◆20種類にのぼる豊富で多様なスタイルの練習問題によって、話す力と聴く力を徹底訓練。別冊解答集には詳しい解説付き。
■全17課+語彙帳（ローマ字、日本語）+別冊綴じ込み解答集
■B5判・372頁・CD 2枚・本体3800円+税

別売：ワークブック香港粤語［基礎文法Ⅰ］
エクストラCD
2枚組・本体2000円+税　※内容は音声のみです。

広東語中級教材

香港粤語［応用会話］

◆流れのある会話文で身近な話題を扱い、リスニング力の養成を目指す。
◆初級から中級への橋渡しに。話のつなぎ方を学びたい人のために！
■徹底的なリスニング、置き換え練習、ロールプレイング…。
■全15課+別冊［スキットの原文・日本語訳・解答例］
■B5判・190頁・CD 2枚・本体3200円+税
（品切れ）